지 도 로
읽 는 다

기상천외
세계지도
지식도감

지도로 읽는다
기상천외 세계지도 지식도감

롬인터내셔널 지음 · 정미영 옮김

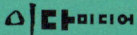

이다미디어

차례

시작하는 글

학교에서 가르쳐주지 않는 세계지도의 미스터리   8

1장
기상천외한 재밌는 세계지도

01 '아랍'은 어디이고, '아랍인'은 누구일까?   12

02 '중동'은 어디에서 어디까지를 뜻할까?   17

03 UN기의 세계지도는 왜 북극이 중심일까?   21

04 제국주의 유럽은 여전히 미국에 살아있다!   24

05 미국의 4개 주를 한 번에 만나는 '포코너스'   28

06 지구상에 색깔 있는 4개의 바다가 있다?   32

07 전 세계의 바다에 8개의 지중해가 있다?   35

08 이슬람국 튀르키예는 유럽일까, 아시아일까?   38

09 '동양'과 '서양'의 구분은 언제 시작되었을까?   43

10 왜 태평양은 '태'로 읽고, 대서양은 '대'라고 할까?   47

11 'UK'라는 나라는 있지만, '영국'이라는 나라는 없다?   50

12 54개국의 영연방으로 뭉친 '해가 지지 않는 나라'   54

13 '오세아니아'는 태평양의 어떤 지역을 말하는 걸까?   58

14 국경과 날짜변경선으로 나뉜 베링 해협의 형제섬   62

15 서독과 동독의 지도에서 베를린의 동과 서를 지웠다?   66

16 아프리카에서 '검다'라는 국명을 가진 5개의 나라   70

17 독도의 2배인 바티칸 시국은 세계에서 가장 작은 나라   74

18 유럽의 지도에 남은 '공국'이란 어떤 나라인가?   77

19 네덜란드는 뉴암스테르담, 영국은 뉴욕으로 불렀다!   81

20 미국에는 '워싱턴'이란 지명이 300개나 있다?   85

2장
지구의 놀라운 현상과 비밀

21 세계에서 가장 먼저 새해를 맞이하는 나라는?   90

22 국내 시차가 없다는 게 중국과 칠레의 공통점   94

23 세계지도의 경도 0°는 런던과 파리 두 곳에 있다?   97

24 '바다'냐 '호수'냐를 따지는 카스피해 주변국의 사연   100

25 세계에서 4번째로 큰 호수, 아랄해가 사라지고 있다   104

26 에베레스트와 K2보다 높은 산이 남미에 있다?   108

27 사막에 흐르는 환상의 강, '와디'는 어디에 있는가?   112

28 '떠도는 호수'로 소문난 로프노르의 미스터리는?   116

29 바닷물보다 9배나 짠 사해는 어떻게 형성되었나?   119

30 '세계의 허파' 아마존강은 세계에서 가장 길고 넓다?   123

31 에베레스트산도 잠겨버리는 태평양의 마리아나 해구   127

32 스페인의 리아스 해안과 노르웨이의 피오르 해안   131

33 아프리카 대륙이 갈라져 두 개의 섬이 된다?   134

34 지구상의 '7개의 바다'란 어디를 말하는 것일까?   137

35 지구의 N극·S극 위치는 북극점·남극점과 다르다   140

36 46억 년 지구의 역사를 간직한 남극의 비밀   143

37 태양이 지지 않는 '백야'는 어디에서 볼 수 있을까?   146

38 2억 년 전 지구 육지는 하나의 대륙 '판게아'였다!   150

39 평면 세계지도로는 땅의 면적을 알 수 없다   154

3장
재미있는 땅, 이상한 기후

40 사막의 나라 튀르키예와 이란도 영하로 내려간다?   160

41 왜 남북 회귀선 근처에는 사막이 많을까?   164

42 '죽음의 계곡'으로 불리는 미국의 '데스밸리'   168

43 열대우림이 사라지면 지구는 어떻게 될까?   171

44 남극에 얼음도 눈도 없는 사막은 어디에 있을까?   174

45 남극과 북극의 얼음이 짜지 않은 이유는?   178

46 알래스카의 빙하는 왜 북쪽보다 남쪽에 많을까? 181

47 멕시코 만류 덕분에 북유럽이 서울보다 따뜻하다? 185

48 '극한의 땅' 북극과 남극, 어느 쪽이 더 추울까? 188

49 샌프란시스코의 한여름에 패딩이 필요한 이유는? 191

50 미국 중부에서 발생하는 토네이도가 세계 최강이다? 194

51 페루와 인도네시아 날씨에 영향을 미치는 '엘니뇨' 199

52 전 세계 바다의 해류가 지구의 기온을 조절한다? 203

4장
세계 각국의 깜짝 속사정

53 외우는 것도 일이다! 러시아의 지명 변경 사정 208

54 프랑스와 스페인 두 나라에 세금을 내는 나라가 있다? 212

55 독일의 뮌헨을 이탈리아에서 '모나코'로 부르는 이유는? 215

56 스페인의 카스티야어와 중남미의 스페인어가 다르다! 218

57 이탈리아에는 이탈리아 사람이 없다? 221

58 부르고뉴의 센강 발원지는 파리시 소유가 되었다! 225

59 독일의 영토를 통과하는 벨기에령 기찻길이 있다! 228

60 '통나무 울타리'로 불리는 스웨덴의 수도 스톡홀름 231

61 스웨덴어만을 공용어로 사용하는 핀란드의 섬 235

62 페루 수도가 해안가 도시 리마로 옮긴 지리적 이유 238

63 신대륙에 '아메리카'라는 이름이 붙은 유래는? 242

64 미국과 캐나다의 쌍둥이 폭포 도시 나이아가라폴스 246

65 세계에서 가장 긴 도시명은 태국의 방콕이다? 249

66 '사자의 도시' 싱가포르는 아시아 최고의 부자 나라 254

5장
지역 분쟁의 불씨, 영토와 민족

67 발트해의 발트 3국이 반러시아로 돌아선 이유 260

68 러시아의 칼리닌그라드는 전쟁의 불씨가 될 것인가? 264

69 200년 영세중립국 지킨 스위스의 지정학적 환경   268

70 건국 이래 이어지는 벨기에의 '언어 전쟁'   272

71 프랑스계 주민 80%의 퀘벡주는 캐나다의 독립국?   276

72 킬리만자로산이 바꾼 탄자니아와 케냐의 국경   280

73 세네갈과 모리타니의 분쟁, 세네갈강은 누구 것인가?   284

74 중동의 아랍 세계는 오스만 제국 일부였다!   288

75 인도와 파키스탄의 쟁투, 카슈미르의 종교 분쟁   292

76 다민족 국가 인도에는 800여 개 언어가 있다!   296

77 '스프래틀리 군도'의 지정학적 매력은 무엇인가?   300

78 히말라야의 이웃 나라, 네팔과 부탄의 이상한 갈등   304

79 섬나라 뉴칼레도니아는 왜 프랑스 영토로 남았나?   308

80 남태평양의 피지에 인도인이 많은 이유는?   312

81 왜 투발루는 국기에서 유니언 잭을 빼버렸을까?   316

6장
상식을 뒤엎는 지리 이야기

82 아프리카 대륙의 최남단은 '희망봉'이 아니다!   322

83 남아프리카 공화국 내 2개 왕국의 정체는?   326

84 스페인 영토로 남은 모로코의 세우타와 멜리야   329

85 아프리카 대륙에 다이아몬드가 매장된 이유는?   333

86 네덜란드의 한 마을에는 두 나라의 땅이 있다?   336

87 동네 사람도 못 외우는 세계에서 가장 긴 역 이름   340

88 호주 대륙의 최고봉 코지어스코산 높이는 얼마?   343

89 육지가 없는 북극권, 어디서부터 어디까지일까?   347

90 왜 트럼프 대통령이 그린란드에 눈독을 들일까?   351

91 남미의 볼리비아는 바다도 없는데 해군이 있다?   355

92 《종의 기원》의 찰스 다윈이 갈라파고스에 간 이유는?   359

93 사막에서 빙하까지, 칠레는 지구촌 기후 전시장   363

94 푸에르토리코와 쿠바의 국기가 닮은 이유는?   367

95 남태평양의 부자 나라가 파산 직전에 몰렸다?   371

96 세계 최고 대부호가 사는 동남아 소국의 고민은?   375

학교에서 가르쳐주지 않는 세계지도의 미스터리

학창 시절, 지리 시간이나 역사 시간에 수업은 제쳐놓고 세계지도를 뚫어져라 들여다본 경험은 누구나 한 번쯤 있을 것이다. "이런 데에 한 번도 못 들어본 나라가 있었네", "어떤 사람들이 살까?" 하며 새로운 발견과 미지의 세계에 대한 동경으로 가슴이 설레던 기억 말이다. 그런데 이건 시작에 불과하다.

세계지도를 여러 번 들여다본 사람이라면 이런 질문들이 잇달아 떠오를 것이다.

"날짜변경선은 왜 저렇게 구부러져 있는 거지?"

"유럽과 아시아의 경계선이 어딜까?"

"'태평양'과 '대서양'은 왜 '태太'와 '대大'로 다르게 쓰는 거지?"

나아가 국가 간의 경계선인 국경에 눈을 돌리면, 다음과 같은 소박한 궁금증이 끝없이 샘솟는다.

"발트해에 있는 칼리닌그라드는 왜 러시아 본토와 떨어져 있을까?"

"아랍은 대체 어디서부터 어디까지일까?"

그러고는 더욱 바짝 지도에 눈을 들이대면 그제야 겨우 찾을 수 있는 아주 작은 나라들도 있다는 것을 발견하게 된다. 예를 들어 남서태평양의 작은 나라 나우루 공화국과 키리바시 공화국, 보르네오 섬 끝자락에 있는 브루나이 공화국 등등. 이렇게 작은 나라들은 대체 어떤 곳일까? 우리와는 어떤 관계를 맺고 있을까? 학교에서는 가르쳐주지 않는 이러한 궁금증을 시원하게 풀어주는 것이 바로 이 책이다.

페이지를 한 장 두 장 넘기다 보면 세계지도와 지리에 대한 궁금증이 풀릴 뿐만 아니라 지도와 관련된 다양한 이야기의 실체가 서서히 드러난다. 강대국에 농락당한 역사를 찾을 수도 있고, 지구야말로 살아 숨 쉬는 생명체임을 실감하게 될 것이다.

이에 따라 우리의 관심은 지리적 지식뿐만 아니라 과학과 역사, 나아가 국제 정세로까지 넓어질 것이다. 이처럼 세계지도에는 기상천외하지만 헤아릴 수 없이 깊은 재미가 있다.

이 책은 다양한 지도와 도판, 기타 구체적인 자료를 활용하여 독자들이 쉽게 이해하고, 나중에 관련 분야를 공부할 때도 내용을 금방 떠올릴 수 있게 만들었다. 이 책을 읽는 독자 여러분들이 살아가는 세계를 이해하는 데 조금이라도 도움이 된다면 기쁘겠다.

롬인터내셔널

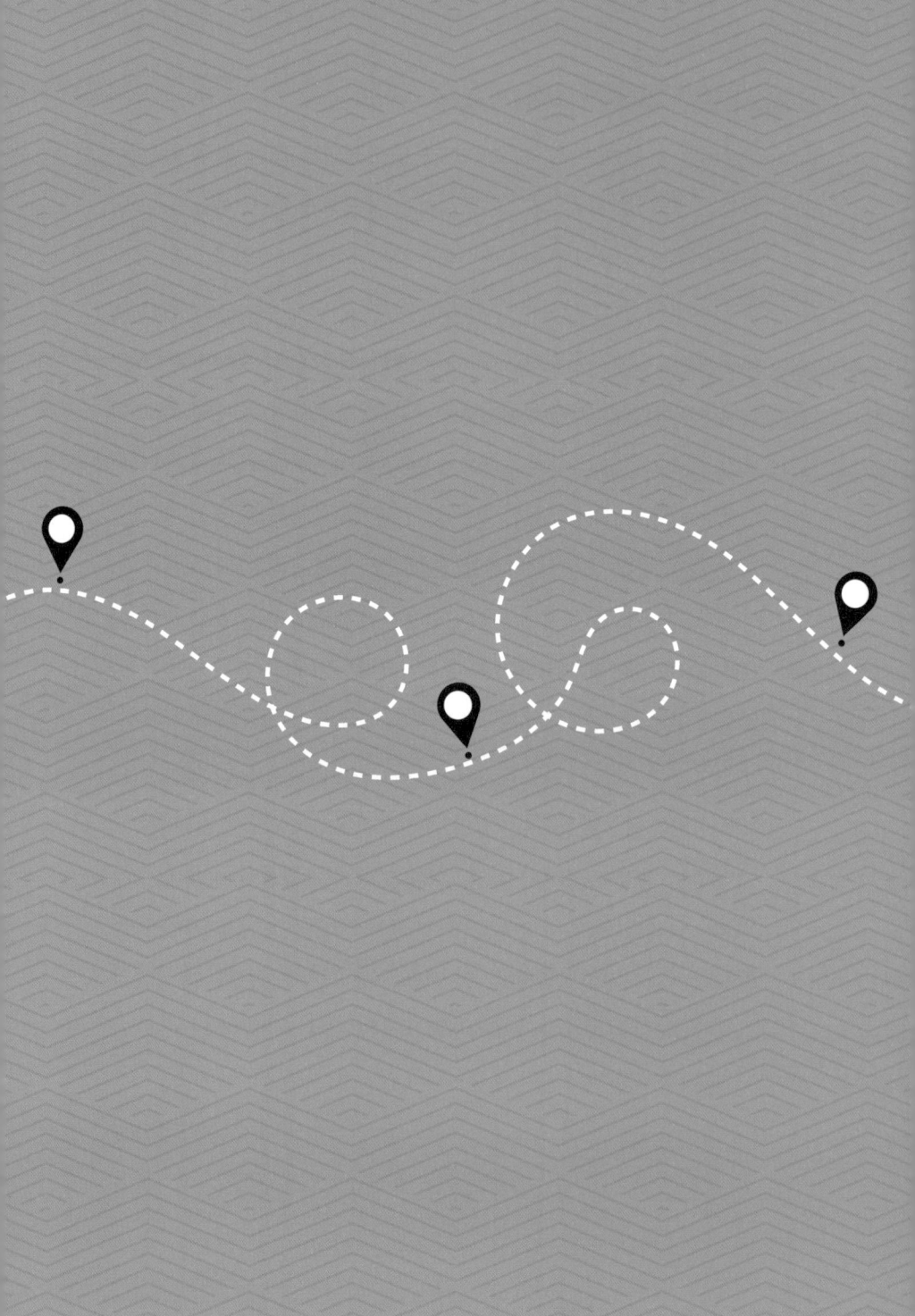

1장

기상천외한
재밌는
세계지도

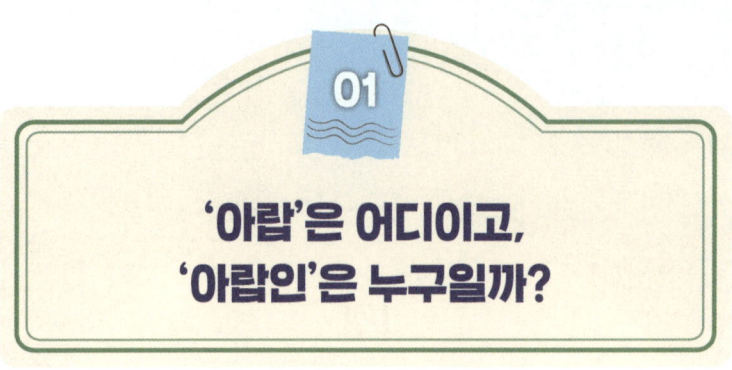

'아랍' 하면 무엇이 생각날까? 아마도 대부분 사람이 석유, 사막, 낙타, 코란, 히잡과 차도르를 걸친 여인, 《아라비안나이트》 같은 것을 쉽게 떠올릴 것이다. 그만큼 '아랍'은 낯설지 않은 이름이다. 그렇다면 '아랍'이란 지구상 어디에 있는 곳일까?

일반적으로 말하는 아랍 세계는 '아랍인과 그 민족, 국가'를 가리킨다고 한다. '아랍인'이라고는 하지만 이들은 단일 민족이 아니기 때문에 인종이 다르고, 그 기원에 대해서도 명확하게 밝혀진 것이 없다.

또한 세계지도를 아무리 샅샅이 찾아보아도 '아랍'과 관련된 지명은 아라비아반도와 아라비아해 정도이고 아랍이라는 나라는 존재하지 않는다. 그렇다면 무엇을 기준으로 '아랍', '아랍인'이라고 하는 걸까?

아랍연맹은 아랍인들의 공동체

유럽

팔레스타인
요르단
이스라엘

지중해
레바논
시리아
이라크
쿠웨이트
바레인
카타르
모로코
튀니지
요르단
알제리
리비아
이집트
사우디
아라비아
아랍에미리트
오만
모리타니
수단
(2011년부터
수단과 남수단
으로 분리)
예멘
홍해
지부티

아프리카
소말리아

대서양
인도양
코모로

아라비아해

아랍연맹(Arab League)
중동의 평화와 안전은 물론 아랍 국가의 주권과 독립을 지키기 위해 1945년 3월에 이집트 카이로에서 결성된 지역 기구이다. 처음에는 7개국으로 출발했지만 현재는 비국가인 팔레스타인을 포함하여 총 22개국이 회원국이며, 옵서버로 5개국이 가입되어 있다.

창립 당시의 회원국(7개국)
이집트, 요르단, 이라크, 사우디아라비아, 레바논, 시리아, 예멘(이상 1945년)

나중에 가입한 회원국(15개국)
리비아(1953년), 수단(1956년), 튀니지, 모로코(이상 1958년), 쿠웨이트(1961년), 알제리(1962년), 바레인, 오만, 카타르, 아랍에미리트(이상 1971년), 모리타니(1973년), 소말리아(1974년), 팔레스타인해방기구(PLO·1976년), 지부티(1977년), 코모로(1993년)

옵서버(5개국)
브라질, 인도, 베네수엘라, 에리트레아, 아르메니아

과거에는 아라비아 사막의 유목민을 아랍인이라고 불렀다. 그러
나 지금은 대개 '이슬람교를 믿으면서 이슬람 탄생 이후 아랍의 역
사와 문화의 정체성을 가지는 사람들'을 아랍인이라고 부른다. 19세
기 후반에 생겨난 아랍 민족주의의 결과라고 할 수 있는데, 이를 계
기로 '아랍'이라고 불리는 지역도 전보다 훨씬 넓어졌다.

  아랍 역사와 문화의 커다란 상징 중 하나는 아랍어이다. 셈어족에
속하며 그림처럼 보이기도 하는 독특한 아랍 문자를 사용하는 이
언어가 아랍 국가들에 큰 의미를 가지게 된 것은 바로 이슬람교의

아라비아 사막은 예멘에서 오만, 요르단과 이라크에 걸쳐져 있는 사막으로 아라비아반도의 대부분
을 차지한다. 사막 남부에 세계에서 두 번째로 넓은 룹알할리 사막이 있다. W-C

성전인 《코란》 때문이다. 《코란》은 고대 아랍어로 씌어 있는데, 번역이 허용되지 않아서 이슬람교도들은 모두 아랍어를 공부할 수밖에 없었다. 그리고 이슬람교의 확산에 따라 아랍어와 아랍 문화권이 지금처럼 넓어진 것이다. 현재 아랍어를 사용하는 이라크, 시리아, 아라비아반도, 북아프리카 등 이 지역의 나라들은 '아랍권'에 속한다고 할 수 있다.

한편 1945년 3월, 중동의 평화와 아랍 국가들의 주권 수호를 위해 '아랍연맹League of Arab States'이라는 국가 조직이 창설되었다. 본부는 이집트의 수도 카이로에 있다. 창설 당시에는 가입국이 이집트, 이라크, 시리아 등 7개국뿐이었으나, 지금은 팔레스타인해방기구Palestine Liberation Organization, PLO, 지부티 등까지 포함해 총 22개국(2023년 기준)이다. 가입 자격은 '아랍의 대의를 굳게 지키고' '이슬람을 존중'하는 것인데, 과거 이집트는 아랍연맹의 공공의 적인 이스라엘과 평화조약을 맺었다가 대의를 위반했다는 이유로 10년 동안 가입국 자격을 정지당하기도 했다. 현재 아랍연맹은 이스라엘과 팔레스타인 분쟁의 평화적 해결을 위해 앞장서고 있다.

그런데 이런 아랍연맹의 가입국이라고 해도 아랍어보다 다른 언어가 많이 쓰이는 나라들, 즉 지부티와 모리타니(프랑스어) 등의 국민은 아랍인이라는 자의식이 강하지 않다. 또한 차드는 이슬람교가 국민의 절반을 넘고 아랍어도 사용하지만, 아랍연맹의 가입국은 아니다. 그리고 2010년 아랍의 민주화 운동 이후 아랍 국가들 사이에 종파 갈등이 심화하면서 아랍연맹의 내분도 심각한 상황으로 평가

받고 있다.

정리하자면 '아랍'이 역사적으로 항상 동일한 지역을 의미하지는 않았다. 7세기 이전에는 아라비아반도 지역을 가리켰으나, 이슬람 문화권이 확장하면서 중동과 그 인근의 이슬람 문화권을 통틀어 가리키는 말로 바뀌었다. 또한 아랍 지역은 역사적인 세력으로 볼 때 아랍 제국을 뜻하기도 했고, 오늘날에는 아랍연맹이나 아랍 세계를 말하기도 하지만 아랍연맹 중에도 아랍이라는 자의식이 강하지 않은 국가들도 있다.

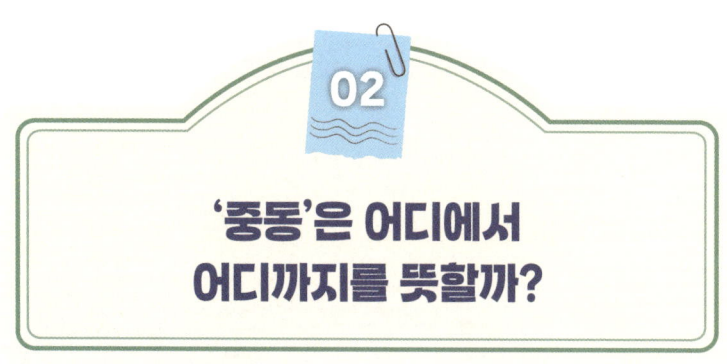

'중동'은 어디에서 어디까지를 뜻할까?

중동은 아프리카와 유라시아, 인도양과 지중해의 교차지에 걸쳐 있어 고대부터 지정학적 요충지로 세계사의 중심 무대가 된 지역이다. 특히 세계 3대 일신교인 기독교, 이슬람교, 유대교는 물론 마니교, 조로아스터교 등 여러 지역 종교의 탄생지이자 중심지이다. 게다가 세계 4대 문명 가운데 메소포타미아와 이집트 문명의 발상지로서 농경 문화의 발달과 함께 농경 기술을 유럽과 인도 등 인근 지역으로 퍼뜨린 근원지이기도 했다.

한편 20세기에 접어들어 중동 지역에 원유가 대규모로 매장된 사실이 밝혀지면서 미국을 비롯한 서구와 소련이 대립하는 냉전 시대의 각축장이 되기도 했다. 고대부터 동서양을 연결하는 교역의 교차지 역할을 했고, 현대에서는 석유 자원을 둘러싼 강대국의 이권 다툼으로 바람 잘 날이 없는 갈등의 중심지이기도 하다.

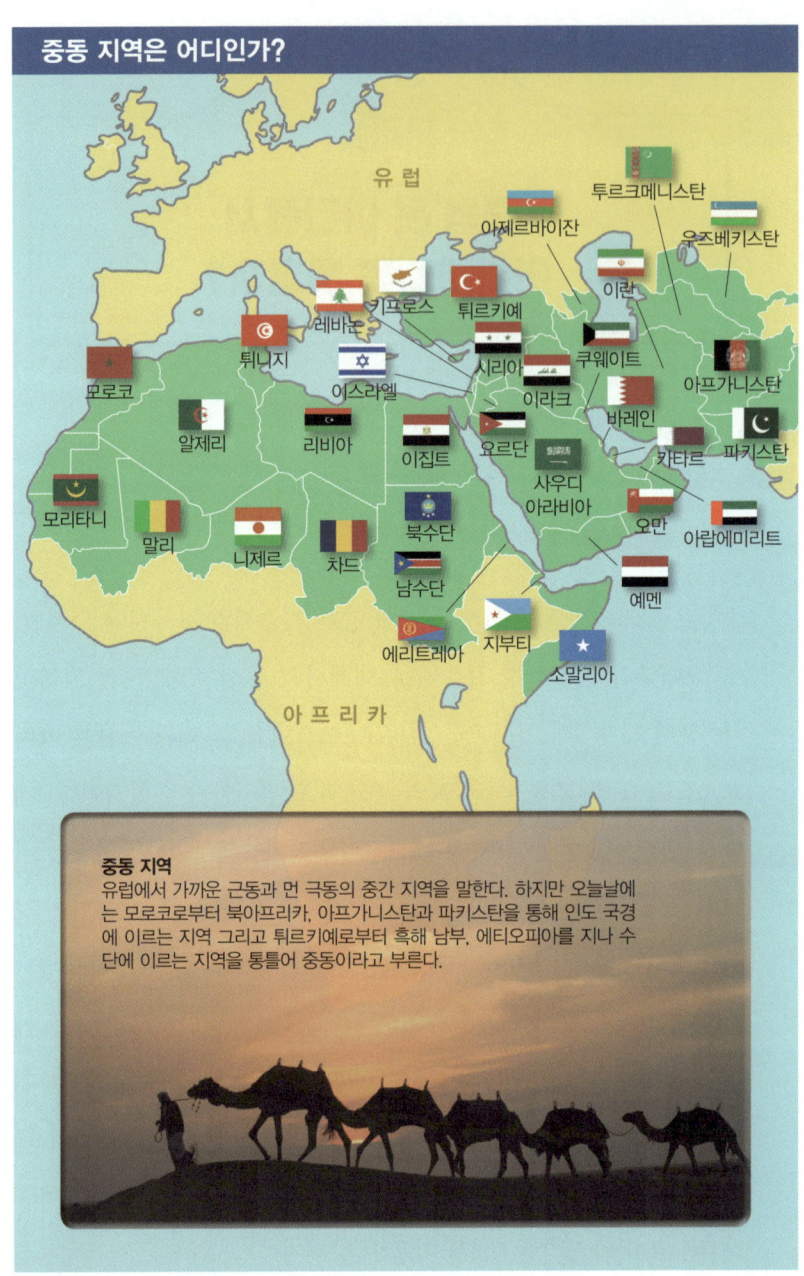

유럽

투르크메니스탄

아제르바이잔

우즈베키스탄

이란

레바논 키프로스 튀르키예

튀니지 시리아 쿠웨이트 아프가니스탄

이스라엘 이라크

모로코 바레인

알제리 리비아 요르단 카타르 파키스탄

이집트 사우디
아라비아

모리타니 오만 아랍에미리트

말리 니제르 차드 북수단

남수단 예멘

에리트레아 지부티

소말리아

아프리카

중동 지역
유럽에서 가까운 근동과 먼 극동의 중간 지역을 말한다. 하지만 오늘날에
는 모로코로부터 북아프리카, 아프가니스탄과 파키스탄을 통해 인도 국경
에 이르는 지역 그리고 튀르키예로부터 흑해 남부, 에티오피아를 지나 수
단에 이르는 지역을 통틀어 중동이라고 부른다.

기상천외 세계지도 지식도감

구카이로의 바빌론 요새에 있는 원형 로마 탑의 유적 (3세기 후반), 2008년, Daniel Mayer, W-C

중동에서 멀리 떨어진 동아시아 지역의 한국, 일본, 중국 등을 가리켜 '동쪽의 끝=극동極東, Far East'의 나라라고 한다. 이 말은 유럽의 관점에서 봤을 때 동쪽의 끝이라는 뜻으로, 유럽이 세계의 중심이라는 뉘앙스를 담고 있는 말이다. 이와 비슷한 개념으로 '중간쯤에 위치한 동쪽 지역=중동中東, Middle East'이라는 말이 생겨났다는 게 정설이다.

사실 '중동'이라는 말의 역사는 그리 오래되지 않았다. 19세기 이후, 유럽에서는 오스만 제국이 지배하던 지역을 '가까운 동쪽=근동

近東, Near East'이라고 불렀다. 그러다가 1850년경 영국의 동인도 회사가 처음으로 중동이라는 말을 사용했고, 제1차 세계대전 무렵부터는 팔레스타인·튀르키예·시리아 등지의 근동과 구분하여 페르시아만 주변 지역을 중동이라고 부르면서 차츰 굳어지게 되었다.

이후 제2차 세계대전 때 카이로에 연합군의 중동사령부가 설치되면서 중동이라는 말은 더 넓은 지역을 가리키게 되었다. 현재는 아프가니스탄이나 이란의 서쪽, 페르시아만을 지나 지중해 연안을 포함하며, 북아프리카의 모로코나 모리타니 부근까지를 중동이라고 부른다. 북으로는 튀르키예의 흑해 연안, 남으로는 남수단 정도까지의 지역이다.

그러나 여기에 한정되지 않고 아프리카의 소말리아, 지부티, 지중해에 있는 키프로스까지 포함하는 경우도 있다. 나아가 최근에는 소련 붕괴 후 독립한 투르크메니스탄, 우즈베키스탄, 카자흐스탄 등 중앙아시아의 여러 국가와 카스피해 서쪽의 아제르바이잔까지 포함하는 경우도 있다. 이러한 국가들이 중동에 포함되는 것은 종교적으로는 이슬람권이고, 반건조 지대, 유목민과 정착민이 섞여 있는 생활 양상 등이 다른 중동 지역과 공통점이 많아서이다.

결론적으로 말하면 중동은 나라 이름이 아니라 페르시아만을 중심으로 하는 특정 지역을 통칭하는 말이다. 하지만 중동의 명확한 경계선은 없다. 이슬람인가, 이슬람이 아닌가 또는 기후나 문화가 비슷한가, 비슷하지 않은가 등을 기준으로 대략 구분하고 있을 뿐이다.

UN기의 세계지도는
왜 북극이 중심일까?

각각의 나라에 저마다 국기가 있듯이 국제기구에도 각 기구를 상징하는 깃발이 있다. 국기 아래에서 국민의 마음이 하나가 되듯, 그 깃발 아래에서 민족과 풍습과 역사가 서로 다른 많은 국가들이 공통의 목적을 위해 단결하는 것이다.

세계 각국이 참여하는 국제기구 가운데 단연코 으뜸은 UN_{United Nations}(국제연합)이다. UN에서도 전쟁 방지와 세계 평화라는 목표를 위해 세계를 하나로 묶는 UN기가 상징으로 사용된다.

지금의 UN기는 1947년 제2차 총회에서 채택되었다. 파란색과 흰색으로 이루어져 있고, 전 세계의 지도를 평화의 상징인 올리브 잎으로 둘러싸고 있는 디자인이다. UN기의 디자인은 미국 건축설계가인 도널 맥로린_{Donal McLaughlin}이 올리브 가지의 도안을 만들었고, 지도제작자인 리처드 에데스 해리슨_{Richard Edes Harrison}이 세계지도를

UN 엠블럼에 그려진 세계지도. 북극을 중심으로 위에서 세계를 내려다보고 있다.

제작해 완성했다. 올리브 가지는 평화의 상징이며, 세계지도는 전 세계의 모든 사람을 의미한다. UN은 제2차 세계대전의 종결과 함께 탄생했는데, 긴 전쟁으로 고통을 겪은 전 세계 사람들의 세계 평화를 향한 염원을 담고 있는 것이다.

그런데 지도를 자세히 보면 우리가 흔히 아는 세계지도의 모양이 아니어서 고개를 갸우뚱할 수도 있다. 이 지도는 태평양이 가운데 있는 일반적인 평면지도가 아니라 북극점을 중심으로 한 세계지도이다. 왜 이런 지도를 사용했을까?

그 배경에는 제2차 세계대전의 종결과 동시에 미국과 구소련을 중심으로 시작된 냉전冷戰, the Cold War이 있다. 우리가 자주 접하는 평면지도를 사용하면 미국과 구소련이 한눈에 들어와 어느 나라의 면적이 더 큰가, 나아가 어느 나라의 힘이 더 강한가를 두고 신경전이 있을 것이 뻔했다. 그러나 북극을 중심으로 위에서 내려다보면 지도에서는 어느 쪽으로도 기울어지지 않게 된다. 따라서 이 지도에는 가능하면 냉전을 평화적으로 해결하고 싶다는 두 강대국의 숨은 뜻이 담겨 있다.

UN기의 지도를 자세히 살펴보면, 경도를 45°마다 표시한 8개의 직선이 그어져 있는데, 이 8개의 선이 만나는 중심이 북극점이다. 그리고 북극점을 기준으로 그어져 있는 4개의 원은 위도를 표시한다. 30°마다 그려져 있어 가장 작은 원이 북위 60°, 가장 바깥쪽의 원이 남위 60°이다. 8개의 직선 중에 북극점 아랫부분이 그리니치 천문대를 지나는 0°로서, 아프리카 대륙이 남쪽을 향해 그려져 있다.

참고로, UN기를 국기들과 함께 게양할 때는 UN기를 가장 높은 장소, 혹은 가장 왼쪽에 달아야 한다.

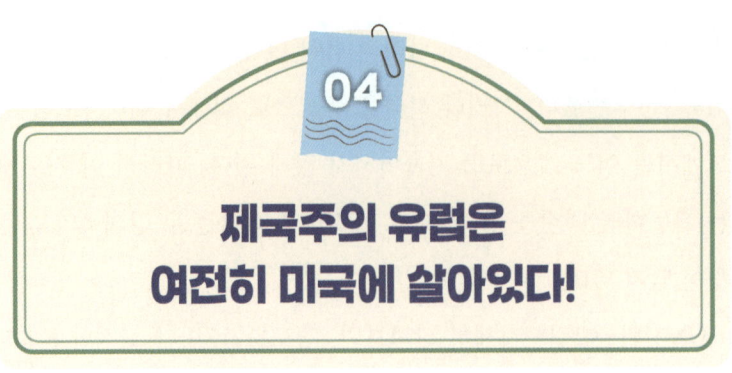

제국주의 유럽은
여전히 미국에 살아있다!

미국은 1776년에 영국 식민지가 독립하여 탄생한 나라이다. 건국 당시에는 아메리카 대륙 동해안에 있던 13개 주에 불과했으나, 북아메리카 대륙의 중서부에 있던 프랑스, 네덜란드, 스페인 등의 식민지를 잇달아 손에 넣으며 점차 영토를 넓혀갔다. 현재 미국은 총 50개 주이며, 세계에서 세 번째로 넓은 영토를 가진 나라가 되었다.

이런 탄생 비화 때문에 미국 지명에는 아직도 곳곳에 유럽의 흔적이 남아 있다. 유럽에서 건너온 사람들이 자신들의 고향과 관련된 이름을 붙이는 경우가 많았기 때문이다. 대표적인 예가 미대륙의 북동쪽에 있는 뉴잉글랜드 지방이다.

뉴잉글랜드는 메인주, 버몬트주, 뉴햄프셔주, 매사추세츠주, 코네티컷주, 로드아일랜드주의 6개 주를 가리킨다. 이 지역은 강과 산맥에 둘러싸여 다른 지역과 교류가 적기 때문에 영국 식민지 시

트로이

미국

도버

포츠머스

뉴욕

뉴브리튼

시카고

애선스 워싱턴 D.C.

뉴런던

세인트루이스

리치먼드

그로턴

노퍽

댄베리

레바논 애선스

스파탄버그

플로렌스 애선스

롬

대서양

애선스

애선스

뉴올리언스

뉴잉글랜드
메인주, 버몬트주, 뉴
햄프셔주, 매사추세
츠주, 코네티컷주, 로
드아일랜드주 등 6개
주를 말한다.

미국 동부 지역
아메리칸 이스트로 불리며, 미국 역사
의 중심지라고 할 수 있다. 영국 최초
의 식민지 버지니아가 건설되고, 영
국의 종교 박해를 피하여 네덜란드에
가 있던 청교도들이 신앙의 자유를
찾아 메이플라워호로 지금의 매사추
세츠주에 상륙하여 플리머스 식민지
를 만든 게 시초이다. 이때부터 영국
은 북아메리카의 대서양 연안에 13개
의 식민지를 만들었다. 즉 미국 동부
지역은 미국의 역사가 시작된 곳이라
고 할 수 있다.

대의 흔적이 여전히 짙게 남아 있다. 이곳에는 도버Dover, 포츠머스 Portsmouth, 그로턴Groton, 댄버리Danbury, 뉴브리튼New Britain, 뉴런던New London 등 영국에서 유래한 지명이 다수 있으며, 동부 지역 전체에 영국에서 유래한 지명은 100개가 넘는다.

미국 제1의 도시 뉴욕New York도 영국에서 유래한 이름이다. 1664년 9월 8일, 영국 함대가 맨해튼섬을 점령한 후 영국의 요크 공작이었 던 제임스 2세가 형이었던 찰스 2세 국왕으로부터 물려받은 땅이라 는 데서 이름이 붙여졌다. 그전에는 네덜란드 식민지였기 때문에 네 덜란드 수도에서 이름을 따 뉴암스테르담New Amsterdam이라고 불렸다.

그 밖에도 미주리주의 세인트루이스Saint Louis시와 루이지애나

애선스를 탄생하게 한 그리스의 아테네 아크로폴리스, 2022년, 포토 George E. Koronaios, W-C

Louisiana주는 프랑스 루이 14세에서 딴 이름이고, 앨라배마주에 있는 플로렌스Florence라는 이름은 르네상스의 중심이었던 이탈리아 피렌체에서 유래했다. 또 조지아주, 앨라배마주, 일리노이주, 루이지애나주, 오하이오주 등 다섯 군데에서 똑같이 사용하는 애선스Athens라는 지명은 고대 그리스의 학문과 문화의 중심지 아테네에서 차용한 것으로, 이를 반영하듯 모든 애선스에는 대학이 있다.

나아가 뉴저지New Jersey주와 버지니아Virginia주는 영국 지명이고, 콜로라도Colorado주와 캘리포니아California주는 스페인 지명, 버몬트Vermont주는 프랑스 지명, 몬태나Montana주는 라틴어에서 유래한 지명이다. 미국 50개 주 가운데 무려 20개 주의 이름이 유럽과 연관된 이름이다.

미대륙의 지명을 살펴보면 보면 아직도 미국 곳곳에는 유럽의 흔적이 살아 숨 쉬고 있는 것 같다. 미국인들은 유럽, 그중에서도 식민지 종주국이었던 영국에서 자신들의 뿌리를 찾고, 영국에 대해 아련한 향수나 동경심 같은 것을 느낀다고 한다. 그렇기에 영국 식민지에서 독립하고 200여 년이 지난 지금까지도 유럽에서 딴 지명들을 간직하고 있는 것이리라.

미국의 4개 주를
한 번에 만나는 '포코너스'

미국의 주 경계선은 직선인 곳이 많다. 이러한 경향은 특히 중부와 서부에서 두드러진다. 사람이 오랫동안 거주하면서 이러저러한 요인으로 자연스레 만들어진 경계선이라면 산과 강 등 자연의 지형에 의해 생긴 구불구불한 곡선으로 이루어지기 쉽다. 미국에서도 건국 초기부터 존재했던 여러 경계선은 직선이 별로 없다. 그러나 프랑스와 스페인으로부터 획득한 중부와 서부 지역은 영토를 확장하고 개척해 나가는 과정에서 행정 편의를 위해 경계선을 정한 탓에 경계선 대부분이 직선이고, 주의 모양이 네모에 가까운 경우가 많다.

하지만 직선이라고는 해도 장기판처럼 가지런한 것은 아니고, 주의 경계선들이 조금씩 어긋나 있다. 지도에서 찾아보아도 십자로처럼 교차되어 있는 경우는 거의 찾아볼 수 없는데, 단 한 군데의 예외가 있으니 바로 남서부에 있는 애리조나주, 유타주, 콜로라도주,

포코너스

미국의 50개 주 중에서 십 (十)자 모양의 직각으로 교차하는 4개의 지역, 유타주, 콜로라도주, 뉴멕시코주, 애리조나주를 포코너스라고 말한다. 기념비가 있어서 그 접점을 직접 밟아볼 수 있으며, 지금은 관광지화되었다.

1장 기상천외한 재밌는 세계지도

포코너스 기념비를 둘러싼 깃발들(애리조나, 유타, 콜로라도, 뉴멕시코)과 미국 국기, 2007년. ⓒ David Jolley, W-C.

그리고 뉴멕시코주가 교차하는 지점이다.

'포코너스Four Corners'라는 명칭은 북위 37도와 서경 109도 03분이 만나는 지점에서 네 개 주의 경계가 이루어진 데서 유래했으며, 이곳을 표시하는 기념비까지 있다. 그 기념비에는 주 경계선과 4개 주의 이름이 새겨 있는데, 그 자체로도 독특하기도 하려니와 그랜드캐니언과 모뉴먼트밸리와 가깝기도 해서 찾아오는 관광객들도 많다.

이 기념비 위에 서면 몇 초만 걸어도 4개 주를 모두 밟을 수 있고, 4개 주가 접하는 지점에 앉으면 말 그대로 4개 주를 한꺼번에 걸쳐 앉게 된다. 이러한 것이 가능한 곳은 제아무리 미국이 넓다 한들 이곳뿐이다. 이 포코너스는 콜로라도고원의 일부이며, 완만한 기복이 지평선 끝까지 이어진 사막 한가운데 있다. 그런 거대한 평원이었기에 산과 강 등 자연의 장애물에 방해받지 않고 똑바로 직선의 경계선을 그을 수 있었으리라.

미국은 1848년 멕시코-미국 전쟁이 끝난 후 포코너스 지역을 멕시코로부터 획득했다. 또한 이곳은 미국에서 가장 큰 인디언 자치구 '나바호랜드Navajo Land'가 시작하는 곳이기도 하다. 포코너스 주위에는 50가구 정도의 기념품 상점과 '나바호랜드에 오신 것을 환영합니다!'라고 쓰여 있는 표식이 있다.

나바호랜드란 유타주와 애리조나주, 뉴멕시코주에 걸쳐 있는 광대한 나바호족 자치구이다. 미국 정부의 인디언 말살 정책의 일환으로, 아메리카 대륙의 원주민이었던 인디언들은 정부가 지정한 척박한 '보호구역'에 강제로 이주당한 비극적인 역사를 갖고 있는데, 나바호랜드도 그런 인디언 보호구역 중 하나이다. 약 65,000km²의 광대한 자치구 안에는 호피족 자치구도 있다. 이곳에서는 20세기에 들어 석유와 석탄 등 양질의 지하자원이 발견되어 새로운 개발지로 주목받고 있다.

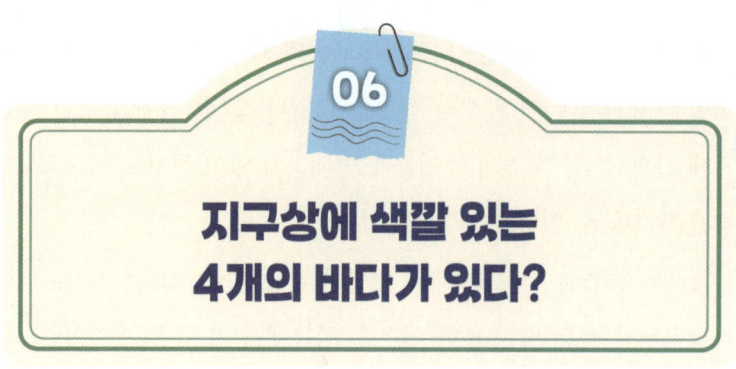

지구상에 색깔 있는 4개의 바다가 있다?

바다는 파랗다. 왜냐하면 '태양광을 받은 물은 파장이 긴 붉은빛을 흡수해 버리고 파장이 짧은 파란빛만 산란, 반사하기 때문에'라고 하는 것이 과학적 상식이다. 그러나 세상에는 이런 상식을 뒤집는 누런 바다, 붉은 바다, 까만 바다, 심지어는 하얀 바다까지 있다. 그리고 이런 바다들은 그 색깔을 따서 황해黃海, 홍해紅海 흑해黑海, 백해白海라고 불린다. 도대체 왜 이런 바다들이 있는 걸까?

우선 한국과 중국 사이에 있는 황해(한국에서는 서해)가 누렇게 보이는 것은 바로 중국 대륙의 북부를 흐르는 황허黃河 때문이다. 중국 대륙에서 홍수가 발생하면 황허는 엄청난 양의 토사를 바다로 실어 나르는데, 이 붉은 토사 때문에 바다가 누런색으로 변한다. 이른 봄에 대륙에서 부는 바람이 한반도에 황사를 몰고 오는 것과 같은 이치이다.

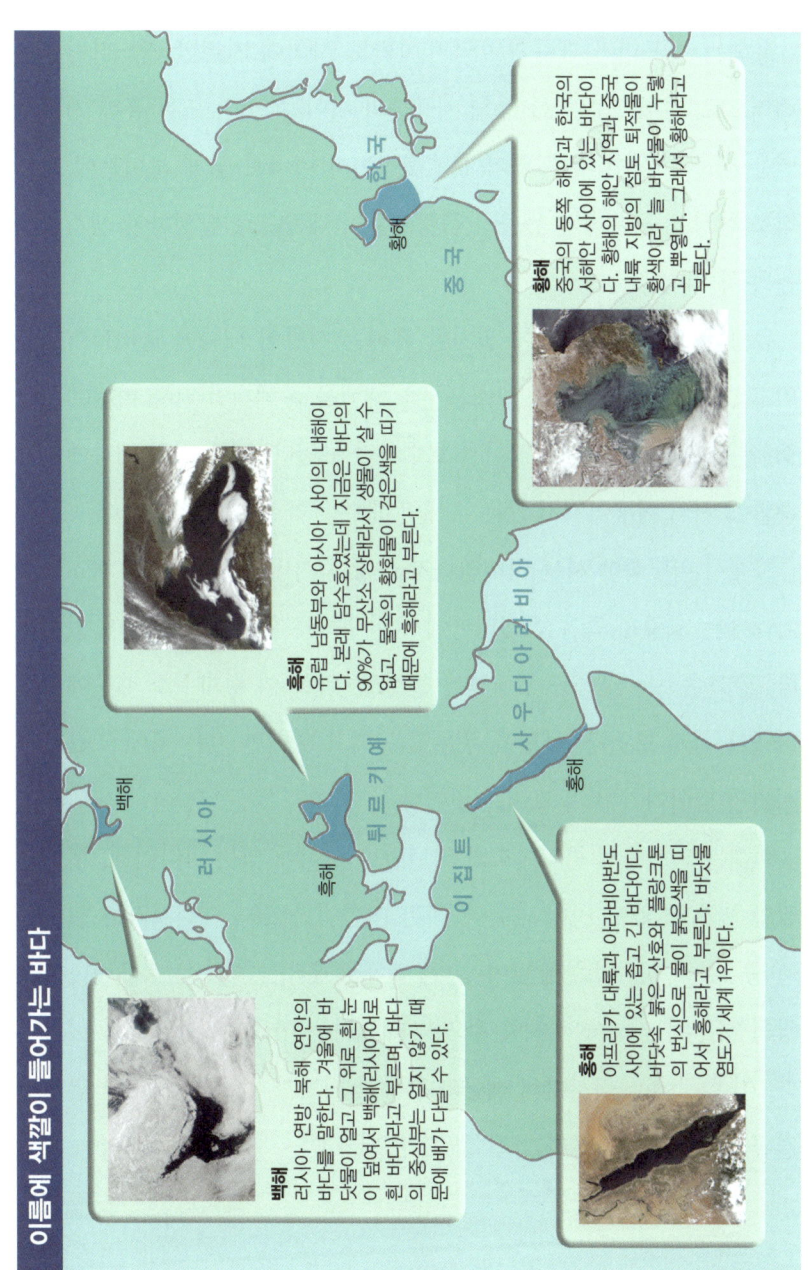

황해
중국의 동쪽 해안과 한국의 서해안 사이에 있는 바다이다. 황해의 해안 지역과 중국 내륙 지방의 해안 주변이 늘 바닷물이 누렇고 노랗다. 그래서 황해라고 부른다.

흑해
유럽 남동부와 아시아 사이의 내해이다. 본래 담수호였는데 지금은 바다의 90%가 무산소 상태라서 생물이 살 수 없고, 물속의 황화물이 검은색을 띠기 때문에 흑해라고 부른다.

백해
러시아 연방 북해 연안의 바다를 말한다. 겨울에 바닷물이 얼고 그 위로 흰 눈이 덮여서 백해(러시아어로 흰 바다)라고 부르며, 바다의 중심부는 얼지 않기 때문에 배가 다닐 수 있다.

홍해
아프리카 대륙과 아라비아반도 사이에 있는 좁고 긴 바다이다. 바닷속 붉은 산호와 플랑크톤의 번식으로 물이 붉은색을 띨 때 아서 홍해라고 부른다. 바닷물 염도가 세계 1위이다.

중국 황해 한국 러시아 백해 터키 흑해 이집트 사우디아라비아 홍해 홍해는 아프리카 대륙과 아라비아반도 사이에 자리한 가느다란 해역으로, 수에즈 운하를 통해 지중해와 이어져 있다. 또한 홍해 지역은 적조 현상이 자주 일어나는 곳이어서 바다가 붉게 보이는데, 적조 현상은 붉은색의 동물성 플랑크톤이 대량으로 발생하여 생기는 현상이다.

유럽과 아시아의 경계에 위치한 흑해는 사방이 대륙에 둘러싸여 있고, 오직 마르마라해와 보스포루스 해협을 통해서만 다른 바다(지중해의 에게해)와 연결되어 있어서 호수처럼 보인다. 이런 지형 때문에 순환이 거의 이루어지지 않는 흑해의 해수는 늘 산소가 부족하다.

그래서 바닷속에 사는 박테리아가 금방 죽어버리고, 수심 2,000m 아래에는 그렇게 죽은 박테리아에서 발생하는 황화수소가 쌓여 있다. 황화수소는 금속을 생성하는 물로, 바로 이 황화수소 때문에 바다가 검게 보인다. 해면은 푸른빛을 띠고 있지만 깊은 곳에 있는 시커먼 덩어리가 비쳐 보이는 것이다.

백해는 러시아의 콜라반도와 카닌반도 사이에 있는 바다인데, 두말할 필요도 없이 빙하 때문에 이런 이름이 붙었다. 이 지역은 일년 중 3분의 2는 얼음에 덮여 있다. 백해로 흘러 들어가는 북드비나강의 하구에 러시아의 해양 무역을 대표하는 아르한겔스크항이 있다. 이 항구에는 러시아의 해군과 잠수함 기지가 있고, 발트해와 연결된 백해-발트해 운하가 건설되어 있다.

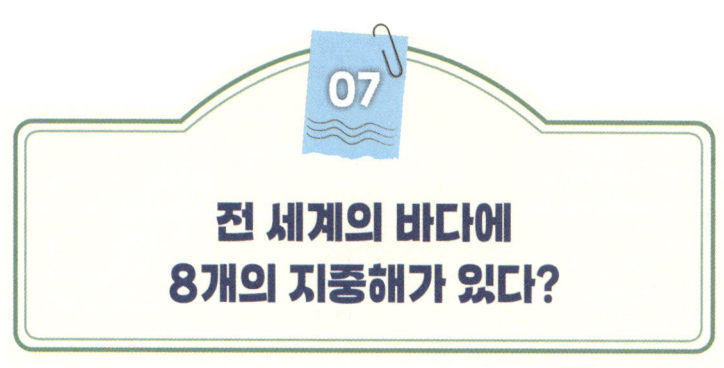

전 세계의 바다에
8개의 지중해가 있다?

전 세계에 지중해는 몇 개나 있을까? 보통 유럽과 아프리카 사이에 있는 지중해를 떠올리며 '하나'라고 대답할 것이다. 세계지도를 보아도 '지중해'라는 지명은 이곳뿐이다. 그러나 해양학을 기준으로 하면 이야기는 달라진다.

해양학상의 지중해는 '하나 또는 여러 개의 육지로 둘러싸여 있고 해협으로 대양과 이어져 있는 내해內海'를 말하는 일반명사이다. 또한 '대양의 영향을 받지만, 독자적인 해류가 없는 것'도 지중해의 조건이다. 이 조건에 따르면 북극해, 유럽 지중해(유럽과 아프리카 사이에 있는 지중해로 흑해, 마르마라해를 포함한다), 오스트레일리아·아시아 지중해(뉴기니섬과 오스트레일리아 대륙 사이), 아메리카 지중해(북아메리카 대륙과 남아메리카 대륙 사이에 있으며 카리브해, 멕시코만을 포함한다), 캐나다 북동부의 허드슨만, 홍해, 발트해, 페르시아만 등 세계에는 8개의 지중해가 있다.

북극해를 지중해라 할 수 있을까?

대서양

그린란드

캐나다

미국
알래스카

북극점

베링 해협

태평양

노르웨이

북극해

러시아

북극해
북극점을 중심으로 유라시아와 북아메리카, 그린란드에 둘러싸여 있는 바다로, 바닷물이 얼어서 만들어진 해빙으로 덮여 있다. 면적은 1,409만㎢로 지중해의 6배이며 전 세계 바다의 3%를 차지하고 있다. 광물 자원이 풍부하고 석유와 가스가 있는 지층이 발견된 데다 중요한 어장이 형성되어 있어서 세계 열강들이 앞다퉈 연구를 하며 모두 주목하고 있다.

네덜란드의 지리학자이자 지도
제작자였던 메르카토르가 그린
최초의 북극 전체지도, 1569년,
프린스턴 대학교

　그런데 북극해를 지중해라고 하면 모두가 어리둥절할 것이다. 우리가 흔히 보는 세계지도는 메르카토르 도법(메르카토르가 1569년에 창안한 지도 제작법으로 항해도로 많이 쓰인다. 지도 위의 모든 직선이 항상 정확한 방위를 표시하기 때문에 직선 항로를 쉽게 잡을 수 있지만 고위도에서는 정확도가 떨어진다.)으로 그려진 것으로, 북극해가 동서로 퍼져 있어서 마치 그 주위에 육지가 없는 것처럼 보이기 때문이다. 그러나 북극점을 중심으로 한 지도를 보면 확실히 알 수 있다.

　북아메리카 대륙과 유라시아 대륙 사이에 끼어 있는 북극해는 태평양으로 나가는 출구가 가느다란 베링 해협뿐이다. 한편 대서양 쪽도 캐나다 앞바다 뉴펀들랜드섬과 그린란드 등 많은 섬들이 밀집되어 있어 출구가 상당히 좁다. 게다가 북극해 자체의 해류도 없다. 한마디로 북극해는 규모가 상당히 큰 지중해인 것이다.

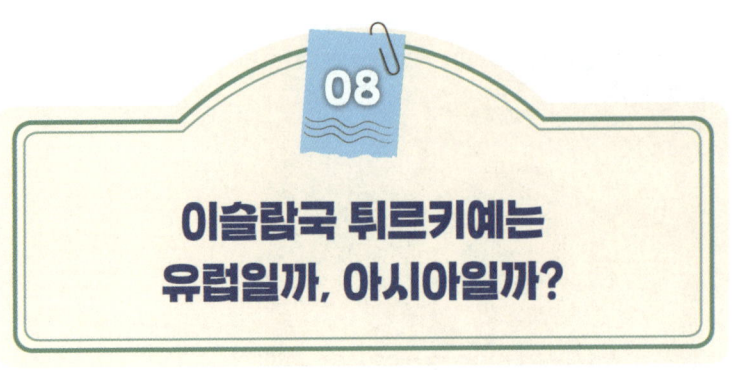

이슬람국 튀르키예는 유럽일까, 아시아일까?

유라시아는 하나의 거대한 대륙이지만 지리상으로 보면 유럽과 아시아로 나뉘어 있다. 그 경계에 자리한 것이 튀르키예이다. 흑해와 지중해를 잇는 보스포루스 해협의 동서에 자리 잡은 튀르키예 제1의 도시 이스탄불(참고로 수도는 앙카라이다)에서는 다리 하나를 두고 유럽과 아시아를 왕래할 수 있다. 그렇다면 튀르키예는 유럽일까, 아시아일까?

먼저 지도를 보면, 국토의 97%가 소아시아반도에 있고 나머지 3%만이 유럽의 발칸반도 남동부에 위치한다. 백과사전에서도 지리적으로는 아시아로 분류되어 있다. 그러면 튀르키예는 아시아일까?

역사적으로 보면 그렇게 말하기도 어렵다. 고대 그리스 · 로마 시대부터 이 지역은 지중해 연안 도시국가의 식민지였으며, 아시아

아시아와 유럽의 요소를 모두 가지고 있는 튀르키예

튀르키예

튀르키예는 남아시아의 아나톨리아와 유럽 남동부 발칸반도의 동부 트라키아에 걸친 나라로, 8개국(불가리아, 그리스, 조지아, 아르메니아, 아제르바이잔, 이란, 이라크, 시리아)과 국경을 맞대고 있다. 수도는 앙카라이며, 공용어는 튀르키예어로 대부분의 국민이 이슬람교를 믿고 있다. 유럽과 아시아의 경계로, 지정학적으로 대단히 중요한 위치를 차지하고 있다.

쪽 남부에 자리한 도시 밀레투스Miletus에는 그리스 사상가들이 많았다. 또 4세기부터 1,000년 동안 동로마 제국(비잔틴 제국)은 콘스탄티노플(현 이스탄불)을 수도로 삼았다. 그 결과 이곳은 그리스정교의 심장 역할을 하며 번영했다. 여기까지의 역사만 보면 튀르키예는 유럽이다.

그러나 13세기 말 오스만 제국 성립 이래 튀르키예는 강력한 이슬람 통일국가로 발전했다. 발칸반도와 아나톨리아반도를 중심으로 서아시아, 북아프리카, 남동부 유럽의 세 대륙에 걸쳐 광대한 영토를 지배하며 600년 넘게 역사를 이어온 강대국이었다. 현재까지도

튀르키예 이스탄불의 아야소피아 성당, 비잔틴 미술의 최고 걸작품으로 불리며, 이슬람 사원으로 개조해서 사용하다가 박물관으로 다시 개조했다. 2006년, © Roweromaniak, W-C.

대다수 국민은 수니파 이슬람교도이다. 세계 각지의 관광객이 모이는 곳도 이슬람교 사원과 오스만 제국의 톱카프 궁전이다. 특히 술탄이 거주한 톱카프 궁전은 이스탄불을 둘러싼 바다가 한눈에 보이는 오스만 제국의 심장이었다.

또한 오스만 제국은 제1차 세계대전 패배로 제국이 붕괴한 후, 케말 아타튀르크가 일으킨 혁명으로 1923년에 세속국가인 튀르키예 공화국을 세웠고, 현재까지 유럽 쪽에 가까운 정책을 취하고 있다. 이슬람 세속국가를 표방하면서 많은 개혁이 진행되었는데, 공식 문자로 아랍 문자가 아니라 로마자를 채택한 것도 그중 하나이다.

월드컵 예선 조 편성도 유럽 그룹에 속해 있다. 과거, 외국에서 도입된 스포츠에 회의적이었던 황제(술탄)가 공식적으로 금지했던 축구는 공화국 성립 후 협회가 만들어졌고, 그 이후로 계속 성장해 왔다. 2002년 월드컵에서는 한국을 누르고 3위를 차지하기도 했다.

한편, 1963년에 EECEuropean Economic Community(유럽경제공동체) 준회원국으로 가입한 튀르키예는 1991년에 발발한 걸프전에서는 EEC 회원국과 마찬가지로 이라크에 반대하는 입장을 취했다. 그러나 일반 시민들의 감정은 같은 이슬람권인 이라크를 지지하는 쪽으로 기울어 있었다. 그런 탓인지 2003년에 일어난 이라크 전쟁 때는 미국의 국내 기지 사용을 거부하기도 했다.

EUEuropean Union(유럽연합)에 정식 가입을 신청했는데, 30년 넘게 협상이 진행 중이지만 EU에서는 이슬람 국가인 튀르키예에 대한 거부 반응이 강해서 승인하지 않고 있다. 그러나 2022년 러시아가 우크라이나를 침공한 후 유럽의 안보 지형이 크게 바뀌면서 튀르키예의 지정학적 가치가 주목받고 있다. NATO(북대서양조약기구) 회원국인 튀르키예가 중립국이었던 핀란드(2023년)와 스웨덴(2024년)의 NATO 가입에 찬성하면서 EU 가입에 대한 기대감을 높이고 있다.

'중동에서 가장 가까운 유럽'이라는 튀르키예는 고대부터 아시아와 유럽을 잇는 교량 역할을 하는 지리적으로 중요한 지역이다. 최근 러시아-우크라이나 전쟁의 발발과 중동 지역의 정세 변화로 지정학적 요충지로 떠오른 튀르키예는 지리적으로는 아시아에 속하지만, 정책적으로는 유럽에 가깝고, 일반 시민들은 이슬람 세계에 살면서 유럽에 대한 반감이 강해 국내외 정세가 매우 복잡한 나라이다.

'동양'과 '서양'의 구분은
언제 시작되었을까?

우리가 일상생활에서 세계를 두 영역으로 구분할 때 종종 사용되는 '동양東洋'과 '서양西洋'의 경계는 어디일까?

일반적으로 동양은 아시아 동부인 중국과 한국, 일본, 베트남, 인도네시아 등이고, 서양은 유럽 지역을 말한다. 튀르키예의 이스탄불 중심에 있는 보스포루스 해협을 기준으로 하거나, 기독교 문화권과 불교와 힌두교 문화권을 기준으로 하는 구분 방법도 있다.

그런데 사실 이 '동양', '서양'이라는 한자어는 원래 현재의 동남아시아를 구분하는 말이었다. 13세기, 중국 남부를 지배하던 남송과 수마트라섬의 스리위자야 왕국(수마트라의 팔렘방에서 창건하여 7~13세기 말레이 군도에서 번창했던 왕국으로 단기간에 세력을 확장하고 믈라카 해협의 지배권을 손에 넣었다)은 활발한 교역 관계를 맺고 있었다. 이때 중국에서는 수마트라섬 일대를 기준으로 삼아 그보다 동쪽 해역을 동남 제국, 서

보스포루스 해협을 기준으로 나눈 동양과 서양

불가리아

유럽

흑해

보스포루스 해협

이스탄불

아시아

그리스

튀르키예

에게해

아테네

보스포루스 해협
흑해와 마르마라해를 이어주고, 아시아와
유럽을 가르는 튀르키예의 해협이다. 대
표적인 지중해의 요충지로 길이는 30km
이며, 폭은 가장 좁은 곳이 750m이다. 18
세기 이후로는 다르다넬스 해협과 함께
항행권을 둘러싼 문제로 강대국들의 뜨
거운 관심을 받고 있다.

쪽을 서남 제국이라고 불렀다. 그러다 명나라 후기에 광저우에서
보르네오섬을 잇는 선을 중심으로 해서 그 동쪽을 동양, 서쪽을 서
양이라고 부르게 되었다.

그 후 유럽 사람들이 왕래하게 되자 유럽 지역은 '멀리 떨어진 서
양'이라는 의미로 '대서양大西洋', 인도와 페르시아만 연안은 '가까운
서양'이라는 뜻으로 '소서양小西洋'이라고 칭하게 되었다. 나중에 새
롭게 발견된 미국은 '더 멀리 떨어진 서양'이라고 해서 '외대서양外
大西洋'이라고 불렀는데, 대서양과 외대서양이 하나가 되어 '서양=구

동양과 서양을 구분한 동남아시아판의 경계

중국

대만

광저우

동양

마얀마

베트남

태국

필리핀

서양

말레이시아

보르네오섬

수마트라

인도네시아

스리위자야 왕국
7~13세기 말레이 군도에서 대상무역과 상업으로 번창했다. 수마트라의 팔렘방에서 창건된 이 왕국은 단기간에 세력을 확장하고 믈라카 해협의 지배권을 손에 넣었다.

믈라카 해협

쿠알라룸푸르

싱가포르

수마트라

팔렘방

1장 기상천외한 재밌는 세계지도

45

미'가 되었다. '동양=동아시아'의 의미로 통용하게 된 것은 19세기 말에 이르러서이다.

라틴어에서 유래한 오리엔트Orient와 옥시덴트Occident도 각각 동양(해 뜨는 곳), 서양(해 지는 곳)으로 번역되기도 한다. 동로마와 서로마 제국의 분열 시기에 생겨난 지명이지만, 이후 유럽 열강들이 중동 지역(아랍인)을 폄하하기 위해 오리엔트란 단어를 본격적으로 사용하기 시작했다. 최근에는 두 단어 모두 일상 용어로 거의 사용하지 않는다.

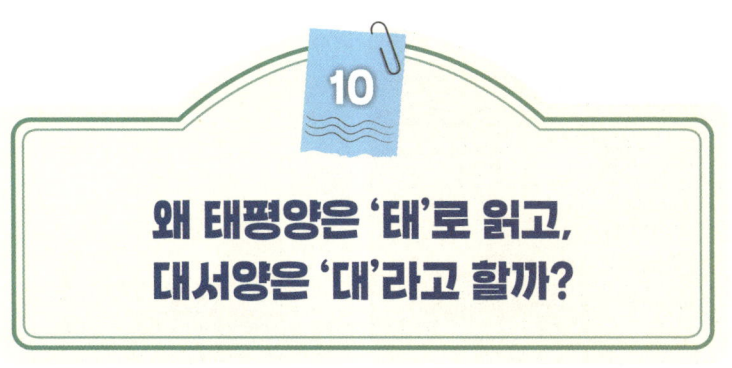

왜 태평양은 '태'로 읽고, 대서양은 '대'라고 할까?

지구의 바다는 태평양太平洋과 대서양大西洋이 양분하다시피 나뉘어 있다. 양대 해양의 뒤에 붙는 말이 '평양'과 '서양'으로 다른데 굳이 앞의 글자까지 태太와 대大로 다를 필요가 있을까 하는 의문이 들곤 한다. 하지만 아쉽게도 이 명칭은 서로 명명한 사람이 달라 함부로 바꿀 수도 없다.

마젤란은 최초로 세계 일주를 했으며, 그의 항해 기록으로 지구가 둥글다는 사실이 입증되었다. 태평양 항해 도중 필리핀의 막탄 섬 부족들과 싸우다 사망했으며, 남은 선원들이 세계 일주를 마쳤다. 에스파냐에서 출발해 대서양을 가로질러 남아메리카의 마젤란 해협, 태평양, 필리핀, 마리아나 제도 등 자신이 탐험한 곳에다 이름을 붙이기도 했다.

먼저 태평양을 살펴보자. 최초로 세계 일주를 한 마젤란이 험

페르디난드 마젤란, 마리너스 박물관 컬렉션　　마테오 리치, 1610년, 에마누엘 페레이라, 로마 예수
회 관저

난한 마젤란 해협을 통과한 후 만난 잔잔한 바다에 감동하여 'Mar Pacifico(평화로운 바다)'라고 이름을 붙였는데, 이 바다가 바로 태평양 Pacific Ocean이다. 마젤란이 태평양을 항해하는 동안 단 한 번도 폭풍우와 마주치지 않았다고도 전해지지만, 실제 태평양은 태풍, 윌리윌리와 같은 남태평양의 사이클론이 그치지 않는 험난한 바다이다.

대서양은 1602년에 명나라에서 포교 중이던 마테오 리치 신부(《천주실의》의 저자로 유명한 이탈리아 출신의 예수회 소속 신부로 16세기 중국 및 아시아 복음화의 선구자)가 그린 세계지도에서 최초로 사용한 말이라고 하는데, '서양 전방에 펼쳐진 커다란 바다'라는 뜻이라고 한다.

원래 서양에서는 대서양을 'Atlanticos(아틀라스의 바다)'라고 불렀다.

그래서 지금도 영어로는 'Atlantic Ocean'이라고 표기한다. 아틀라스의 바다라고 불리게 된 연유에 대해서는 여러 설이 있는데, 먼 옛날 바다에 있던 전설의 대륙 '아틀란티스'에서 유래한다는 설도 있다.

어찌 되었든, 태평양의 어원은 '크게 평화로운 바다'이고, 대서양의 어원은 '서양의 큰 바다'이다. 이름이 비슷해 혼동되기도 하지만 어원을 알고 나면 어느 쪽이 태평한지, 어느 쪽이 큰 바다인지 구별할 수 있을 것이다.

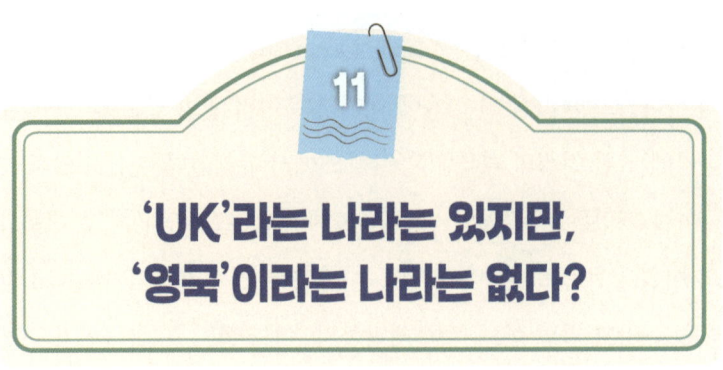

'UK'라는 나라는 있지만, '영국'이라는 나라는 없다?

사실 국제적으로 '영국'이라는 이름으로 통하는 나라는 없다. 영국의 정식 명칭은 '그레이트브리튼 북아일랜드 연합왕국The United Kingdom of Great Britain and Northern Ireland'이다. 원래는 다른 나라였던 잉글랜드와 웨일스, 스코틀랜드, 북아일랜드가 합병되어 바로 지금의 영국이 되었다.

먼저, 13세기 말에 잉글랜드 왕국이 서부 웨일스를 합병했다. 이는 1066년에 노르만인이 잉글랜드를 정복한 이래 무려 약 220년 후의 일이다. 그 후 그레이트브리튼섬과 아일랜드섬에서는 잉글랜드 왕국, 스코틀랜드 왕국, 아일랜드 왕국 등 3개의 나라가 함께 존재하게 되었다. 그러다 1707년에 잉글랜드 왕국과 스코틀랜드 왕국이 합병했다. 잉글랜드 왕국의 왕녀 앤은 스코틀랜드의 여왕까지 겸하게 되었고, 이를 계기로 '그레이트브리튼 왕국'이 탄생한 것이다.

영국은 어떻게 이루어졌는가?

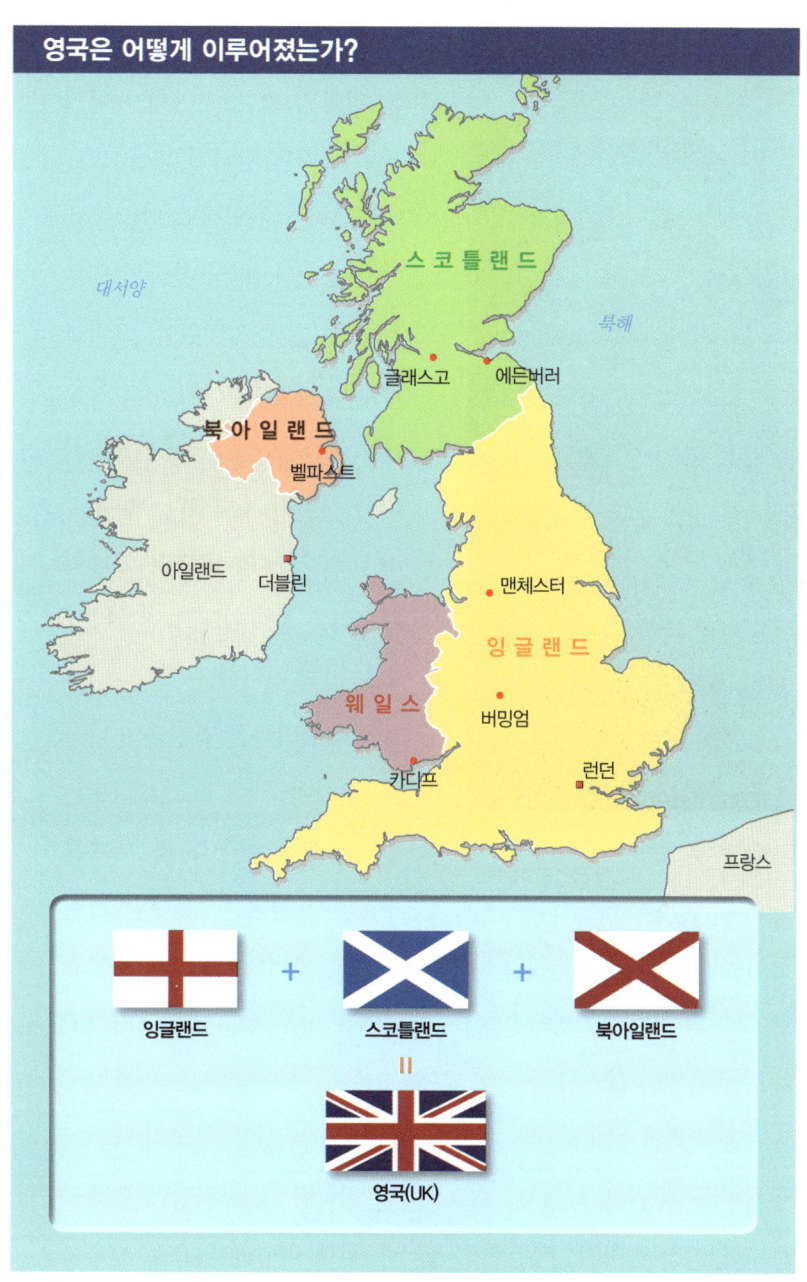

대서양

북해

스코틀랜드

글래스고 · · 에든버러

북아일랜드

벨파스트

아일랜드

더블린

맨체스터 ·

잉글랜드

웨일스

버밍엄 ·

카디프 ·

런던 ·

프랑스

잉글랜드 + 스코틀랜드 + 북아일랜드

=

영국(UK)

그레이트브리튼 왕국의 왕 조지 3세, 1799~
1800년, 윌리엄 비치, 버킹엄 궁전 로얄컬렉션

나아가 1801년, 그레이트브리튼 왕국의 왕 조지 3세가 아일랜드 국왕을 겸하게 되어 '그레이트브리튼 아일랜드 연합왕국'이 탄생했다. 영국 본국의 영토가 가장 컸던 시대였다. 그러나 1922년, 아일랜드의 독립운동으로 아일랜드섬 동북부를 제외한 지역이 독립했다. 이에 따라 국가 명칭이 현재의 '그레이트브리튼 북아일랜드 연합왕국'으로 바뀐 것이다.

영국 사람들은 자신들의 나라를 '연합왕국United Kingdom' 또는 간단하게 줄여 'UK'라고 부른다. 현재 영국은 그 옛날 독립국이었던 잉글랜드와 웨일스, 스코틀랜드, 북아일랜드 4개 지역으로 구분되어 있다. 영국은 이 4개국으로 이루어진 연합국가라고 해도 좋을 것이다.

이는 국기를 보아도 알 수 있다. 일찍이 잉글랜드 왕국의 국기는 흰색 바탕에 붉은 십자가, 스코틀랜드 왕국은 청색 바탕에 흰색으로 기울어진 십자가, 아일랜드 왕국은 흰색 바탕에 옆으로 기울어진 붉은색 십자가로 된 국기였다. 유니언 잭Union Jack이라고 불리는 영국의 현 국기 디자인은 국가 통합의 상징으로서 잉글랜드 왕국, 스코틀랜드 왕국, 아일랜드 왕국의 국기를 합한 것이다.

　현재의 모습이 갖추어진 지 수백 년이 지났음에도 불구하고 영국은 지역별로 특색이 뚜렷하여 각 지역 주민들은 자신들이 '영국'의 국민이라는 자각이 별로 없다. 4년마다 열리는 월드컵을 위한 예선에도 영국의 이름으로 하나의 국가대표팀이 나오는 것이 아니라 4개 지역의 축구팀이 별도로 예선전에 출전한다. 영국이 축구 종주국이라는 이유로 FIFA에서 주는 특혜이다. 영국도 지역감정이 심한 나라여서 만약 잉글랜드와 다른 나라의 경기가 벌어질 경우, 스코틀랜드 사람들은 잉글랜드가 아닌 다른 나라를 응원할 정도라고 한다.

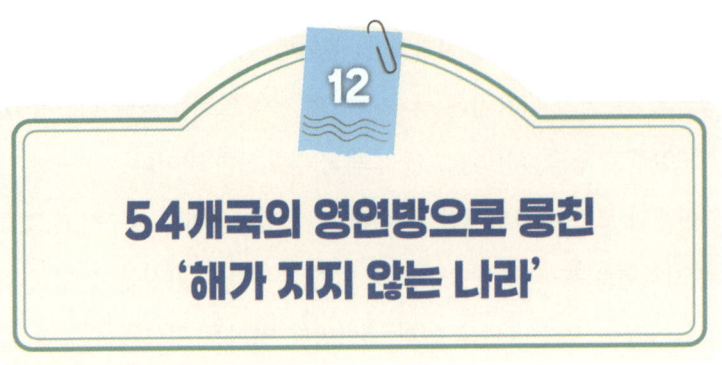

12

54개국의 영연방으로 뭉친
'해가 지지 않는 나라'

'해가 지지 않는 나라.'

대영 제국의 함대를 이끌고 전 세계를 제패했던 시절 영국의 별칭이다. 워낙 세계 곳곳에 영국령이 있었던 까닭에 영국의 땅이 모두 밤이 되는 일은 결단코 없다고 하여 지어진 이름이다. 영국이 세계 패권국의 지위를 차지했던 시절의 자취가 아직도 남아 있는 것이 바로 '영국연방Commonwealth realm(통칭 The Commonwealth라고도 함)'이다.

영국연방은 과거 영국의 식민지 국가들을 중심으로 만들어진 국제 기구로 모두 56개 회원국으로 구성되어 있다.(2022년 기준) 오스트레일리아와 투발루(한때는 국기에서 유니언 잭을 제거하고자 결정했었다), 솔로몬 제도를 비롯한 오세아니아에 가입국이 다수 있으며, 인도, 스리랑카, 말레이시아, 싱가포르 등 아시아 국가들과 중남미 부근의 섬나라 바베이도스, 바하마, 벨리즈, 세인트루시아 등 작은 나라들이

찰스 3세가 웨일스 공(윌리엄 왕세자)의 연설을 듣고 있는 모습. © House of Lords 2022. 사진 Annabel Moeller W-C

많다. 또한 북아메리카 대륙의 캐나다와 아프리카 대륙의 말라위, 시에라리온, 남아프리카 공화국 등의 국가들까지 더하면 과거 영국이 수많은 나라를 정복했고, 또 거대한 식민지를 거느린 패권국이었다는 것을 쉽게 짐작할 수 있다.

이 국가들 가운데 영국의 왕을 국가 원수로 삼은 나라는 영국, 캐나다, 오스트레일리아, 뉴질랜드, 자메이카, 바하마, 그레나다, 파푸아뉴기니, 세인트키츠 네비스, 세인트루시아, 세인트빈센트, 그레나딘, 솔로몬 제도, 투발루이다. 이 국가들은 자체적인 의회도 있고, 수상 또는 대통령이 있지만 국가의 상징적인 얼굴은 어디까지

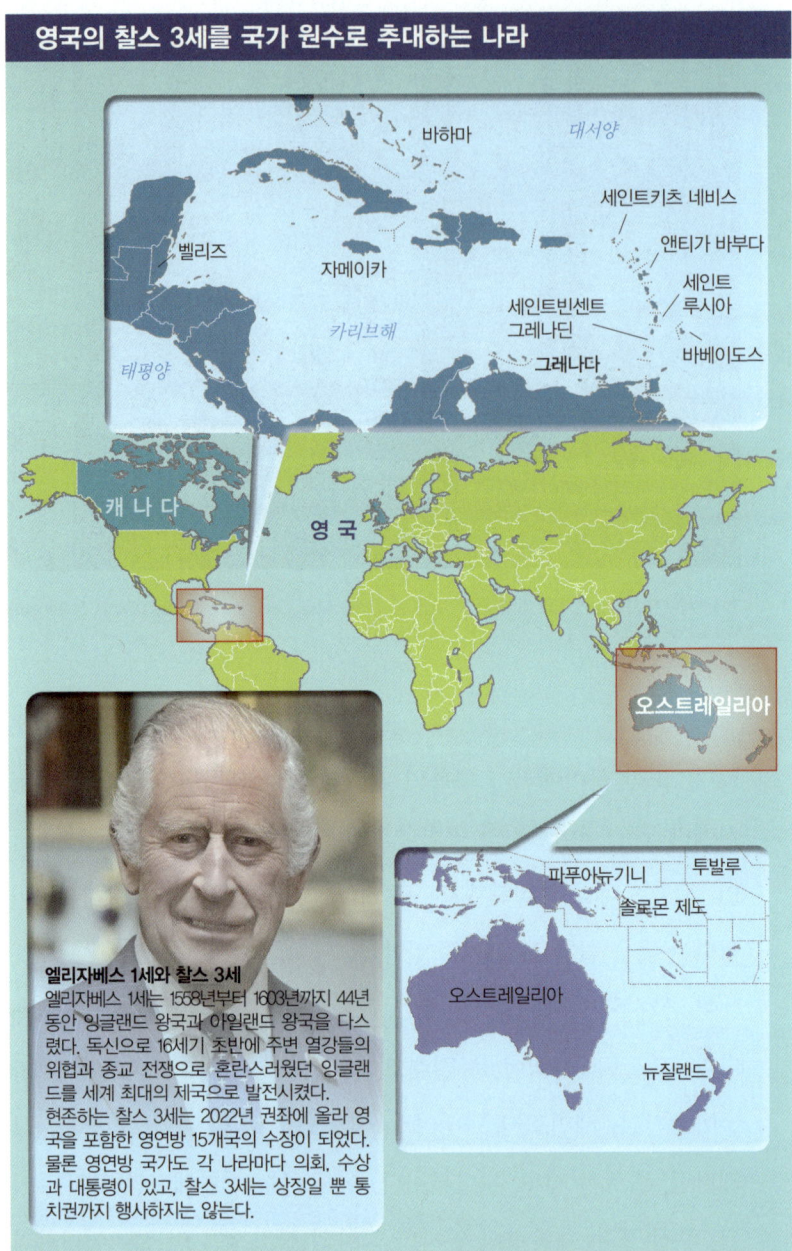

바하마
대서양
세인트키츠 네비스
앤티가 바부다
벨리즈
자메이카
세인트
루시아
세인트빈센트
그레나딘
바베이도스
카리브해
그래나다
태평양

캐 나 다
영 국

오스트레일리아

파푸아뉴기니
투발루
솔로몬 제도
오스트레일리아
뉴질랜드

엘리자베스 1세와 찰스 3세
엘리자베스 1세는 1558년부터 1603년까지 44년 동안 잉글랜드 왕국과 아일랜드 왕국을 다스렸다. 독신으로 16세기 초반에 주변 열강들의 위협과 종교 전쟁으로 혼란스러웠던 잉글랜드를 세계 최대의 제국으로 발전시켰다.
현존하는 찰스 3세는 2022년 권좌에 올라 영국을 포함한 영연방 15개국의 수장이 되었다. 물론 영연방 국가도 각 나라마다 의회, 수상과 대통령이 있고, 찰스 3세는 상징일 뿐 통치권까지 행사하지는 않는다.

나 찰스 3세이다. 이렇듯 국가 원수가 같은 나라는 현재 15개국(영국 포함)인데, 영국을 제외한 영연방 왕국에는 국왕을 대신해 명목상의 국가원수 역할을 하는 총독이 있다. 다만 실제로 통치권을 행사하는 것은 각 국가의 대통령이나 수상이다.

한편 영국연방 국가지만 자신들의 대통령이나 왕을 국가 원수로 하는 공화국도 있다. 이것을 택한 국가는 모두 7개국으로 가나, 파키스탄, 케냐, 나이지리아, 스리랑카, 말레이시아, 레소토 등이다.

짐바브웨 같은 경우에는 탈퇴했다가 재가입 신청을 했고, 아프리카 4개국(수단, 남수단, 수리남, 부룬디)도 영연방 가입을 희망하고 있다.

영국연방의 국가들은 영국의 제도(의회 제도, 법률 등)를 따르며, 현재는 찰스 3세를 중심으로 정신적 유대 관계를 중시하고 있다. 나아가 과거의 역사와 전통, 혹은 정치적·경제적 인연으로 인하여 지금도 우호적인 협력 관계를 이루고 있는 것이다.

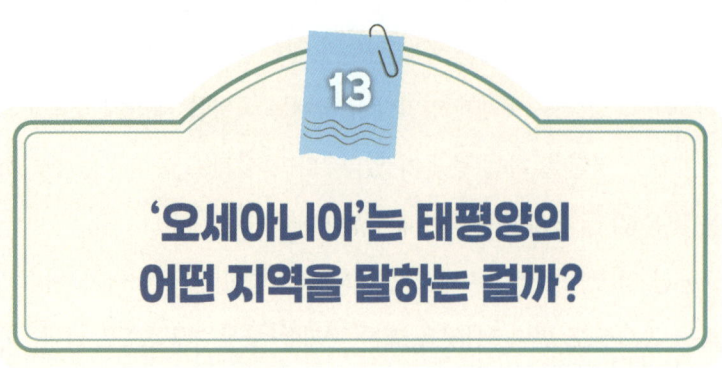

13

'오세아니아'는 태평양의 어떤 지역을 말하는 걸까?

'환태평양 국가'라고 할 때, 일본과 같은 동아시아 여러 나라들 외에 오스트레일리아, 뉴질랜드를 포함하여 '오세아니아Oceania'라고 불리는 일대가 있다. 넓은 태평양에 드문드문 작은 점처럼 존재하는 섬들로 구성된 지역을 가리키는데, 바다가 너무나 넓어 구체적으로 어느 지역이냐고 묻는다면 제대로 말할 수 있는 사람은 거의 없을 것이다.

오세아니아는 크게 미크로네시아, 멜라네시아, 폴리네시아로 나뉜다. 그리고 오스트레일리아 대륙, 뉴질랜드, 뉴기니와 주변 도서를 포함해 오스트랄라시아로 구분하고, 인도네시아와 기타 동남아시아 국가의 일부 등을 포함한다. 한자어로 대양주大洋州라고도 하는데, 남쪽으로는 뉴질랜드의 채텀 제도, 북쪽으로는 일본의 미나미토리시마, 동쪽으로는 칠레의 이스터섬, 서쪽으로는 호주 최서단

오세아니아의 영역

적도

하와이

폴리네시아

피지

미크로네시아

멜라네시아

괌

파푸아뉴기니

뉴질랜드

오스트랄라시아

오스트레일리아

오세아니아

대양(大洋)이라는 뜻을 가지고 있는 오세아니아는 세계 육지의 6%를 차지하는 대륙으로 1만 개 이상의 크고 작은 섬이 산재해 있다. 크게는 오스트레일리아, 뉴질랜드를 포함한 태평양 지역 대부분의 섬을 통칭하지만 작게는 오스트레일리아와 뉴질랜드를 제외하고 멜라네시아, 미크로네시아, 폴리네시아 지역과 하와이 제도를 오세아니아의 영역으로 친다.

까지 넓은 범위에 걸쳐 있다.

미크로네시아는 태평양의 서쪽, 주로 적도 북쪽에 위치한다. 그 북쪽 끝은 미드웨이 제도 부근이며, 오세아니아 중 한반도와 거리 상 가장 가까운 곳이다. 괌, 사이판 등 한국 사람들에게 익숙한 관광지가 속한 곳이기도 하다. '작은 섬들'이라는 이름대로, 마리아나 제도와 마셜 제도, 길버트 제도 등 작은 섬들로 구성되며, 화산섬과 산호섬으로 구성되어 있다.

멜라네시아는 미크로네시아의 남쪽 구역인데 서쪽 끝은 뉴기니섬 이다. 멜라네시아는 '검은 섬들'이라는 뜻으로, 화산섬이 많고 비교 적 면적이 넓은 섬들이 점점이 흩어져 있다. 뉴기니섬의 동쪽은 파

폴리네시아의 하와이 오하우 부근 모콜리섬, 2012년, ⓒ 하킬론, W-C

푸아뉴기니 독립국이고, 서쪽은 인도네시아 영토로 구분되어 있다. 피지, 프랑스 자치령인 뉴칼레도니아 등의 관광지는 여행객들에게도 인기가 많다.

그리고 태평양 동쪽, 적도를 지나 남북으로 펼쳐지는 지역이 폴리네시아이다. 북으로 하와이, 동으로 이스터섬, 서쪽으로는 뉴질랜드, 이렇게 세 지점을 연결한 삼각형과 비슷하게 보이는 지역이라고 생각하면 된다. 폴리네시아는 그 넓은 범위와 어울리게 '많은 섬들'이라는 의미로, 하와이, 통가, 사모아, 타히티 등 우리에게 익숙한 지명도 많다. 다른 두 지역과 비교했을 때 범위는 넓지만, 문화적 측면이나 언어에 통일성을 유지하고 있어, 상당히 가까운 연대에 건너온 민족들이 터를 잡아 정착한 것으로 보인다. 가까운 연대라고는 해도 지금으로부터 3,000년은 거뜬히 거슬러 올라가야 한다. 이 일대의 어느 지역이든 그만큼 오래전부터 이주한 선조들의 흔적이 남아 있다.

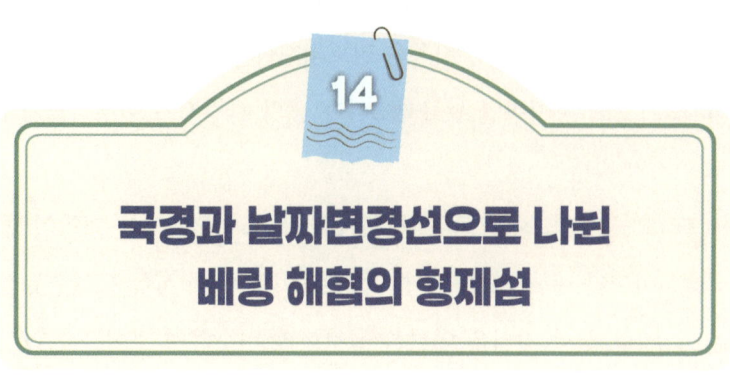

14

국경과 날짜변경선으로 나뉜
베링 해협의 형제섬

지금은 옛말이 되어버린 냉전 시대의 대표 주자였던 미국과 구소련은 저마다 미사일 등으로 서로를 위협하며 전 세계를 양대 진영으로 나누고 긴장 상태를 유지했다. 그중에서도 가장 긴장감이 팽팽했던 곳은 바로 북극해 연안이었다. 북극점을 중심으로 한 지도를 보면 미국과 구소련은 손을 내밀면 닿을 듯이 지척에 있다.

특히 베링해를 사이에 두고 알래스카주에 있는 프린스오브웨일스곶과 시베리아의 동쪽 끝인 추코트반도에 있는 데즈뇨프곶은 서로 마주 보고 솟아 있다. 북극해와 태평양을 이어주는 베링 해협은 가장 좁은 부분이 고작 85km이고, 10월부터 그 이듬해 8월까지 얼음이 바다를 뒤덮는다. 따라서 극한기에는 알래스카에서 시베리아까지 걸어서 건널 수 있다(먼 과거에 양 대륙이 이어져 있던 시절, 해협 중앙 부분에 점점이 흩어져 있는 작은 섬들은 경계선 역할을 하였다).

날짜변경선으로 국경이 나누어진 섬

국경 및 날짜변경선

러시아

미국
알래스카 주

베링해협

추코트반도

수어드반도

대다이오메드섬

소다이오메드섬

세인트로렌스섬

다이오메드 제도
다이오메드 제도는 미국 알래스카와 러시아의 시베리아 사이에 있는 베링 해협 중간에 있다. 두 개의 섬 사이는 약 3km로 날짜변경선이 지나는데 대다이오메드섬이 소다이오메드섬보다 21시간 빠르다.
1728년에 비투스 베링에 의해 발견되었으며, 1867년에 미국이 알래스카를 매수한 후 현재의 미국과 러시아의 영역이 확정되었다. 냉전 후 두 섬을 연결하는 방안이 나왔지만 지정학적으로 중요한 곳이라 철저히 봉쇄되어 있다.

형제 섬(왼쪽이 소다이오메드, 오른쪽이 대다이오메드), 2006년. © Dave Cohoe, W-C.

원래 알래스카는 러시아의 영토였는데, 1867년 재정이 궁핍해진 러시아 제국이 720만 달러, 즉 1km²당 5달러도 안 되는 헐값으로 미국에 팔아넘기고 말았다. 만약 알래스카를 팔지 않았다면 북극해와 아메리카 대륙의 일부가 구소련의 지배 아래에 있었을 것이므로 냉전 시대의 판도는 크게 달라졌을지도 모른다. 게다가 알래스카에서 발견된 금과 석유 등의 지하자원이 미국의 경제 성장에 큰 보탬이 되어 구소련의 배를 더욱 아프게 했다. 알래스카야말로 미국이 구소련을 누르고 군사적, 경제적으로 세계 패권국의 지위를 굳히는 데 결정적인 역할을 한 셈이다.

베링 해협 중간에는 나란히 솟아 있는 형제섬(다이오메드 제도)이 있다. 서쪽에 있는 큰 섬이 대大다이오메드섬(러시아어로 라트마노프섬, 일명 Tomorrow Island)이고, 동쪽에 있는 작은 섬이 소小다이오메드섬(일명 Yesterday Island)이다. 이 형제섬을 갈라놓듯 두 섬 사이로 날짜변경선이 지나고, 서쪽은 러시아령과 동쪽은 미국령으로 갈라져 있다. 두 섬 사이의 거리는 약 3km가 조금 넘지만, 시간 차이는 21시간으로 러시아령이 하루 더 빠르다.

냉전 당시 이 형제섬은 서로의 모습을 촬영하는 것은 물론 가까이 다가가는 것조차 불가능했다. 그러나 최근에는 두 섬을 연결하는 해저터널 구상안이 등장하기도 하지만, 두 강대국의 지정학적 관계나 경제적 가치를 고려할 때 현재로서는 실현 가능성이 낮은 주장에 불과하다.

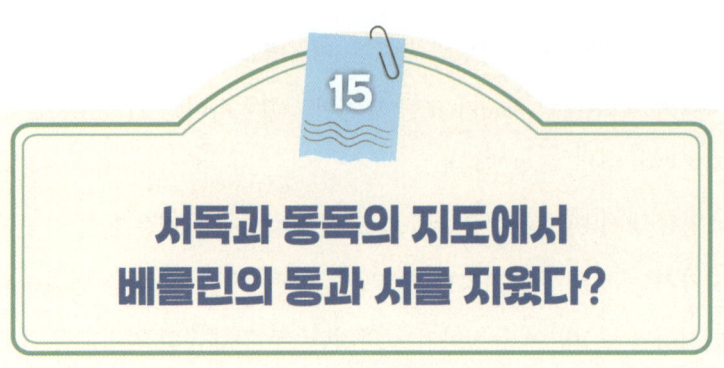

서독과 동독의 지도에서
베를린의 동과 서를 지웠다?

동서로 갈라져 있던 독일이 통일되기 전, 서베를린은 동독 안에 있는 서독 영토였다. 베를린시가 있는 독일 동부 지역은 동독의 관할 구역이었기 때문이다. '베를린 장벽' 하면 단순히 베를린을 동서로 나눈다고 생각하기 쉽지만, 서베를린 전체를 둘러싸 동독과 철저히 분리하는 장벽이었다.

과거 동독에서 작성한 10만분의 1 크기의 지도를 보면, 서베를린은 공백으로 되어 있었다. 동서 베를린을 잇는 노선 이외에는 건물은 물론이고 철도와 도로 등이 모두 생략되어 있었고, 심지어 강도 그려져 있지 않았다. 'WEST BERLIN'이라는 표기와 5km 간격의 좌표선 뿐이다. 마치 그런 마을 따위 존재하지 않는 것 같다.

분단 후에 세워진 건물은 그렇다 쳐도 철도와 도로, 그리고 강 정도는 표시해도 좋지 않았을까 싶은데 말이다. 이렇게 철저하게 서

독일 통일 전의 베를린

국경선

베를린

베를린 장벽

동베를린

서베를린

서 독

동 독

베를린 장벽

동독이 1961년에 서베를린으로 탈출하는 사람들과 동독 마르크의 유출을 막기 위해 건설한 것으로, 냉전의 상징이자 독일 분단의 상징이었다. 이 장벽은 베를린의 동과 서, 또한 독일의 동과 서를 분리한 것으로, 서베를린이 공산권인 동독에 있어서 육지의 섬으로 부르기도 했다. 그러다가 동유럽의 민주화로 1989년부터 자유 왕래가 허용되면서 차츰 붕괴되고 일부만 기념으로 남게 되었다.

동·서독이 발행한 지도

서독에서
발행한
지도

OST-BERLIN
= 동베를린

BERLIN
(WEST)

동베를린은 전혀 다른 도시로 표시하고 있다.

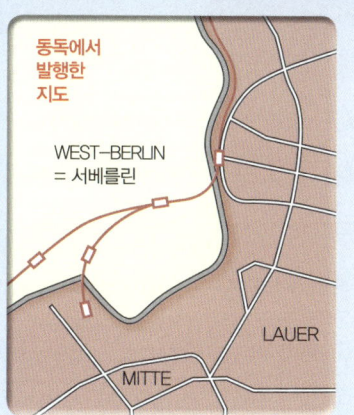

동독에서
발행한
지도

WEST-BERLIN
= 서베를린

LAUER

MITTE

도로와 강의 정보도 전혀 알 수 없다.

1장 기상천외한 재밌는 세계지도

베를린 장벽. 1986년, 사진: © 티에리 누아르, W-C

베를린의 존재를 무시한 것은 그만큼 적대감이 강했기 때문이다.

동서로 분단된 이후 '장벽'이 높아져 가는 사이 조건이 좋은 일거리를 찾아 동독에서 서베를린으로 이주하거나 통근하는 사람들이 많았다. 이 때문에 동베를린에는 전후 부흥에 필요한 노동력이 부족해질 정도였다. 동독이 서베를린 주위에 '장벽'을 쌓은 것도 바로 노동력의 유출을 막기 위해서였다.

게다가 '장벽'이 높아지고 동독과 서베를린을 왕래하는 자유를 빼앗긴 후에도, 서베를린은 동쪽 세계와 서쪽 세계를 이어주는 요지로서, 전파 등을 통해 동쪽 사람들이 서쪽 세계를 선망하게 하는 정보를 끊임없이 제공했다. 즉, 동독 당국에 서베를린은 그곳에 존재한다는 사실조차 잊게 만들고 싶은 존재였던 것이다. 그것이 지도에서 서베를린을 공백으로 만들어 버린 이유였으리라.

한편, 서독에서 발행된 베를린 지도 역시 사정은 비슷해서, 동베를린은 서에서 동으로 이어지는 현관 역할을 하는 역과 그곳에 이르는 철도 노선 이외에는 공백으로 표시되어 있었다. 서독 역시 동독에 적의를 품고 있었고, 동베를린을 애써 무시했던 것이다.

그뿐만 아니라 서독에서 발행된 지도에서 서베를린은 'BERLIN (WEST)'이라고 표기되어 있는 것에 비하여 동베를린은 'OST BE-RLIN'이라고 되어 있다.

이 지도에 따르면 서독은 서베를린이야말로 진짜 '베를린'이라는 인식을 가지고 있으며, 동쪽은 어디까지나 '동베를린'이라는 장소이지, 같은 '베를린'이라고 인정하지 않았음을 알 수 있다.

그러나 냉전의 종식과 함께 베를린 장벽은 무너졌고, 1990년 독일은 하나의 국가로 다시 출발했다. 냉전과 분단의 상징이었던 베를린 장벽은 무너졌지만, 일부는 그대로 보존하고 있다. 외세에 의한 분단의 역사가 주는 교훈을 기억하기 위함이다. 아직도 북한과 대치 상황에 있는 한국의 입장에서는 부러운 이야기가 될 수도 있다.

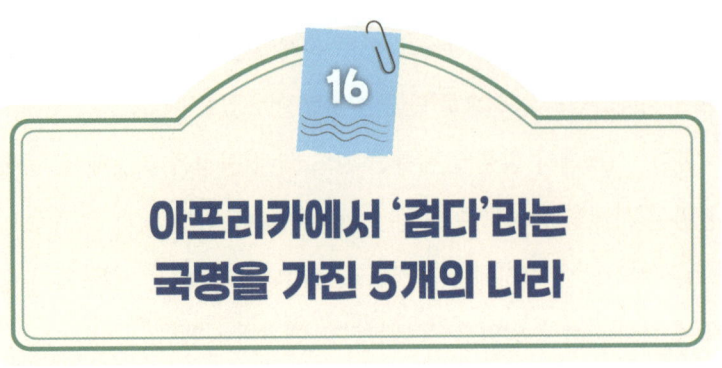

16

아프리카에서 '검다'라는 국명을 가진 5개의 나라

아프리카에는 이름이 똑같은 나라가 무려 다섯 개나 있다. 국명의 발음과 철자는 다르지만, 뜻은 모두 '검다'라는 어원에서 지금의 나라 이름이 만들어진 것이다.

첫 번째는 아프리카 대륙 동쪽 끝에 있는 소말리아이다. 코뿔소의 뿔처럼 튀어나와 '아프리카의 뿔'로 불리며, 홍해와 인도양을 잇는 바닷길에서 해적질을 일삼는 '바다의 무법자'로 악명을 떨쳤다.

소말리아는 고대부터 소말리아 부근에서 활약하던 아랍 상인들이 갈색 피부를 지닌 자신들보다 피부색이 짙은 현지 민족을 가리켜 '소마리'라고 불렀다. 나일강 상류 지역에서 사용하였던 누비아어로 '검다'라는 뜻을 지닌 말이다. 그런데 20세기에 이 지역이 독립하면서 지명에 붙이던 라틴어의 접미어 '이아'를 뒤에 붙여 '소말리아'라고 부르게 된 것이다.

'검다'는 뜻을 지닌 아프리카 국가들의 국명

유 럽

모리타니
모르, 그리스어로 피부가
검은 사람들이라는 뜻

수단
수단, 아프리카어로
검다는 뜻

아 프 리 카

기니
아구나우, 베르베르어로 검
다는 뜻

에티오피아
아이토스오프시아, 그리스어로
얼굴이 태양에 검게 그을린 사
람이라는 뜻

소말리아
소마리, 나일강 상류 지역의
누비아어로 검다는 뜻

인도양

대서양

아프리카에서도 오랜 독립 왕국의 역사를 지니는 에티오피아의 어원은 그리스어로 '얼굴이 태양에 그을린 사람들'이라는 뜻의 '아이토스오프시아'이다. 그리스어 '아이토스(햇볕에 그을린)'와 '오프스(사람)'가 합쳐지고, 여기에 지명 접미사 '이아'가 붙어 '태양에 그을린 사람의 나라'가 되었다. 에티오피아의 선조는 기원전 아라비아반도에서 이주했다고 하는데, 그 선조들의 피부색을 보고 고대 그리스 사람들이 부르던 호칭이 그대로 국가명이 되었다.

세 번째는 북아프리카 서쪽 끝에 위치한 모리타니이다. 과거 프랑스령이었던 역사를 생각해 보면 그 어원이 프랑스어일 것 같으나 그렇지 않다. 모리타니의 어원인 '모르'는 그리스어로 '피부가 검은 사람들'이라는 뜻이다. 고대 로마인들은 이 땅의 사람들을 '모르'에서 변형된 '마우레 사람'이라고 불렀는데, 그것이 마우레타니아가 되어 다시 모리타니로 변화된 것이다.

네 번째는 아프리카 대륙 가운데서도 가장 면적이 넓고, 아홉 개 나라와 국경이 접해 있는 수단이다(내전으로 2011년 남수단이 분리 독립함). 수단은 아프리카어로 '검다'라는 뜻을 가지고 있다. 아랍인들이 아프리카 사람이 사는 사하라 사막 남쪽 지역을 부르던 말이 그대로 나라 이름이 되었다.

마지막은 기니Guinea는 기니만에 떠 있는 화산섬을 중심으로 한 섬들과, 대륙의 무비니 지방으로 이루어진 나라이다. 베르베르어 '아구나우(검은 피부의 사람들이 사는 곳)'가 사하라 이남 지역의 여러 민족 사이에서 다양하게 발음되면서 여러 변화를 거쳐 탄생한 말이라고 한다.

　이 다섯 나라의 이름에 공통된 점은 모두 '검다'라는 뜻이다. 고대인들이 아프리카 대륙에 사는 사람들의 피부와 자연의 색을 표현한 것이었다. 아프리카의 주민들은 피부색이 검다는 이유로 백인들의 노예로 팔려 갔던 슬픈 역사가 있지만, 이 나라들은 당당하게 그 이름을 받아들였다. 이처럼 피부색은 민족의 특징일 뿐이지, 차별의 대상은 아니다.

17

독도의 2배인 바티칸 시국은 세계에서 가장 작은 나라

유럽에는 국토가 있는 나라 가운데 세계에서 가장 작은 나라가 있다. 가톨릭의 교황을 국가 원수로 삼고 있는 '바티칸 시국'으로, 교황이 다른 나라의 제약을 받지 않고 종교상의 권한을 행사할 수 있도록 건국된 나라이다. 국제 관계에서는 교황의 종교적 사명과 국제적 영향력을 중시하여 정식 명칭인 바티칸 시국이 아니라 교황의 집무실이라는 의미의 'Holy See(성좌, 교황청)'라고 부른다. 현재의 교황은 2025년 5월에 선출된 레오 14세로 가톨릭 역사상 첫 미국인 출신이다.

바티칸 시국은 로마 시내에 자리한 바티칸 언덕에 있으며, 면적은 0.44 km²이다. 이는 독도의 2배보다 약간 큰 정도이고, 여의도의 약 19분의 1밖에 안 되는 크기라고 하니 얼마나 작은 나라인지 짐작이 될 것이다.

바티칸 시국의 전체 지도

바티칸
이탈리아의 로마 시내에 있는 도시국가로 전 세계 가톨릭교회의 총본부가 있다. 세계에서 가장 작은 나라이기도 하다.

바티칸 미술관

바티칸 박물관

가톨릭 성당

로마

바티칸 정원

사도궁

바 티 칸

성 베드로 대성전

성 베드로 광장

산 카를로 광장

외벽

철도

로마

바티칸 시국의 현관 역할을 하는 성 베드로 광장 초입에는 흰 선이 그어져 있는데, 이 선이 바로 바티칸과 이탈리아의 국경선이다. 그러나 이 선을 넘을 때 여권은 필요 없다. 성 베드로 대성전, 바티칸 박물관도 여권 없이 자유롭게 출입할 수 있다. 물론 그 밖의 장소는 명확한 이유가 있거나 필요한 서류를 제출해야만 출입할 수 있고, 방문자는 스위스 근위병이 검문한다.

바티칸의 인구는 2024년 기준으로 882명으로 알려져 있다. 그러나 전 세계 가톨릭 신자는 2022년 기준으로 13억 8,900만 명을 넘어서고 있다. 그래서 성지인 바티칸을 순례하는 사람들의 수도 많다. 특히 일요일이면 교황의 축복을 받기 위해 모여든 수많은 신자들로 성 베드로 광장은 가득 찬다. 신자가 아닌 관광객들도 미켈란젤로의 〈최후의 심판〉 등 수많은 예술품과 문화재를 관람하기 위해 찾아간다.

이 땅이 교황청이 된 것은 서기 64년, 로마 제국 황제 네로의 박해로 순교한 사도 베드로가 바티칸 언덕에 묻힌 것에서 유래한다. 349년에 베드로 사도의 묘지 위에 성 베드로 대성당이 세워졌고, 756년에 프랑크 왕국의 피핀이 영지를 헌상하여 교황의 영토가 되었다. 1870년에 이탈리아에 민족주의가 일어나면서 이탈리아 정부가 교황의 영토를 몰수했으나(이를 '로마 문제'라고 한다) 1929년 라테란 협정을 통해 독립을 회복했다.

바티칸 시국은 전체가 유네스코 세계문화유산으로 지정된 문화재로 성전과 건물들은 물론, 곳곳에 위치한 조각상이나 기둥, 장식 하나하나가 모두 예술품으로 평가받고 있다. 바티칸 내부의 건물로는 크게 바티칸 미술관, 시스티나 소성당, 성 베드로 대성당 등이 있다. 특히 성 베드로 대성당은 가톨릭의 총본산으로 앞의 광장은 하늘에서 보면 열쇠 구멍의 형태인데, 이는 베드로의 상징물이 열쇠(천국 문의 열쇠)이기 때문이라고 한다.

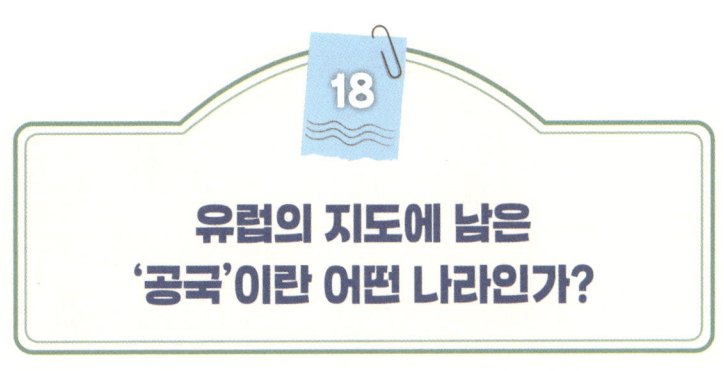

유럽의 지도에 남은 '공국'이란 어떤 나라인가?

유럽의 지도를 보고 있자면, 눈앞에 바짝 대고 자세히 보아야만 발견할 수 있는 작은 나라들이 곳곳에 있다. 그런 작은 나라 중에서 '공국公國'이라는 이름이 붙는 나라가 네 개 있는데, 모나코 공국, 리히텐슈타인 공국, 룩셈부르크 대공국, 안도라 공국 등이다.

이 네 나라는 원래 봉건 영주의 영토였다. 국왕을 위해 일하던 귀족에게는 '공작' 등의 칭호와 함께 영토를 줬는데, 이 영토가 하나의 국가로 독립하면서 '공국', '대공국' 등이라고 불리게 된 것이다.

먼저, 카지노의 나라로 유명한 모나코 공국에 대하여 살펴보자. 이 나라는 지중해로 돌출된 암반으로 된 곳에 자리한다. 주변 세 면이 프랑스 영토에 둘러싸여 있고, 국토 면적이 1.9km²밖에 안 되는 세계에서 두 번째로 작은 나라이자 국제연합 가입국 중에서는 가장 작은 나라이다. 수도의 이름도 국가명과 같은 모나코이다.

'공국'이 붙는 나라들

노르웨이
스웨덴

룩셈부르크
대공국

아일랜드
영국

네덜란드

벨기에

리히텐슈타인
공국

독일

오스트리아

스위스

안도라
공국

프랑스

이탈리아

포르투갈

스페인

모나코
공국

지중해

공국
공작이나 후작, 대공 등 왕보다 낮은 작위를 가진 군주가 다스리는 국가를 말하는데, 봉건 제후의 영지를 분할하던 시대부터 시작되었다. 대를 이어 통치하며, 외교와 경제, 전략적인 이유로 강대국 사이에 자리 잡고 있다.

기상천외 세계지도 지식도감

안도라 공국의 계곡의 집, 2015년, 안도라라베야, © Zinneke, W-C.

　모나코 공국은 기원전부터 외국의 지배가 이어졌는데, 10세기 무렵부터는 이탈리아, 스페인, 프랑스의 지배를 받았다. 1815년에는 사르데냐 왕국의 보호 아래 놓였으며, 그 후 1861년에 사실상 현재의 나라로 독립했다. 지금은 유럽 굴지의 부자 나라가 되었다. 할리우드 여배우 그레이스 켈리가 1956년 국왕의 왕비가 되면서 더욱더 유명해진 나라이다.

　리히텐슈타인 공국은 스위스와 오스트리아 사이에 있는, 국토 면적 160km²에 인구는 4만 명이 채 되지 않는 작은 나라로 수도는 파두츠이다. 1719년, 신성로마 황제가 리히텐슈타인가家에 공국으로 수여하여 탄생한 나라이다. 빈부 격차도 거의 없고 실업과 범죄도 없는 평화로운 나라이다.

룩셈부르크 대공국은 독일과 프랑스, 벨기에에 둘러싸여 있으며, 수도는 국가명과 똑같은 룩셈부르크이다. 국토 면적은 2,586km²로 제주도의 1.4배 크기에 인구는 약 65만 명이다. '대ㅅ공국'인 것은 귀족들 가운데에서도 세력이 큰 '대공大公'이 지배했었기 때문이다.

이 나라도 수도 없이 강국들의 지배를 받았으나, 동서 냉전 시대 NATO(북대서양조약기구)에 가입했고, 1957년에는 EC(유럽공동체)에 가입했다. 그 이후 군사적으로나 상업적으로도 당당하게 유럽의 일원이 되었고, 현재는 EU(유럽연합) 가맹국이고 수도에는 EU의 여러 기관이 상주하고 있다. 특히 벨기에, 네덜란드와 결속력이 강해, 이세 나라를 묶어 '베네룩스Benelux 3국'이라고 부르기도 한다. 철강업과 금융업이 발달했고, 경제적으로도 안정적이다.

안도라 공국은 스페인과 프랑스 사이의 피레네산맥에 자리 잡고있으며, 나라 전체의 평균 고도가 거의 2,000m에 달한다. 스페인 주교와 프랑스 귀족이 공동으로 소유하는 영토였기 때문에 현재도 프랑스 대통령과 스페인의 주교가 공동으로 국가 원수의 지위에 있는 특이한 나라이다. 수도는 안도라라베야이다. 현재는 뛰어난 자연경관과 스키장을 바탕으로 관광업이 크게 발달했고, 관세가 부과되지 않아 '유럽의 슈퍼마켓'으로 불리기도 한다.

네덜란드는 뉴암스테르담,
영국은 뉴욕으로 불렀다!

미국의 수도는 어디일까? 이 질문에 많은 사람들이 무의식적으로 '뉴욕'이라고 대답한다. 하지만 현재 미국의 수도는 워싱턴D.C.이다. 사람들을 착각에 빠지게 하는 것은 뉴욕이 미국에서 가장 큰 도시이자 미국의 얼굴이기 때문이다.

뉴욕이 미국을 대표하는 도시가 될 수 있었던 것은 그 역사와 입지 조건 덕분이다. 뉴욕항은 천혜의 항구인 데다, 뉴욕 중심을 흐르는 허드슨강은 대형 선박도 내륙으로 거슬러 올라갈 수 있을 정도로 넓다. 수운이 발달하기에 매우 좋은 천혜의 자연조건을 갖춘 도시인 것이다.

때문에 유럽인들이 활발하게 식민지 개척을 하던 17세기에 이곳을 식민지로 삼은 네덜란드인들은 '뉴암스테르담'이라 부르며 식민지 경영의 중심지로 삼았다. 이때부터 이 지역은 유럽 열강들이 북

브롱크스

뉴저지

맨해튼섬

어퍼이스트
사이드

센트럴파크

유니언시티

허드슨강

루스벨트섬

타임스퀘어

롱아일랜드시티

엠파이어 스테이트 빌딩

뉴욕

퀸스

워싱턴 광장

이스트강

리버티
주립공원

브로드웨이

맨해튼섬
주변의 고속도로

예전의
뉴암스테르담
지역

월스트리트

브루클린

자유의 여신상

거버너스섬

기상천외 세계지도 지식도감

월가에서 보이는 뉴욕 증권거래소 빌딩의 브로드 스트리트 입구, 2008년, © Beyond silence, 미국 국가 사적, W–C

아메리카 대륙으로 진출하기 위한 현관이 된 것이다.

뉴암스테르담은 현재의 뉴욕과 그 규모가 전혀 달랐다. 즉, 맨해튼섬 최남단 지역이자 현재의 월스트리트Wall Street보다 남쪽에 있던, 그다지 넓지 않은 땅이었다. '월스트리트'라는 이름은 네덜란드인들이 영국군과 원주민들의 침입을 방지하기 위해 뉴암스테르담 북쪽에 쌓은 성벽에서 유래한다고 한다.

그러나 영국과 네덜란드 사이에 벌어진 몇 차례 전쟁의 결과, 뉴암스테르담은 1664년 영국에 점령되었다. 그리고 영국 국왕 찰스 2세의 동생이자 영국 해군제독인 요크York 경의 이름을 따서 '뉴욕'이라고 개명했다. 이런 연유로 해서 영국 요크주에서 이 땅으로 많은 이민자들이 들어왔다.

식민지 시대의 뉴욕은 작은 항구 마을이었으나 점차 큰 마을로 발전했고, 독립전쟁에 승리한 다음인 1784년에는 수도로 선정되었다. 역사적으로 맨 처음 미국의 수도는 뉴욕이었던 것이다. 그러다 1790년에 수도의 자리를 필라델피아에 양보했지만, 여전히 미국의 현관 역할을 계속하며 발전을 거듭했다.

1886년에는 독립 100주년 기념으로 프랑스로부터 선물 받은 자유의 여신상을 세웠다. 이후 자유의 여신상은 세계 각국에서 오는 이민자들을 환영하는 상징이 되었다. 이 여신상이 뉴욕을 더욱 미국다운 얼굴로 만들었다고 해도 과언이 아니다. 나아가 20세기에 와서 맨해튼에 마천루라고 불리는 초고층 빌딩이 가득 들어서며 세계 최고의 도시 뉴욕의 상징이 되었다. 맨해튼섬의 위치는 강 가운데 모래톱 같은 곳인데 그 지반은 모래가 아니라 단단한 암반으로 이루어져 있어서 마천루를 세울 수 있었다.

뉴욕은 정치적 기능만 수도 워싱턴D.C.에 양도했을 뿐, 미국 최초의 수도였던 시절 이래로 여전히 미국의 얼굴 역할을 하고 있으며 지금도 발전하고 있다.

미국에는 '워싱턴'이란 지명이 300개나 있다?

'워싱턴'이라고 하면 누구나 미국의 수도를 떠올린다. 미국 동부의 메릴랜드주와 버지니아주의 사이에 있는 수도 워싱턴은 미국의 어느 주에도 속하지 않는다. 또한 '컬럼비아특별구District of Columbia'라는 이름도 가지고 있어, 두 개의 명칭을 합하여 '워싱턴D.C.'라고 부를 때가 더 많다. 초대 대통령 워싱턴과 아메리카 대륙을 발견한 콜럼버스, 두 사람의 이름이 합하여 미국의 수도가 된 것이다.

한편, 초대 대통령 조지 워싱턴은 미국을 독립으로 이끈 '건국의 아버지'로 여전히 엄청난 인기를 누리고 있다. 사후 200년이 지났지만 아직도 링컨과 함께 미국에서 가장 훌륭한 대통령으로 꼽히고 있다. 이를 반영하듯이 미국 전역에는 '워싱턴'이라는 이름이 붙은 곳이 많다.

대표적으로 미국의 서북단에 있는 '워싱턴주'가 있다. 주 이름으

'워싱턴'이 붙는 미국의 지명(일부)

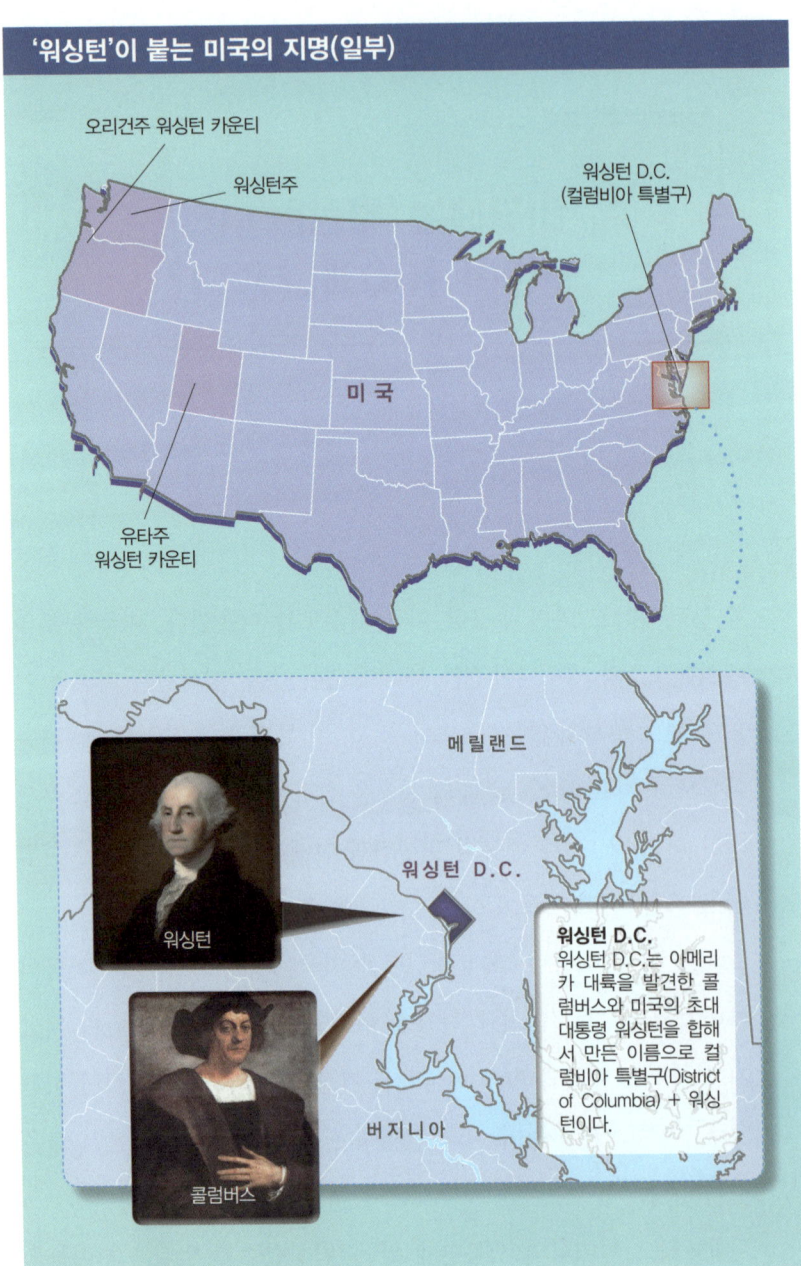

오리건주 워싱턴 카운티

워싱턴주

워싱턴 D.C.
(컬럼비아 특별구)

미국

유타주
워싱턴 카운티

메릴랜드

워싱턴

워싱턴 D.C.

콜럼버스

버지니아

워싱턴 D.C.
워싱턴 D.C.는 아메리카 대륙을 발견한 콜럼버스와 미국의 초대 대통령 워싱턴을 합해서 만든 이름으로 컬럼비아 특별구(District of Columbia) + 워싱턴이다.

기상천외 세계지도 지식도감

영국군에 의해 불태워지기 전의 워싱턴 국회의사당, 1800년 경, 윌리엄 러셀버치, 미국의회도서관

로 미국인의 이름을 사용한 것은 이 워싱턴주뿐이다. 처음에는 주의 경계를 따라 흐르는 컬럼비아강의 이름을 따서 '컬럼비아 준주'라고 불렸는데, 수도인 컬럼비아특별구와 혼동된다는 의견이 제기되었다. 그래서 1889년에 미국의 42번째 주로 승격할 때 '워싱턴주'라는 이름으로 바꾸었다. 컬럼비아든 워싱턴이든 수도와 이름이 같은데도 '컬럼비아주'보다 '워싱턴주'를 선택했다는 것은 워싱턴에 대한 존경심과 인기가 압도적이라는 증거일 것이다.

덧붙이자면, 워싱턴D.C.의 면적은 179㎢인 반면, 워싱턴주의 면적은 172,447㎢로 어림잡아도 1,000배나 더 넓다. 그 외에도 '워싱턴시', '워싱턴 타운', '워싱턴 카운티' 등 워싱턴이 지명으로 쓰인 곳은 매우 많다. 어떤 지명 연구가에 따르면 미국 국내에만 300곳 이상이라고 한다. 미국에는 유명했던 대통령과 관계가 있는 지명이 많다고는 하지만 워싱턴만큼 많이 사용된 대통령도 없을 것이다.

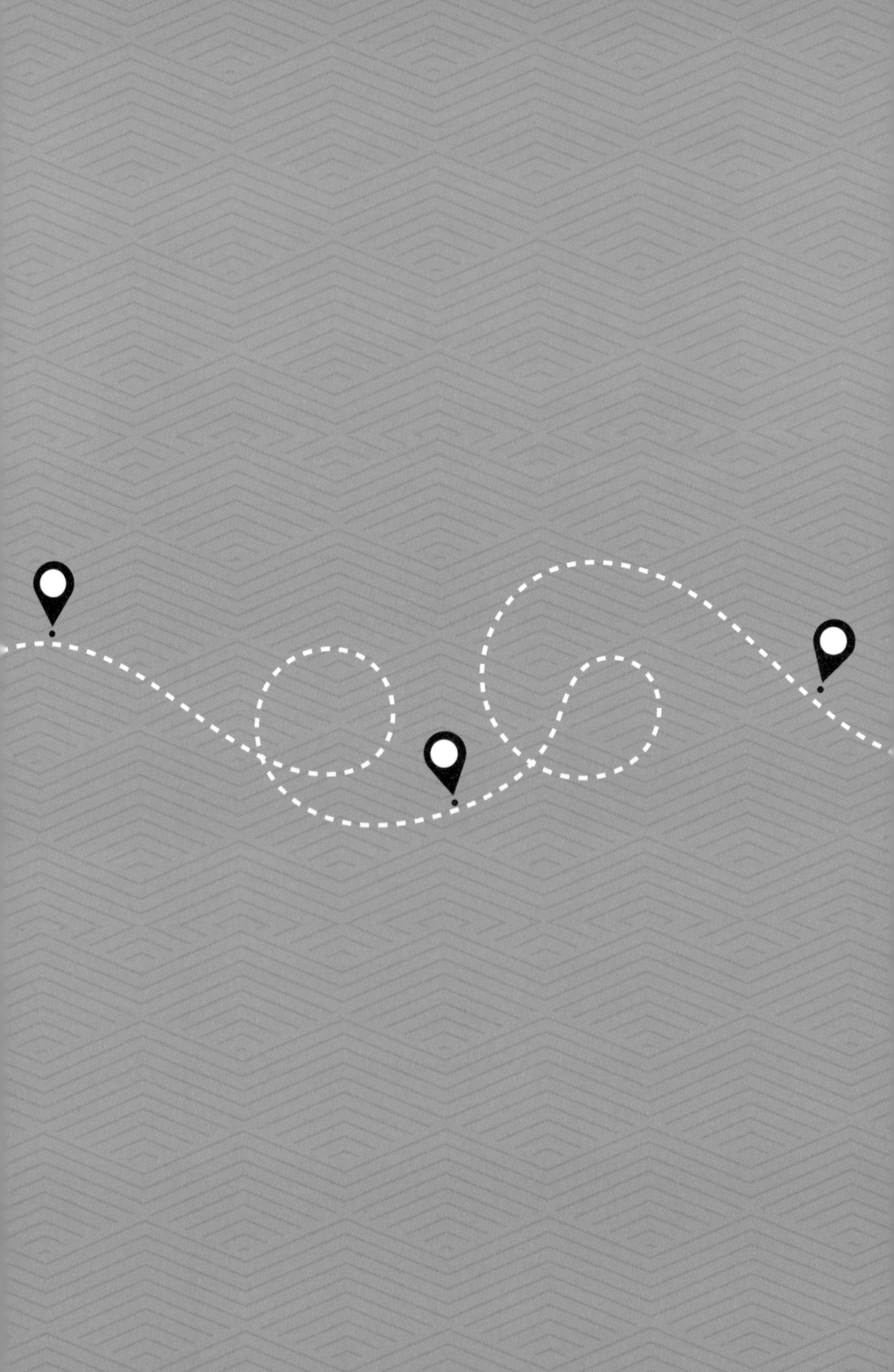

2장

지구의 놀라운
현상과 비밀

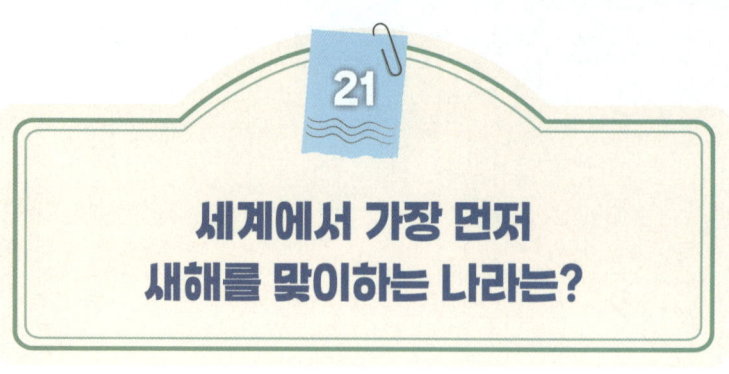

세계에서 가장 먼저
새해를 맞이하는 나라는?

일반적으로 생각하면 가장 먼저 해가 떠오르는 땅이 가장 빨리 새해의 1월 1일을 맞이하게 된다. 이론적으로는(편의적으로 그어진 것이기는 하지만) 날짜변경선 바로 서쪽에 있는 땅이 될 것이다. 지구가 서쪽에서 동쪽으로 자전하고 있기 때문이다. 다만 지구는 남북으로 타원형이며, 극점에서 극점으로 날짜변경선이 지나고 있기 때문에 양 극점에 서 있으면 가장 먼저 새해를 맞이하게 된다.

그러나 지금 여기서 알고 싶은 것은 이렇게 현실과 동떨어진 이야기가 아니라, 실제로 사람이 생활하는 장소에서 가장 먼저 날짜가 바뀌는 곳이 어디냐는 것이다. 그 답은 바로 '태평양 위'이다. 과거에는 피지 공화국의 타베우니섬이었다. 이 섬 서해안에 있는 와이에보 마을 끝자락에는 그곳에 날짜변경선이 지나고 있다는 표식이 있다. 이 표식 바로 서쪽에 서면 지구상에서 가장 먼저 새해를 맞이

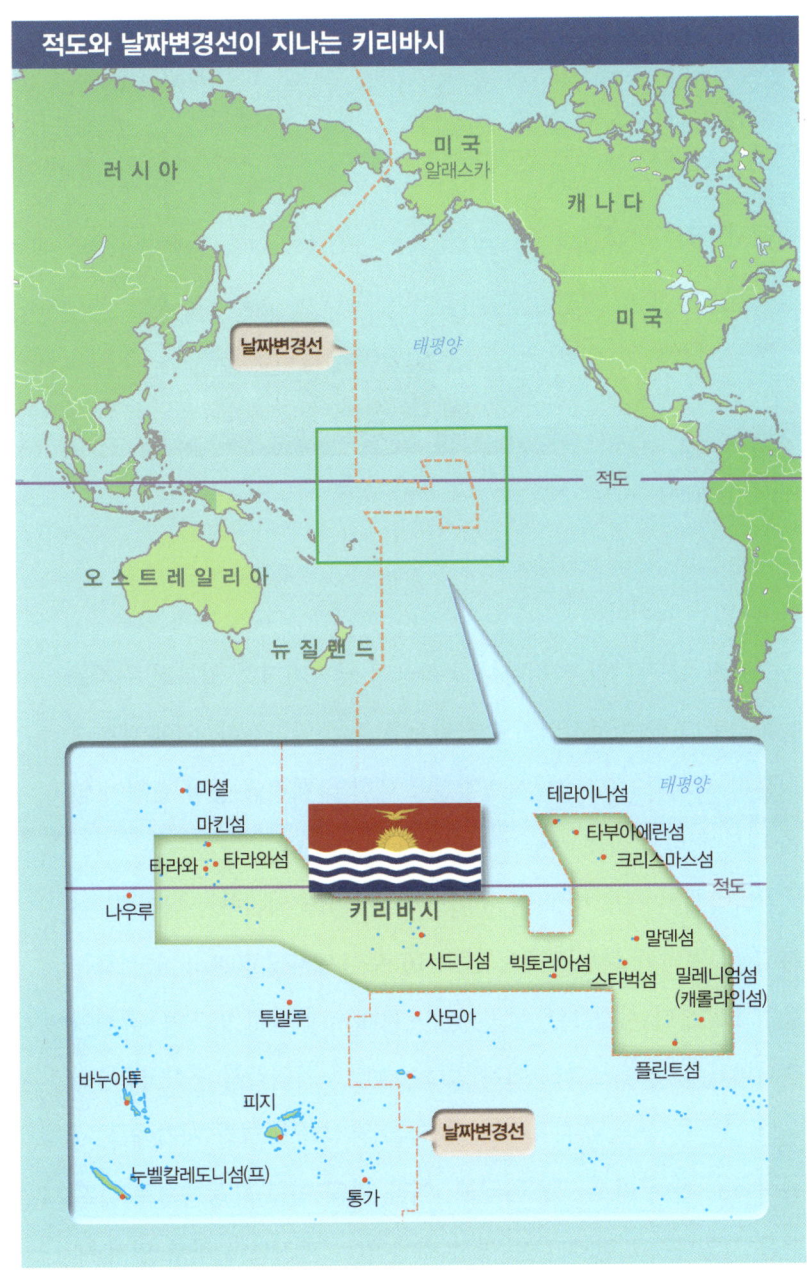

적도와 날짜변경선이 지나는 키리바시

러 시 아

미 국
알래스카

캐 나 다

미 국

날짜변경선

태평양

적도

오 스 트 레 일 리 아

뉴 질 랜 드

태평양

마셜

마킨섬

타라와　타라와섬

나우루

키 리 바 시

테라이나섬

타부아에란섬

크리스마스섬

적도

시드니섬　빅토리아섬

말덴섬

스타벅섬　밀레니엄섬
(캐롤라인섬)

투발루

사모아

바누아투

피지

날짜변경선

플린트섬

누벨칼레도니섬(프)

통가

2장 지구의 놀라운 현상과 비밀

91

하늘에서 내려다본 타라와 남부. 2005년. © 키리바시 정부, W–C.

할 수 있는 것이다.

그런데 이웃 나라 키리바시 공화국이 날짜변경선 일부의 위치를 동쪽으로 조금 이동시키기로 하면서 사정이 달라졌다. 이에 대하여 의문이 제기되었으나, 날짜변경선에 대한 국제적인 공식 협정이 없기 때문에 한 국가의 재량으로 변경할 수 있었다.

키리바시는 적도 바로 아래 미크로네시아에 위치하는 나라로, 남북 간의 거리는 북위 5°에서 남위 10° 부근까지 2,000km, 동서로는 동경 170°부터 서경 145° 부근까지 4,000km에 걸쳐 있으며, 점점이 흩어져 있는 섬들로 이루어져 있다. 1995년 키리바시 공화국은 "전국의 모든 지역은 수도 타라와가 있는 본섬과 동일한 시간대를 사용하기로 한다"라고 공표하였고, 이를 위해 영토의 동쪽으로 다시 선을 그었다. 그 결과 같은 경선 위에 있는 피지보다 하루 먼저 새해를 맞이하게 된 것이다.

　이에 대하여 키리바시 정부는 한 나라 안에서 날짜가 달라지는 불편을 해소하기 위한 것이라고 했으나, 그보다는 세계의 주목을 끌기 위해서라고 보는 시각이 많다. 날짜변경선을 바꾸는 시점이 바로 코앞에 다가온 새로운 밀레니엄을 맞이하던 시기였기 때문이다. 그 증거로, 바뀐 날짜변경선 바로 옆에 있는 캐롤라인섬을 '밀레니엄섬'으로 개명하고 새로운 천년을 맞이하는 준비를 발 빠르게 진행했다. 그로 인해 키리바시 공화국은 '세상에서 가장 빨리 21세기를 맞이하는 나라'라는 영광을 누릴 수 있었다.

　참고로, 키리바시 공화국은 제2차 세계대전 당시 태평양에서의 우위를 차지하기 위해 미국군과 일본군이 치열한 전투를 벌였던 장소이며, 영국에서 독립한 지 불과 40여 년밖에 되지 않은 신생국이다. 산호섬 특성상 농사를 지을 땅이 거의 없고 독립하기 전까지는 인광석 채광으로 경제를 유지하고 있었다. 무려 예산의 50%를 인광석 수출로 감당하고 있었지만, 1979년 완전히 고갈되면서 경제의 자립 수단이 사라져 버렸다.

　현재는 지구 온난화로 인한 해수면 상승으로 국토가 수몰될 위기에 처해 있어 오스트레일리아, 미국, 일본 등지로 자국민을 이주시킬 계획을 세우고 있다.

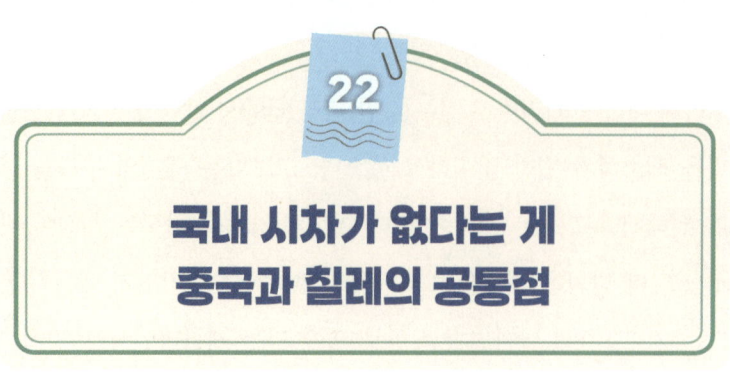

국내 시차가 없다는 게
중국과 칠레의 공통점

지구는 동경, 서경 합해 360°이고, 하루는 24시간이므로 경도 1°에 따라 4분의 차이가 있다. 즉, 경도가 15° 차이 나면 일출, 정오, 일몰이 모두 1시간씩 차이가 난다. 이 차이를 조정하기 위해 '시차'가 있다. 한국의 경우 동쪽 끝 독도와 서쪽 끝 가거도의 경도 차이가 8°에 불과하므로 하나의 시간대만으로도 그다지 불편하지 않다. 그러나 국토가 동서로 넓은 나라의 사정은 다르다.

만약에 시차가 없다면 같은 시각에도 동쪽에서는 노을이 지고 서쪽에서는 해가 떠오르기도 할 것이며, 비행기나 기차의 출발 시간도 차질이 생길 수 있다. 따라서 국토가 넓은 나라 대부분이 시차를 적용하고 있다.

세계에서 동서로 가장 넓은 나라는 유럽부터 극동의 쿠릴 열도까지를 광대하게 차지한 러시아이다. 지구 전체 면적의 1/9을 차지한

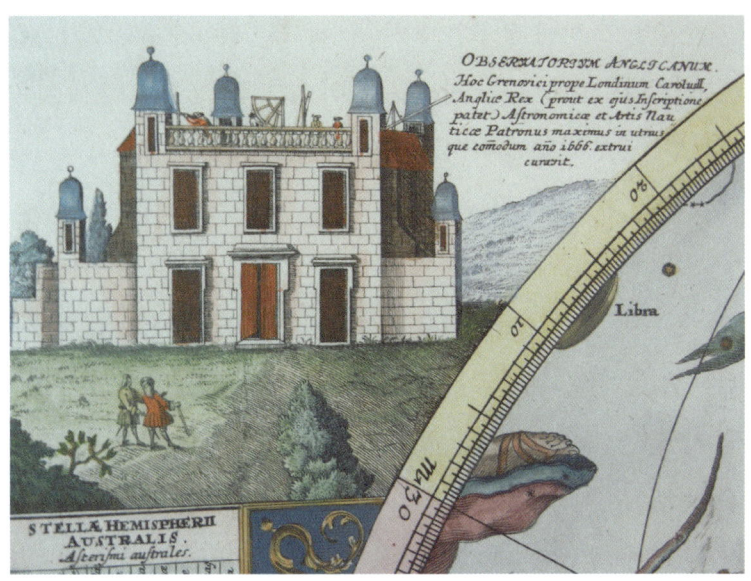

그리니치 천문대 삽화, 1730년, 요한 도펠마이어, 뉘른베르크

이 나라의 경도 차이는 160° 이상이기 때문에 해 뜨는 시간만 해도 동쪽 끝과 서쪽 끝은 10시간이나 차이가 난다.

때문에 러시아는 한때 11개의 시간대를 운영하기도 했다. 그러나 2010년부터 9개의 시간대를 적용하고 있다. 예를 들어 모스크바와 블라디보스토크의 시차는 7시간이다. 모스크바와 서울의 시차는 겨울 시간으로는 6시간, 여름 시간으로는 5시간으로(러시아는 서머타임제를 시행하고 있어서 여름과 겨울이 한 시간 차이 난다), 겨울 모스크바의 정오는 서울의 오후 6시이다.

본토에만 4개의 시간대를 가지고 있는 미국의 경우 본토의 경도 차이는 55° 정도이고, 여기에 알래스카와 하와이를 더하면 시차는

6시간이다. 그 밖에 캐나다가 6개, 오스트레일리아가 3개, 브라질과 인도네시아, 멕시코, 그린란드는 2개의 시간대가 있다. 그런데 넓은 면적에도 불구하고 세계에서 단 한 곳만 예외적으로 시차를 적용하지 않는데, 바로 중국이다.

중국의 서쪽 끝자락인 신장웨이우얼자치구에서 동쪽 끝자락인 헤이룽장성까지 경도 차이는 60° 이상이다. 다른 나라를 기준으로 하면 그것은 곧 4시간 정도의 시차가 있다는 것인데, 중국의 시간대는 상하이와 난징을 지나는 동경 120°의 자오선을 기준으로 하는 단 하나뿐이다. 따라서 서해에 인접한 상하이가 일몰을 맞이해 저녁이 되었을 무렵, 티베트고원은 오후의 뜨거운 햇살이 내리쬐는 한낮이고, 서쪽 어느 지역은 시간으로 치면 이른 새벽인데 하늘은 이미 정오이며, 태양이 남쪽에 있을 무렵에는 오후 4시나 5시가 된다.

다른 나라 사람들이 볼 때는 참 이상한 일이지만 그곳에서 계속 생활해 온 사람들은 익숙해져서 불편하다고 생각하지 않는다고 한다. 덧붙이자면, 러시아의 경우 중국과 똑같이 경도 차이가 나는 지역에서 시간대를 5개로 나누고 있다.

참고로, 남북으로는 길지만 동서로는 좁은 칠레의 경우에도 시차가 없다.

세계지도의 경도 0°는
런던과 파리 두 곳에 있다?

세계지도를 보면 영국의 런던을 지나는 자오선이 '경도 0°'로 되어 있다. 세계 어디에서나 런던의 그리니치 천문대를 지나는 자오선이 자오선의 기준이 되는 '본초자오선'이라고 알려져 있다.

왕립 그리니치 천문대. © ChrisO. W−C.

그러나 경도 0°는 런던에만 있는 것이 아니다. 프랑스 파리가 '경도 0°'인 지도도 있다. 그러나 이 지도는 프랑스 국내에서만 사용되고 있다.

사실 본초자오선이 처음부터 런던을 지나는 것으로 정해져 있던

것은 아니다. 대항해 시대였던 16세기 후반까지는 영국과 프랑스
모두 대서양의 카나리아 제도를 경도 0°로 삼은 지도를 사용했다.
그 후, 17세기에 영국의 지도는 런던을, 프랑스의 지도는 파리를 '경
도 0°'로 바꾸었다. 그때까지만 해도 경도 0°는 나라에 따라 달랐던
것이다.

  그러나 크로노미터chronometer(경도를 측정할 때 바다에서 사용하는 매우 정확
한 시계 장치)가 발명되어 경도를 정확하게 측정할 수 있게 되었고, 이

를 원양 항해에 쓰게 되자 경도가 통일되지 않은 지도는 필요가 없어졌다. 그 결과 만국 공통의 기준이 되는 자오선을 결정할 필요성이 생긴 것이다.

그리하여 국제지리학회는 1875년에 파리의 자오선을 기준자오선으로 하겠다고 결정했다. 영국은 이에 불복했고 그 결정을 백지로 돌려야 한다고 호소했다. 당시 영국은 해상무역으로 세계를 지배하는 패권국의 지위에 있었고, 식민지도 많아 막대한 힘을 휘두르고 있었기 때문에 국제적인 발언권이 매우 강했다.

결국 1884년, 25개국이 워싱턴에서 개최한 만국지도회의에서 그리니치 천문대의 자오선을 기준자오선, 즉 본초자오선으로 삼는다는 결정을 내렸다. 이렇게 힘의 논리에 따라 기준자오선을 빼앗긴 프랑스는 이미 결정된 것이 뒤바뀌는 바람에 선뜻 수용할 수 없었다. 그래서 자신들이 사용하는 지도에서나마 파리를 경도 0°로 표시한 것이다.

자오선에 대한 프랑스의 애착은 지금까지도 이어지고 있는 것 같다. 새 밀레니엄을 기념하여 프랑스에서는 파리를 지나는 자오선 위에 10,000그루의 나무를 심는 '푸른 자오선' 계획을 실행했으며, 프랑스 혁명 기념일인 2000년 7월 14일에 이 푸른 자오선 위의 나무 그늘에서 즐기는 총연장 600km의 야외 피크닉 행사를 개최하기도 했다.

'바다'냐 '호수'냐를 따지는
카스피해 주변국의 사연

면적 37만 1,000㎢를 자랑하는 카스피해는 세계에서 가장 큰 호수라고 불리지만, 염분의 농도가 바닷물과 비슷해 바다냐 호수냐의 판단이 어렵다.

이에 대한 국제법상 정확한 기준도 없어서 연안의 국가들 간에 이 문제를 둘러싼 논쟁이 오랫동안 이어지고 있다.

카스피해를 호수라고 주장하는 나라는 이란과 러시아이며, 카자흐스탄, 투르크메니스탄, 아제르바이잔은 바다라고 주장한다. 주변국들 간에 이 논쟁이 격렬해진 원인은 두 가지인데, 하나는 바다 깊은 곳에 잠자고 있는 석유 때문이다.

카스피해의 지층에 묻혀 있는 석유는 기원전 4세기 무렵, 알렉산더 대왕의 램프를 환하게 밝히기 위해 사용되었다고 할 정도로 역사가 깊다. 특히 아제르바이잔의 바쿠 유전은 20세기 초에 세계

카스피해를 호수와 바다로 주장하는 나라들

카자흐스탄 **바다**

호수

러시아

흑해

아랄해

바다

카스피해

아제르바이잔

투르크메니스탄 **바다**

호수

이란

구글 지도

카스피해

카스피해는 러시아, 아제르바이잔, 이란, 투르크메니스탄, 카자흐스탄 사이에 있다. 담수보다 염도가 높아 바다의 특성을 가지고 있으며, 주변에서 강물이 계속 유입되고 있어서 호수와 비슷한 특성도 나타나고 있다.

과거에는 소련과 이란이 카스피해를 절반씩 나누어 가졌는데, 1991년에 소련이 붕괴되면서 카자흐스탄, 투르크메니스탄, 아제르바이잔이 독립을 한 후로 5개국이 영유권을 주장하고 있는 실정이다. 더불어 이들 국가 중 일부는 카스피해가 호수라 하고 또 다른 일부는 바다라고 주장하고 있다. 카스피해를 무엇으로 규정하느냐에 따라 각 국가가 가질 수 있는 자원의 양이 다르기 때문이다. 단 현재 카스피해에서는 구소련을 이어받은 러시아의 영향력이 가장 크다.

최대의 산출량을 기록했을 정도였다.

국제법에 따르면, 바다는 각각의 연안 국가들이 일정한 폭으로 경제 수역을 주장할 수 있지만, 호수의 경우 모든 연안 국가들이 공동으로 관리하게 되어 있다. 현재 카스피해에서 확인된 해저 유전 대부분은 바다라고 주장하는 3국의 앞바다에 집중되어 있기에 카스피해를 '바다'라고 결론짓는 것이 이 세 나라에 유리해진다. 하지만 이란과 러시아는 '호수'라고 주장한다.

아제르바이잔의 카스피해 서해안에 있는 바쿠 유전 때문이다. 과거 러시아의 과도한 채굴로 고갈되다시피 한 바쿠 유전을 최근의 기술로 다시 채굴할 수 있다는 조사 결과로 러시아와 이란은 호수라야 유리한 탓이다.

논쟁을 일으키는 또 하나의 원인은 군사상의 문제이다. 바다라면 각각의 영해에 다른 나라의 군함이 머무르거나 통과하지 못하도록 할 수 있는데, 호수라면 강력한 해군을 가진 러시아와 이란이 공동 관리를 명목으로 타국의 연안에 군사 기지를 마련할 수 있다. 이는 카스피해를 바다라고 주장하는 세 나라에는 군사적으로 큰 위협이 될 것이다.

러시아와 이란의 입장에서는 석유, 군사 양면에서 카스피해가 호수여야 유리하며, 카자흐스탄, 투르크메니스탄, 아제르바이잔은 바다여야만 유리하다.

현재 러시아는 카자흐스탄에서 유전이 발견되자 카스피해가 바다라는 주장으로 옮겨가는 중이다. 그리고 카스피해 인근의 5개국 정상들이 2018년 8월에 정상회담을 열고 카스피해를 기존의 호수에서 '특수한 지위를 가진 바다'로 규정하기도 했다.

최근에는 이 지역을 둘러싸고 연안 국가뿐만 아니라 미국, 중국 등 강대국들이 석유 채굴권을 선점하기 위하여 치열하게 대결하고 있으며, 한국도 아제르바이잔과 유전 개발 양해각서를 체결하는 등 자원 외교에 힘쓰고 있다.

25

세계에서 4번째로 큰 호수, 아랄해가 사라지고 있다

세계에서도 다섯 손가락 안에 들 정도로 크기를 자랑하던 호수가 가까운 미래에 사라질지도 모른다고 한다. 게다가 그 이유가 수자원 개발이라는 인위적인 것으로 지적되고 있다.

중앙아시아의 우즈베키스탄과 카자흐스탄 국경에 있는 아랄해는 1960년대까지만 해도 세계에서 4번째로 큰 68,000 km²의 면적을 지닌 염호鹽湖였다. 아랄해의 크기가 줄어들기 시작한 것은 1960년대 들어서인데, 구소련의 수자원 개발이 그 원인이다.

중앙아시아 사막 지대에 있는 아랄해는 과거에는 물이 맑은 것으로도 유명했다. 그 남쪽에는 카라쿰 사막과 키질쿰 사막이 있고, 더 남쪽에 있는 산맥 지대를 제외하면 이 지역의 연간 강수량은 100~200mm 정도이다. 아랄해의 주된 수원은 시르다리야강과 아무다리야강이고, 그 원류는 저 멀리 아프가니스탄과 파키스탄, 중국

점점 말라 사막으로 변해가는 아랄해

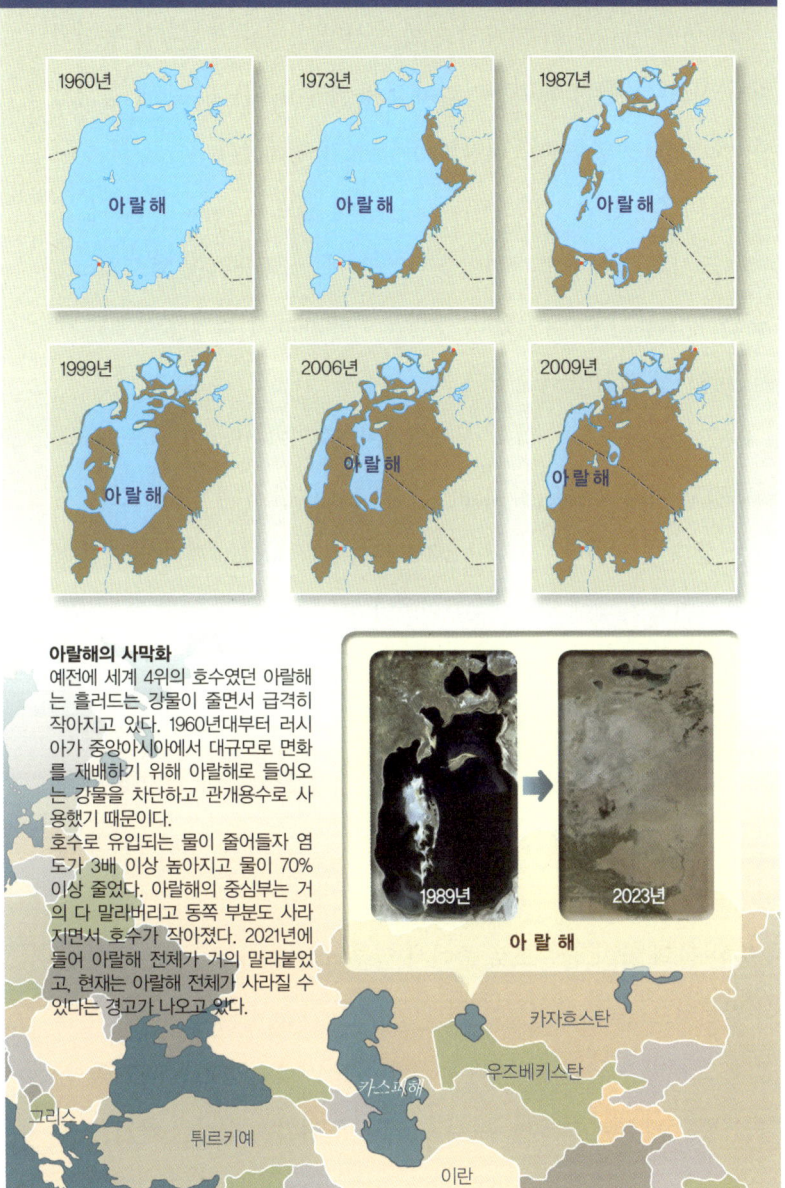

1960년 아랄해

1973년 아랄해

1987년 아랄해

1999년 아랄해

2006년 아랄해

2009년 아랄해

아랄해의 사막화

예전에 세계 4위의 호수였던 아랄해는 흘러드는 강물이 줄면서 급격히 작아지고 있다. 1960년대부터 러시아가 중앙아시아에서 대규모로 면화를 재배하기 위해 아랄해로 들어오는 강물을 차단하고 관개용수로 사용했기 때문이다.

호수로 유입되는 물이 줄어들자 염도가 3배 이상 높아지고 물이 70% 이상 줄었다. 아랄해의 중심부는 거의 다 말라버리고 동쪽 부분도 사라지면서 호수가 작아졌다. 2021년에 들어 아랄해 전체가 거의 말라붙었고, 현재는 아랄해 전체가 사라질 수 있다는 경고가 나오고 있다.

1989년 → 2023년

아 랄 해

카자흐스탄

우즈베키스탄

그리스

카스피해

튀르키예

이란

과 접하고 있는 파미르고원이다.

1950년대 말부터 이 지방의 면화 생산량과 곡물 생산량을 높이기 위해 시르다리야강과 아무다리야강 유역에서 대규모 관개 공사가 시작되었고, 농업용수로 대량의 취수取水가 행해졌다.

강물이 줄어들면 당연히 흘러드는 물의 양도 줄어들기 때문에 호수의 크기도 작아지게 마련이다. 1976년에는 그 면적이 55,700km², 즉 13,000km²나 더 작아졌고, 수량도 1,000km³가 넘게 풍부했던 것이 763km³로까지 줄어들었다.

1987년에 들어서는 더욱 심각해져서, 수위가 1960년보다 13m나 낮아졌고 이제 수량은 374km³, 면적은 41,000km²까지 줄어드는 처참한 상태가 되었다. 그것이 2000년에는 37,000km²까지 줄어들어 호수 크기가 세계에서 6번째로 밀려났다.

급기야 2000년 이후에는 과거의 모습은 찾아볼 수 없을 정도로 말라버렸고, 현재는 과거의 10분의 1 수준으로 줄어들어 전 세계를 충격에 빠뜨렸다. 그나마도 조사에 임한 전문가들의 경고로 관개 공사는 중지되었지만, 하천의 유수량流水量은 원래대로 회복되지 않았다.

또한 물의 양이 급속도로 줄어서 염분의 농도가 상승하는 악순환이 벌어지고 있다. 과거에는 염분의 농도가 1% 정도로 어업에 적합했다. 그러나 지금은 3%까지 올라가 철갑상어와 잉어 등 과거의 민물 어종의 자취는 찾아볼 수 없고, 더불어 어업은 심각한 타격을 받았다.

염분의 농도 상승이 초래한 문제는 그뿐만이 아니었다. 호수 바닥에 깔려 있던 염분이 모래바람이 되어 주변 농지를 황폐하게 만들었다. 염도의 상승으로 하천의 물뿐만 아니라 지하수도 식수로 사용할 수 없는 지역이 발생하기 시작했다.

카자흐스탄에 있는 호반도시 아라리스크의 시장이 "물이 이 마을에서 사라진 것처럼 우리 마음도 메말라갔다"라고 말한 것처럼, 병든 도시는 유령 마을이 되어 범죄가 득실거린다.

전문가들은 아랄해가 곧 소멸할 가능성이 있다고 경고하는데, 현재 아랄해는 1960년대 기준으로 10% 정도만 남아 있다.

26

에베레스트와 K2보다
높은 산이 남미에 있다?

세계에서 가장 높은 산이 어디냐고 하면 대부분의 사람이 에베레스트(티베트어는 초모룽마)를 꼽을 것이다.

영국의 측량 책임자인 에베레스트 경의 이름으로 명명한 산의 높이는 1852년에 8,840m, 그 후 8,842m, 1953년에는 8,848m가 되었다. 삼각측량법(삼각형의 성질을 이용하여 한 점의 좌표와 거리를 알아내는 방법)으로 계측한 수치로는 여전히 세계 최고봉이다.

그러나 삼각측량법은 사람의 시력에 의존하므로 기상 조건 등에 좌우되기 쉽다. 에베레스트산의 높이가 여러 차례 바뀐 것도 그 때문이다. 그래서 등장한 방법이 레이저 광선과 인공위성을 사용한 측정법이다. 이들을 사용하면 더욱 정확하게 측정할 수 있다.

그 결과, 첫 측정 당시 8,611m로 세계에서 두 번째로 높은 산이라고 알려져 왔던 K2(별칭 초고리)가 그로부터 130년 만인 1987년에 이

'세계의 전망대'라고 불리는 남미의 침보라소산

아 시 아

K2
(8,611m)

중국

에베레스트
(8,848m)

인도

침보라소산
(6,268m)

콜롬비아

에콰도르

남 아 메 리 카

페루

에베레스트
(8,848m)

K2
(8,611m)

a

b

지구 중심

침보라소산
(6,268m)

지구의 중심에서 본 세계 최고봉은 침보라소산

지구는 완전한 구형이 아니라 중간 부분이 볼록한 형태라서, 해수면이 아닌 지구 중심부로부터 거리를 산정한다면 남미 에콰도르의 최고봉인 침보라소산(해발 6,268m)이 에베레스트산(8,848m)보다 훨씬 높다. 즉 지구의 반경은 적도 지역이 남극이나 북극보다 21km 더 길고 침보라소는 적도 가까이 있는 반면 에베레스트는 북위 28도 지역에 있기 때문이다.

2장 지구의 놀라운 현상과 비밀

루어진 두 번째 측정 결과 그 높이가 사실은 8,886m라는 결과가 나왔다. 이렇게 되자 에베레스트의 세계 최고봉의 자리는 파키스탄과 중국 국경에 있는 K2에 양보해야만 했다.

이 역사적 대역전이 이루어지게 된 이유 가운데 하나는 '평균해수면'이다. 육지의 높이는 평균해수면을 0m로 두고 측정하는데 사실 이에 대한 세계적 기준은 없으며, 나라에 따라 수치가 조금씩 다르다.

한국의 경우 편의상 인천 앞바다를 기준으로 삼고 있는데, 이 또한 정확한 기준은 아니다. 실제로 해수면의 높이는 모두 다르기 때문이다.

게다가 조산 활동도 산의 높이에 영향을 미친다. 산은 '살아 있는 생물'인 까닭이다. 조산 활동이 활발하면 표고가 달라진다. K2가 있는 카라코람산맥은 1년에 수 mm씩 융기하고 있다는 데이터가 있으며, 에베레스트산 정상 부근은 강풍으로 깎여 조금씩 낮아지고 있다고도 한다.

어찌 되었든 지도상으로는 세계에서 가장 높은 산은 여전히 에베레스트산이다. 그러나 시점을 바꾸면 최고의 높이를 두고 다투는 에베레스트와 K2 사이를 비집고 들어오는 제3의 산이 있다.

그 산은 바로 남아메리카의 안데스산맥에 있는 침보라소산이다. 침보라소가 이렇게 갑자기 부상하는 것은 지구 중심으로부터 측정한 거리 때문이다.

침보라소산의 높이는 6,268m로, 에베레스트, K2보다 2,000m

이상 낮다. 그러나 이는 지구 표면(해수면)에서부터 측정한 거리로, 지구의 중심에서부터 재면 침보라소산이 2,000m의 차이를 역전한다.

사실 지구는 완전한 동그라미가 아니다. 중심에서 지표까지의 거리가, 양 극점보다 적도 쪽이 더 긴 타원형이다. 따라서 적도 바로 아래 지표는 히말라야 주변보다 지구 중심에서 훨씬 먼 위치에 있다.

이 차이 때문에 침보라소산이 에베레스트, K2를 역전한다는 주장도 나오고 있는 것이다.

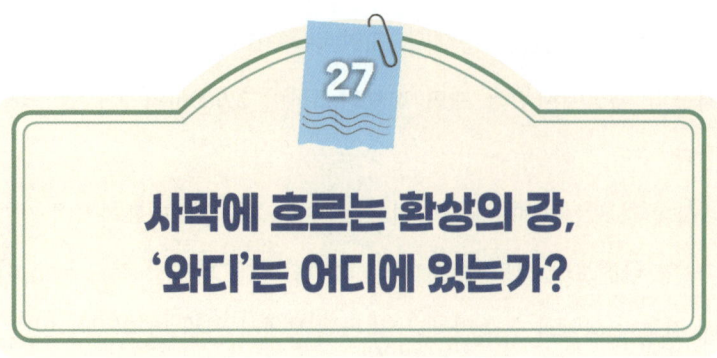

27

사막에 흐르는 환상의 강, '와디'는 어디에 있는가?

아라비아반도를 비롯한 사막 기후 지역의 지형도를 보면 '와디wadi' 라는 글자가 눈에 띈다. 예를 들어 룹알할리 사막의 와디 다와시르, 시리아 사막의 와디 우바이야드, 사하라 사막의 와디 타만라세트 등이다.

'와디'란 아랍어로 '강, 하곡, 하상'을 가리키는 말이다. 평소에는 물이 흐르지 않는 '환상의 강'인 탓에 물이 없지만, 때에 따라 토사 를 동반한 큰 홍수가 일어나는 수로가 되기도 한다.

연 강수량 100mm 미만인 데다 극단적으로 수분이 부족한 아라비 아반도 등 건조 지대에는 1년 내내 물이 흐르는 강은 없지만, 그 대 신 여기저기에 와디가 있다. 본류, 지류에 대응하는 크고 작은 다양 한 와디를 비롯해, 지면 깊은 곳에 파여 있는 거대한 와디도 많다. 이것은 습기가 많고 물의 양이 많았던 플라이스토세 빙하기에 침식

아라비아반도와 아프리카 대륙의 '와디'

와디 럼

영화 〈아라비아의 로렌스〉에 등장한 여 유명해진 요르단의 붉은 사막이다. 동서로 2km, 남북으로 130km에 이르는 지역을 자연보호구역으로 지정해 놓았으며, 평지처럼 보이지만 해발 800m 높이의 사암 바위, 협곡, 모래 언덕이 독특한 경치를 이루고 있다.

와디(Wadi)

사하라, 아라비아의 건조 지역에서 홍수 때 일시적으로 만들어지는 하천이다. 평소에는 거의 말라 있으며, 해안을 끼고 있는 경우에는 바다까지 이어지기도 한다. 또한 폭풍 등으로 지형이 변하기 쉽지만, 지하수면에 가까워서 오아시스(취락 지역)가 발달하는 경우도 있다.

와디 다와시르

아라비아반도 남부에 펼쳐진 거대한 사막 룹알할리 있다. 사하라 사막에 이어 세계에서 두 번째로 넓은 사막 룹알할리는 주로 사우디아라비아 남동부의 고원 분지에 자리 잡고 있는데, 와디 다와시르는 이 사막을 처지하는 여러 개의 와디 중 대표적이다.

와디 티만라세트

알제리 남부이자 사하라 사막 남부에 있는 가른 산지 남서쪽 기슭에 있는 와디이다. 사막 중간 도로의 요충지로 프랑스가 알제리 남부에 진출할 때의 군사 기지였다. 소규모의 오아시스가 있고 물이 매우 부족하지만 대추야자 등 농사를 짓는다.

건기의 이집트 와디 데글라, 2021년. © Bassant Meligy, w-c

된 것으로 추정된다. 사막에 비가 내리면 빗물은 주위보다 지대가 낮은 와디로 흘러든다. 사막의 비는 양은 적지만 집중호우이기 때문에 단 하루 동안 2년 치 강수량이 내릴 때도 있다. 그럴 때면 어마어마한 급류로 변해 홍수를 일으키곤 한다.

상류 지대에 집중호우가 발생하면 하류에 있는 와디에는 갑자기 탁류가 흘러들어 사람과 가축들이 도망칠 새도 없이 급류에 휩쓸려 익사하기도 한다. 하지만 와디에 물이 흘러드는 일 자체가 매우 드문 일이어서 그러한 상황이 되면 그 광경을 보려고 차를 끌고 오는 주변 지역의 구경꾼들로 북새통을 이룬다. 그 엄청난 기세로 흘러들던 급류도 하루만 지나면 모든 물이 흘러 내려가 금세 물이 없는 '환상의 강'으로 원상 복귀한다.

또한 와디는 주위보다 지하수면이 얕은 탓에 샘물이 솟아 오아시스가 되고, 주변에 사람들이 모여 마을을 이루기도 한다. 그러나 최근에는 그러한 마을에 사는 베두인들 사회에도 인구의 감소는 문제가 되고 있다. 이를 해결하기 위해 외국 지원 단체의 원조를 받아 관광객을 낙타의 등에 태우고 텐트에서 식사하는 등 '와디 투어'를 개발하여 원주민을 지원하는 등 지역 활성화를 위해 노력 중이라고 한다.

와디 투어로 유명한 곳으로는 '와디 럼Wadi Rum'이 있다. 요르단의 수도인 암만에서 남쪽으로 320km 지점에 위치한 곳인데, 1998년에는 요르단 정부에 의하여 보호구역으로 지정되었다. 영화 〈아라비아의 로렌스〉의 무대로도 유명한 곳이다.

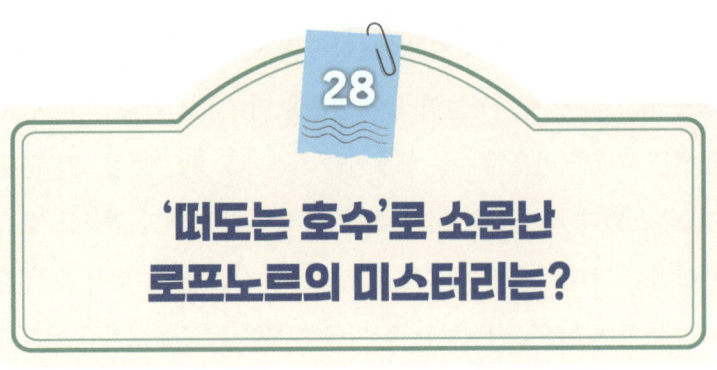

28

'떠도는 호수'로 소문난
로프노르의 미스터리는?

중국 신장웨이우얼자치구 타림분지에 있던 로프노르Lop Nor는 '떠도는 호수'라고 불린다. 왜냐하면 말 그대로 호수의 위치가 여기저기로 이동하기 때문이다.

예부터 고대 중국인들은 이 호수 바닥에 구멍이 있어서 그 구멍에서 흘러나온 물이 황허의 수원일 것이라고 믿었다. 또 사마천의 《사기》〈흉노열전〉에 보면 신비의 도시 누란樓蘭은 장안에서 5,000리 떨어진 '소금의 도시'에 버금간다고 기록되어 있으며, 《한서》에도 '포창해蒲昌海'라는 호수가 언급되는데, 이들이 모두 로프노르를 가리키는 것이라고 여겨졌다.

그러나 옛 지도에 표기되어 있는 것만으로는 호수의 위치를 특정지을 수 없어서 오랫동안 미스터리로 남아 있었다. 그 후, 19세기 말에 이르러 마침내 서양 사람에 의해 그 위치가 발견되었다. 러시

사막 위를 떠도는 호수 로프노르

카자흐스탄

몽골

우루무치

알타이산맥

톈산산맥

로프노르

타클라마칸 사막

누란

중국

로프노르(Lop Nor)
중국 서북부, 신장웨이우얼 타림분지에 있는 내륙 호수이다. 이 호숫가에 있던 작은 오아시스 나라가 누란이다. 여기에 사는 사람들은 로프노르에서 비단길 교역으로 사막을 건너는 사람들에게 소금과 물고기를 팔며 살았다. 그러다가 약 1,600년 전 누란국이 사라졌고 옛 성터의 유적만 남아 있다. 악마의 호수로 불리며 현재도 건조화가 진행되고 있다.

NASA의 로프노르의 위성 사진,
초록 부분이 호수이다.

아의 프르제발스키가 1876년부터 그 이듬해에 걸쳐 타클라마칸 사막 동쪽에서 2개의 호수를 발견했고, 이를 로프노르 호수로 확신했다. 그는 옛 지도의 위치에서 140km나 더 움직였다고 발표했다.

이에 대하여 독일의 폰 리히트호펜은 로프노르호는 소금 농도가 높은 염호일 텐데 그 2개의 호수는 담수호이므로, 프르제발스키가 말한 두 호수는 새롭게 생긴 호수라고 반론했다. 그리고 그의 제자 헤딘이 옛 지도에 그려진 위치 가까이에서 4개의 작은 호수를 발견했다. 게다가 그곳에서 누란의 유적이 발견되고, 바람에 의해 누란 부근의 침식이 진행되었다는 것이 밝혀지자, 로프노르는 타림강 흐름의 변화에 따라 1,600년 주기로 남북으로 이동하는 '떠도는 호수'라는 설이 제기되었다.

프르제발스키의 제자 카즐로프 등은 위의 설에 다시 반론을 제기했으나, 1934년 헤딘이 옛 지도에 표시되어 있던 위치에 로프노르호가 돌아온 것을 확인하자 '떠도는 호수'설은 더욱 신빙성을 갖게 되었다.

그러나 1980년대에 중국과학원이 호수 바닥의 흔적 등을 조사한 결과 이 설은 결국 부정되었다. 기후의 변동과 지각 변동 등의 이유로 커지거나 작아지기도 하고 남북으로 기울어지기는 했지만, 백두산 천지의 730배나 되는 큰 호수가 그 범위를 넘어서 이동하는 일은 전혀 없었다고 발표한 것이다.

중국과학원이 최근 현지 탐사를 벌인 결과 안타깝게도 1962년 로프노르호의 물은 완전히 말라 소멸하였다고 발표했다.

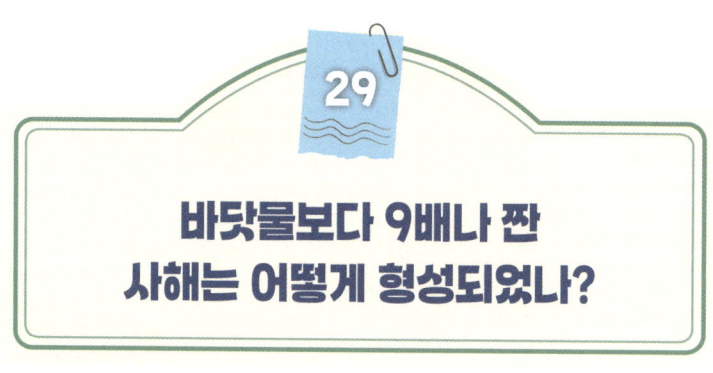

바닷물보다 9배나 짠
사해는 어떻게 형성되었나?

세계 모든 바다의 염분 농도는 같을까? 그렇지 않다. 지역에 따라 다르기도 하고, 같은 바다라도 계절에 따라 조금씩 다르다.

일반적으로 염분 농도가 낮은 곳은 북극과 남극 주변이다. 극지방 바다의 염분 농도가 낮은 것은 녹은 얼음물이 바다로 흘러 들어가기 때문이다. 극지방이 아니어도 강수량이 많은 바다나 하천의 물이 흘러드는 바다도 염분의 농도가 낮아진다. 예를 들어 같은 바다의 같은 장소일지라도 비가 많이 내리는 여름은 염분이 적다.

한편, 염도가 높은 곳은 남북회귀선 주변의 바다이다. 이곳은 흘러 들어오는 담수가 매우 적고, 언제나 태양이 내리쬐어 증발하는 바닷물의 양도 엄청나기 때문이다.

세계 평균 염분 농도는 3.43%이다. 개방성 해양의 염분 고순위를 보면, 1위 홍해 3.88%, 2위 페르시아만 3.68%, 3위 북해 3.55%이

사해 바닷물의 염도가 세계 1위인 이유

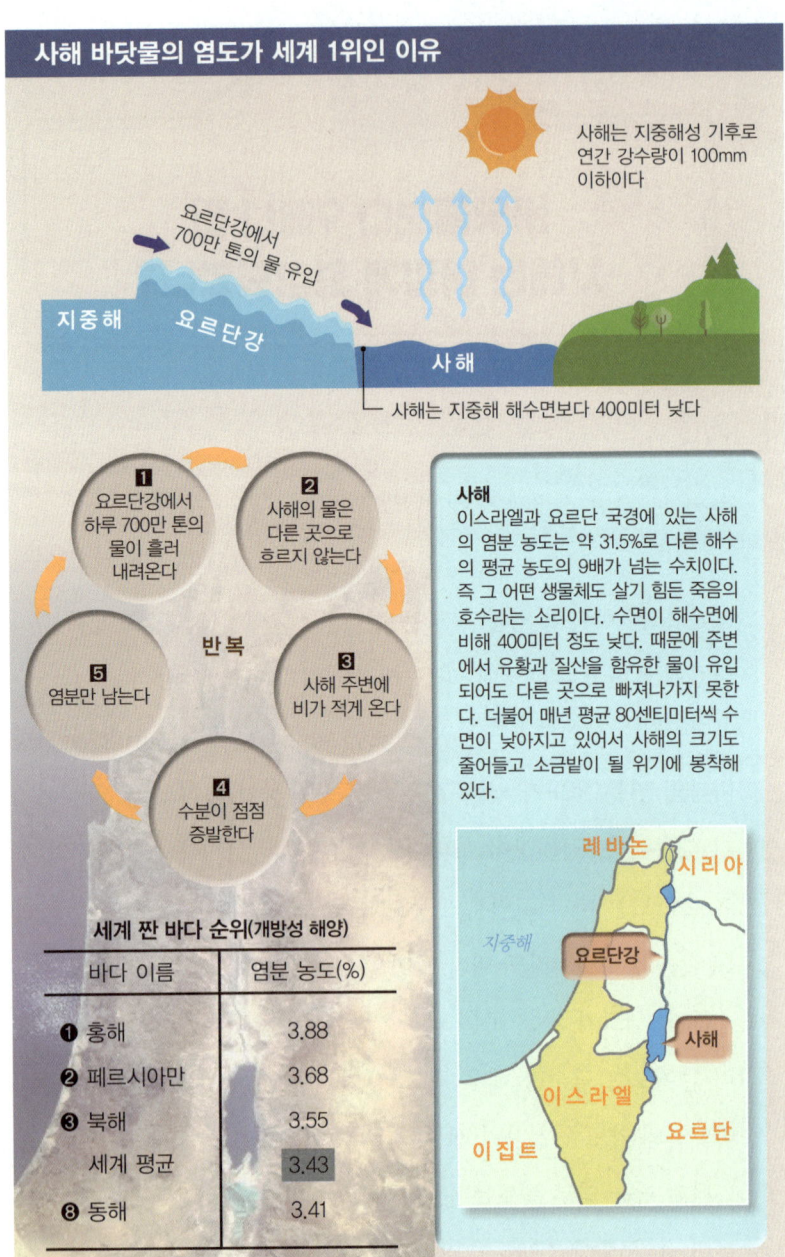

사해는 지중해성 기후로 연간 강수량이 100mm 이하이다

요르단강에서 700만 톤의 물 유입

지중해   요르단강   사해

사해는 지중해 해수면보다 400미터 낮다

1 요르단강에서 하루 700만 톤의 물이 흘러 내려온다

2 사해의 물은 다른 곳으로 흐르지 않는다

반복

5 염분만 남는다

3 사해 주변에 비가 적게 온다

4 수분이 점점 증발한다

사해

이스라엘과 요르단 국경에 있는 사해의 염분 농도는 약 31.5%로 다른 해수의 평균 농도의 9배가 넘는 수치이다. 즉 그 어떤 생물체도 살기 힘든 죽음의 호수라는 소리이다. 수면이 해수면에 비해 400미터 정도 낮다. 때문에 주변에서 유황과 질산을 함유한 물이 유입되어도 다른 곳으로 빠져나가지 못한다. 더불어 매년 평균 80센티미터씩 수면이 낮아지고 있어서 사해의 크기도 줄어들고 소금밭이 될 위기에 봉착해 있다.

세계 짠 바다 순위(개방성 해양)

바다 이름	염분 농도(%)
❶ 홍해	3.88
❷ 페르시아만	3.68
❸ 북해	3.55
세계 평균	3.43
❽ 동해	3.41

레바논   시리아

지중해   요르단강

이스라엘   사해

이집트   요르단

이스라엘의 사해 서부 해안을 따라 퇴적된 염석들, 2012년, ⓒ Wilson44691, W-C

다. 동해는 3.41%로 평균보다 염분이 조금 옅은 바다라고 할 수 있
겠다.

염분 함유량이 가장 짙은 바다를 거론할 때 대표적으로 거론되는
곳이 있다. 염분 농도 31.5%로 보통 바다보다 약 9배나 진한 사해
死海, Dead Sea가 바로 그곳이다.

아라비아반도의 끝자락, 이스라엘과 요르단 국경에 자리한 사해
는 염분이 어찌나 진한지 어떤 생명체도 살 수 없다 해서 '죽음의 바
다'라는 이름이 붙었다. 염분의 농도가 워낙 높기 때문에 맛을 보면
짜다 못해 쓴맛이 날 정도이고, 전혀 헤엄을 못 치는 맥주병인 사람
도 이곳에서는 둥둥 떠다닐 수 있는 것으로도 유명하다. 그렇다면
사해는 왜 이렇게 염분의 농도가 높은 걸까?

사해의 진한 소금물은 시리아-아프리카 단층과 요르단강이 빚어낸 것이다. 시리아-아프리카 단층은 아프리카와 아라비아의 두 대륙판이 남북으로 따로따로 이동하여 형성된 균열 부위로, 이른바 함몰 지대라고 할 수 있다. 사해의 가장 낮은 면은 지중해보다 약 400m 정도 아래에 있어서, 사해로 흘러들어온 물은 빠져나갈 길이 없다.

게다가 요르단강은 하루에 염분을 함유한 물 700만 톤을 지중해에서 운반해 온다. 그뿐만 아니라 사해 주변은 아열대 지중해성 기후로 연 강수량이 100mm 미만으로 매우 적다.

한번 흘러들어간 소금물은 밖으로 나올 길이 없고, 수분은 엄청난 열기 속에 증발하여 염분만 남은 곳에 다시 소금물이 더해진다. 이러한 현상이 반복하니까 사해의 염분이 점점 진해진 것이다.

최근에 사해는 요르단강의 농업용수 이용으로 흘러드는 물의 양이 감소하고 있다는 보고가 있다. 사해가 건조되는 것을 막기 위해 이스라엘과 요르단 양국은 운하를 건설하는 등 지중해에서 많은 물을 끌어올 계획이라고 한다.

'세계의 허파' 아마존강은
세계에서 가장 길고 넓다?

흔히들 남미에 있는 아마존강을 세계에서 가장 긴 강이라고 말한다. 그 길이를 원류에서부터 재어보면 약 6,516km로, 한국에서 가장 긴 낙동강 525km와 비교했을 때 무려 12.4배나 더 길다. 그러나 세계에서 가장 긴 나일강의 6,895km에는 못 미쳐 길이에서는 세계 2위이다(길이를 재는 방법에 따라 아마존강이 가장 길다는 주장도 있다).

그러나 유역 면적으로만 따지면 아마존강이 나일강보다 훨씬 넓다. 나일강은 297만km²이지만 아마존강은 706만km²로 약 2.4배나 넓다. 세계에서 두 번째로 넓은 콩고강(자이르강)이 370만km²이니 월등한 차이로 1위를 차지하는, 세계에서 가장 큰 강이다.

한반도의 강 중 면적이 가장 넓은 강은 한강인데 유역 면적은 고작 약 26,000km²이다. 아마존강은 그 270배가 넘으니, 스케일이 얼마나 큰지 짐작할 것이다. 그뿐만 아니라 남한 전체 면적의 71배

남미 대륙의 3분의 1을 차지하는 아마존강 유역

대서양

카라카스
베네수엘라
조지타운 파라마리보
보고타
가이아나 기아나
콜롬비아 수리남
네그루강
키토
에콰도르 아마존강
적도
마라뇬강
우카얄리강 아마존강
자페아라강
싱구강
토칸칭스강
브라질
리마
아라과이아강
페루
라파스 브라질리아
태평양
볼리비아
라파스
볼리비아

MARANON, o AMAZONAS

◈세계의 강 유역 면적 비교

아마존강	706
콩고강	370
나일강	297
한강	2.6

(단위:만km²)

• 아마존강 유역의 면적은
한반도 전체 면적의 약 71배 크기

◈세계의 강 길이 비교

아마존강	6516
나일강	6895
양쯔강	6300
낙동강	525

(단위:만km)

아마존강

남아메리카 대륙에 있다. 남아메리카
대륙 면적(1780만 km²)의 3분의 1이 아마
존강 유역이며, 하구는 대서양이다. 포
로로카(아마존강 하류에서 상류로 역
행하는 4~5m 높이의 해일) 현상이 유
명하다.

아마존강의 풍경, 2004년. © Francisco Chaves, W-C.

나 된다.

　면적이 넓은 만큼 강의 폭도 넓다. 마나우스 등 강변에 자리한 리조트에서 내다보면 넘실거리는 파도가 없는 것 빼고는 바다와 다를 바가 없다. 하구는 또 얼마나 큰지, 강의 폭이 마라조섬을 더하면 331km나 된다. 서울에서 대구까지의 직선거리가 약 300km이므로 아마존강의 하구 폭보다도 더 좁은 셈이다.

　아마존강은 그 안에 품고 있는 섬 크기의 규모도 어마어마해서, '강 안의 섬' 마라조섬의 면적은 약 48,000km²나 된다. 남한의 절반에 이르는 크기이다.

이 아마존강을 흐르는 물의 양은 전 세계 강물의 5분의 1을 차지한다. 두말할 필요도 없이 물의 양이 세계에서 가장 많은 강이다. 이 강을 하루 동안 흐르는 강물의 양은 한강의 1년 치 수량이다. 매초 17만 5,000톤의 물이 대서양으로 흐르기 때문에 아마존강 하구에서 20~30km에 걸쳐 바닷물은 황갈색으로 탁해지고, 하구에서 400km 떨어진 바다까지도 강물의 영향으로 염분의 농도가 낮을 정도이다.

이 하구에서는 대서양이 만조가 되면 4~5m 높이의 '바닷물의 벽'이 강을 역행한다. '포로로카pororoca'라고 불리는 현상으로, 시속 20km로 아마존강 하구를 거슬러 올라가 1,000km 상류까지 도달한다. 바닷물이 거대한 음향과 함께 해안에 심어진 수목을 쓰러뜨리며 역류하는 광경은 압권이다.

참고로, 아마존강은 인류의 태곳적 모습을 아직도 간직하고 있는 곳으로, 조에족, 코루부족 등의 토착 부족들이 먼 옛날 조상들의 모습을 유지한 채 고립된 생활을 하고 있다. 유럽인들이 남미로 이주했을 때 유럽에서 옮겨온 각종 질병과 유럽인들의 착취에서 벗어나기 위해 아마존강 유역으로 숨었던 것이 지금까지도 이어지고 있는 것이다. 그러나 무분별한 농경지 개간과 벌목 작업으로 인해 그들이 살 공간이 점차 사라지고 있는 실정이다.

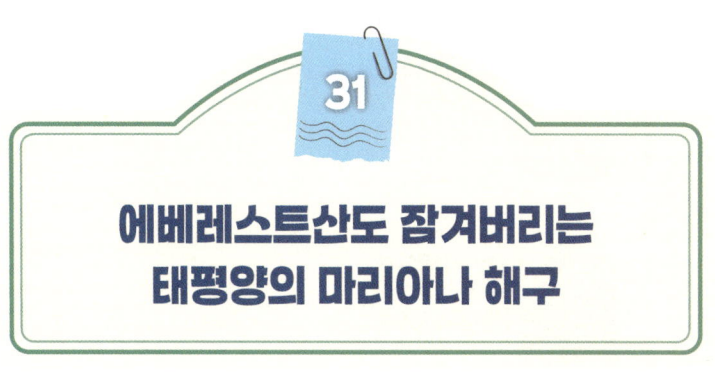

에베레스트산도 잠겨버리는
태평양의 마리아나 해구

지구는 우주에서 보면 파랗게 보일 만큼 바다가 차지하는 비중이 크다. 지구상에 존재하는 대륙과 섬 전체의 면적을 합해도 바다의 절반 정도에 불과하다.

바다는 그 넓이뿐만 아니라 높이와 깊이에서도 대륙을 훨씬 능가한다. 바다의 평균 깊이는 3,730m로, 2,750m인 백두산보다도 1,000m나 높으며, 해발 8,848m로 세계 최고봉인 에베레스트도 가장 깊은 바다에는 쉽게 가라앉고 만다.

전 세계의 바다에서 가장 깊은 곳은 태평양에 있는 마리아나 해구에 있다. 미국령 괌 주변의 마리아나 제도에서 이름을 따왔다. 일본의 오가사와라 제도를 건너 다시 남쪽으로 2,600km 떨어진 곳이다. 깊이 11,034m로 에베레스트 꼭대기도 해면 아래 2,000m까지 잠기고 만다.

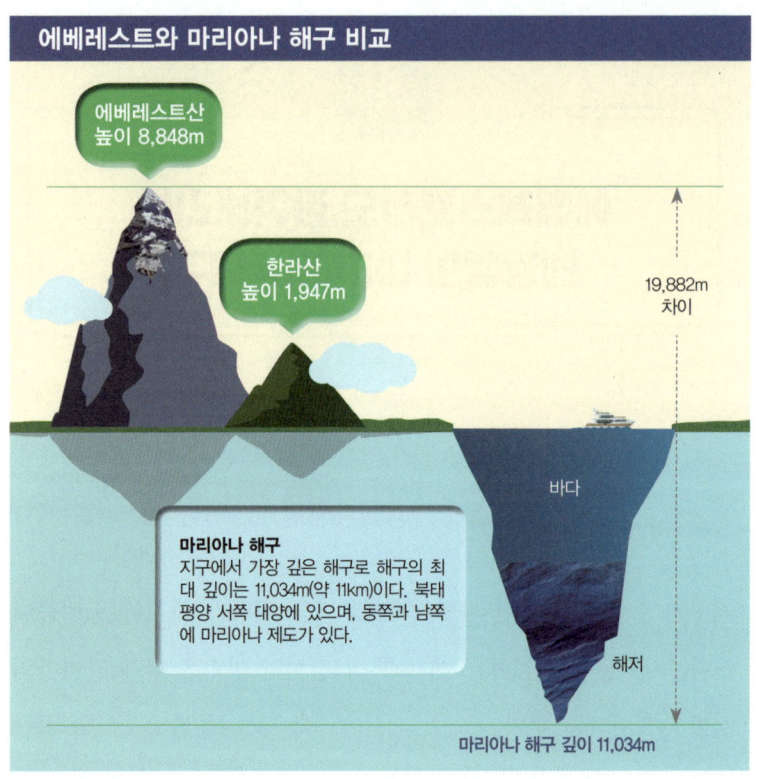

에베레스트와 마리아나 해구 비교

에베레스트산
높이 8,848m

한라산
높이 1,947m

19,882m
차이

바다

마리아나 해구
지구에서 가장 깊은 해구로 해구의 최
대 깊이는 11,034m(약 11km)이다. 북태
평양 서쪽 대양에 있으며, 동쪽과 남쪽
에 마리아나 제도가 있다.

해저

마리아나 해구 깊이 11,034m

마리아나 해구에서도 가장 깊은 곳은 '챌린저 해연Challenger Deep'으로 불린다. 1951년에 영국의 해양관측선 '챌린저 2호'에 의해 발견되었다. 바닷속의 해면도 육지와 비슷하게 산처럼 솟아오른 해령海嶺이 있고, 계곡 형태의 해구海溝가 있고, 그리고 해구 안의 깊은 웅덩이처럼 패인 해연海淵이 있다.

에베레스트에서 마리아나 해구까지를 단면도로 그려보면 그 높낮이의 차이가 무려 19,882m나 된다. 해구의 깊이에 순위를 매겼

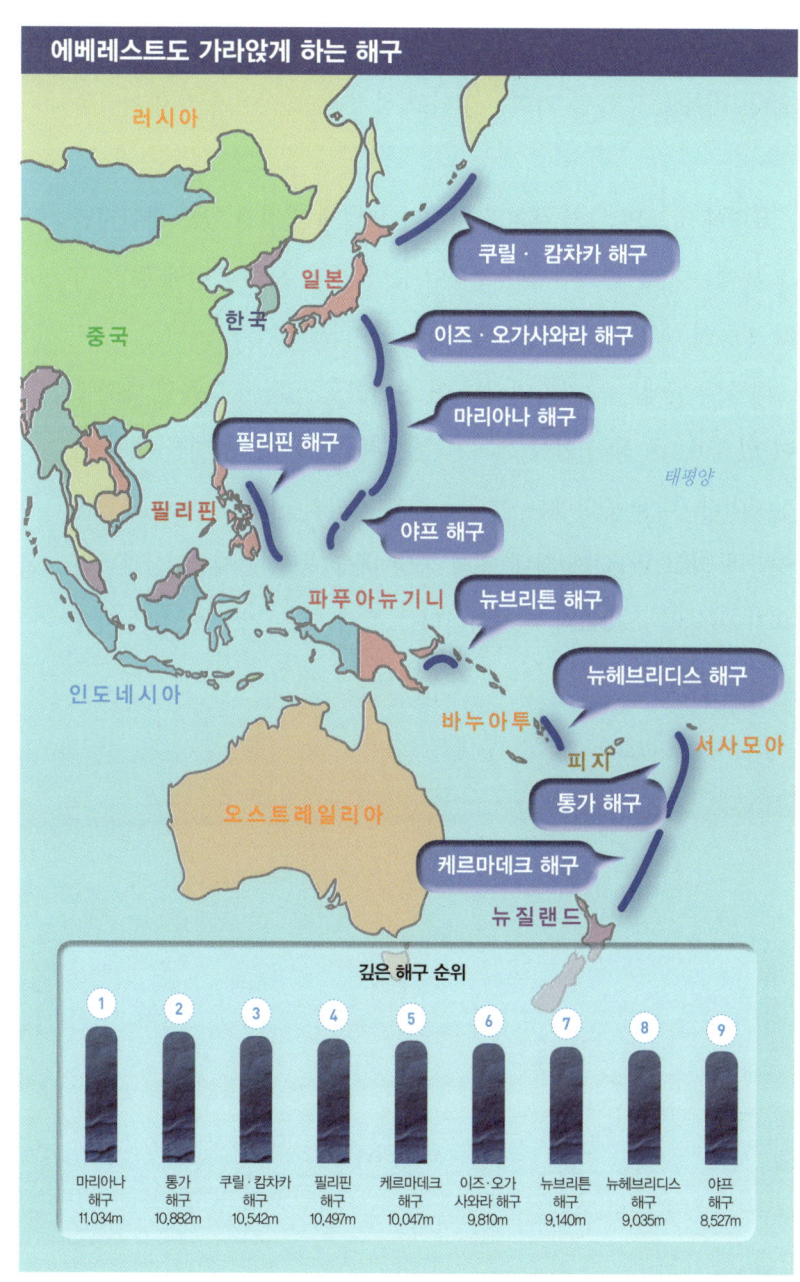

에베레스트도 가라앉게 하는 해구

러시아

중국

한국 일본

필리핀 해구

필리핀

쿠릴 · 캄차카 해구

이즈 · 오가사와라 해구

마리아나 해구

태평양

야프 해구

파푸아뉴기니

뉴브리튼 해구

뉴헤브리디스 해구

인도네시아

바누아투

서사모아

피지

오스트레일리아

통가 해구

케르마데크 해구

뉴질랜드

깊은 해구 순위

①	②	③	④	⑤	⑥	⑦	⑧	⑨
마리아나 해구 11,034m	통가 해구 10,882m	쿠릴·캄차카 해구 10,542m	필리핀 해구 10,497m	케르마데크 해구 10,047m	이즈·오가 사와라 해구 9,810m	뉴브리튼 해구 9,140m	뉴헤브리디스 해구 9,035m	야프 해구 8,527m

을 때, 에베레스트 정도는 1~8위까지의 해구에 가볍게 잠길 수 있으니, 비록 눈으로 볼 기회는 없다고 하지만 그 깊이에 그저 놀라울 뿐이다.

표면에서 보면 그저 새파란 바다가 드넓게 펼쳐져 있을 뿐이지만 그 밑에는 사실 변화무쌍한 지형이 숨어 있다. 오랜 기간에 걸친 지각 변동이 매우 다이내믹한 세계를 만들어 낸 것이다.

대륙 주변에는 빙하기의 평원이 온난화로 인하여 수몰된 대륙붕이 있으며, 큰 강 연안에 펼쳐진 것은 퇴적 지형인 광대한 해저 선상지이다. 대양 중앙에는 장대한 해저 화산의 산맥과, 새로운 판을 잇달아 낳고 있는 판 확대 축과 중앙 해령 등도 존재한다. 바다는 육지 이상의 스케일과 버라이어티를 듬뿍 담은 지형을 수면 아래 숨기고 있다.

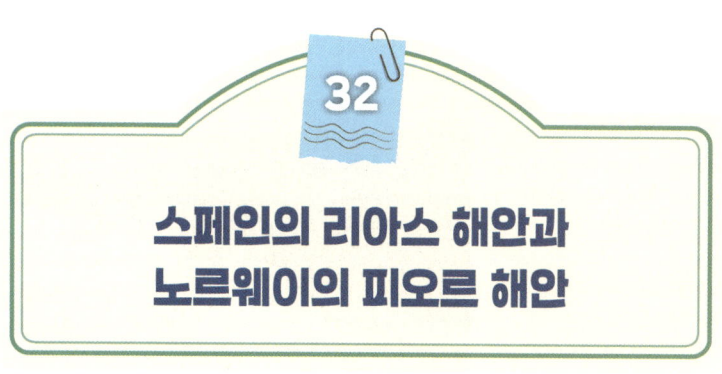

스페인의 리아스 해안과 노르웨이의 피오르 해안

여러 개의 만과 반도들이 이어져 복잡하게 얽혀 있는 해안을 '리아스Rias식 해안'이라고 한다. 한국의 서해안과 남해안이 바로 리아스식 해안인데, 원래 높은 산의 봉우리였으나 해빙기에 해수면이 상승해 산봉우리가 섬으로 남게 된 지형이다. 따라서 섬을 포함한 해안선 자체가 단조롭지 않고 복잡하다.

이 리아스식 해안의 뿌리는 스페인에 있다. 스페인은 북서부에서 북부에 걸쳐 리아스식 해안이 이어져 있다. 그중에서도 갈리시아 지방의 리아스식 해안은 유럽에서 가장 큰 규모와 면적을 자랑한다.

갈리시아 지방에서는 험난한 산에서 흘러나오는 하천으로 여러 개의 깊은 협곡이 형성되었다. 신생대 제3기 말(약 200만 년 전), 지각 변동으로 산과 바다가 북쪽 방향으로 침하했는데, 이때 바닷물이 강 아래 유역의 계곡으로 들어가 깊게 후미진 곳이 많이 만들어졌다.

하천의 침식으로 형성된 리아스식 해안

리아스식 해안
해안선이 복잡하고 만과 곶이 많은 리아스식 해안은 하천의 침식을 받은 해수면이 올라가거나 지반이 침수되면서 만들어진다. 한국의 서해안과 남해안, 프랑스 서부 해안과 스페인의 북부 해안으로 둘러싸인 비스케이만, 에게해 동서부 등이 대표적이다.

한국의 해안

서울
태안
광주
부산

스페인 북부의 리아스식 해안

대서양
비스케이만
갈리시아
프랑스
스페인
포르투갈
지중해
발레아레스 제도
지브롤터 해협

하구와 가깝고, 밀물과 썰물에 따라 바닷물과 담수가 섞이는 곳을 스페인어로 '리아Ria(강 하구)'라고 하는데, 갈리시아를 비롯해 스페인에서 자주 보이는 지형이다. 세계 곳곳에는 이처럼 침강으로 인해 육지 쪽으로 깊게 후미진 곳들이 생겼는데, 이를 국제지리학 용어로 '리아'라고 표현하게 되었고, 리아가 많은 해안을 복수형으로 '리아스'라고 부르게 된 것이다.

갈리시아에 리아스식 해안이 발생한 신생대 제3기 말 무렵은 빙하기가 끝나는 시기여서 해수면까지 상승했다. 세계 곳곳에 보이는 리아스식 해안은 바로 이 해수면의 상승이 원인이 되어 형성된 경우가 많다. 갈리시아는 여기에 지각 변동까지 겹쳐 더욱 큰 규모의 리아스를 형성한 것이라고 한다.

덧붙이자면, 리아스식 해안과 비슷한 것으로는 북유럽 등의 지역에서 볼 수 있는 것이 '피오르Fjord'이다. 리아스가 하천의 침식으로 형성된 계곡이라면, 피오르는 빙하의 침식으로 형성된 계곡이 침강한 것이며, 피오르가 많은 해안을 '피오르 해안'이라고 한다. 피오르는 '내륙 깊이 들어온 만'이란 뜻을 지닌 노르웨이어로, 빙하의 침식과 해빙으로 만든 U자형 골짜기에 바닷물이 유입되어 형성된 좁고 기다란 만을 뜻한다.

피오르 해안은 당연히 빙하가 있는 고위도 지방에서만 발견되는데, 노르웨이에 있는 길이 약 204km의 송네피오르가 세계에서 가장 긴 피오르 해안으로 유명하며, 캐나다의 북극해 연안에도 많은 피오르 해안이 있다.

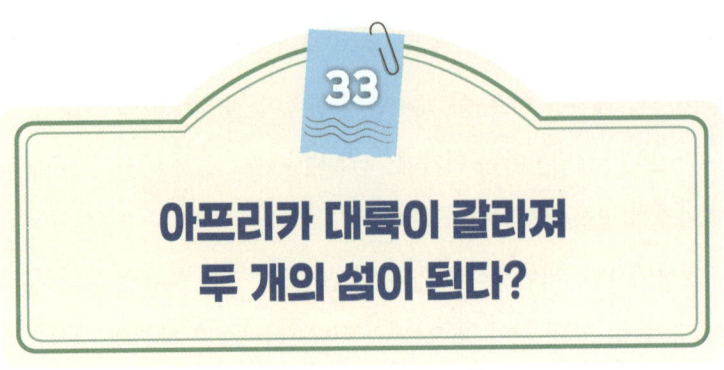

아프리카 대륙이 갈라져
두 개의 섬이 된다?

근래 들어 부쩍 심각해진 지구 온난화로 남극의 얼음이 녹아내리기 시작했다. 그 영향으로 태평양의 수위가 상승하면서 물에 잠길 위험에 처한 섬들이 등장하고 있다. 그뿐만 아니라 북극 얼음이 녹아 알래스카 곳곳이 변화하고 있다는 안타까운 소식이 들려온다.

세계 지질학자들의 오랜 조사와 연구 결과, 기후의 변화와 마찬가지로 지각 변동으로 인한 지표 변화의 의문점들이 서서히 밝혀지고 있다. 지구는 지금도 지각 변동을 계속하고 있으며, 그에 따라 앞으로 대지가 갈라져 섬이 되어버릴 수도 있는 지역을 발견했다는 보고도 나와 있다.

아프리카 동부 에티오피아에서 모잠비크까지 약 4,000km가 넘는 '그레이트리프트밸리Great Rift Valley', 즉 동아프리카 지구대가 바로 그곳이다. 지구대란 지하에서 지대가 크게 뒤틀려 발생한, 이른바 지

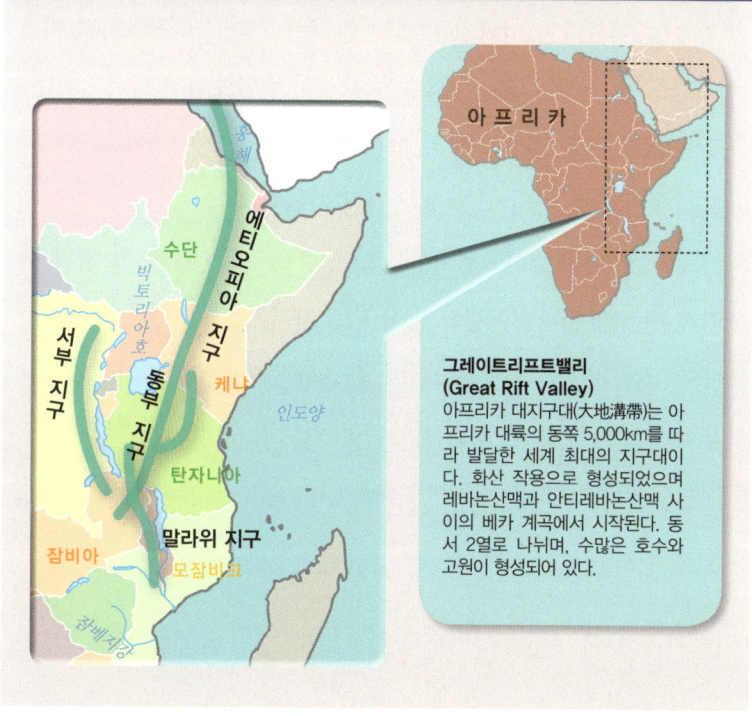

아프리카 대륙의 그레이트 리프트 밸리

아 프 리 카

**그레이트리프트밸리
(Great Rift Valley)**
아프리카 대지구대(大地溝帶)는 아
프리카 대륙의 동쪽 5,000km를 따
라 발달한 세계 최대의 지구대이
다. 화산 작용으로 형성되었으며
레바논산맥과 안티레바논산맥 사
이의 베카 계곡에서 시작된다. 동
서 2열로 나뉘며, 수많은 호수와
고원이 형성되어 있다.

구의 상처라고도 할 수 있다. 동아프리카 지구대는 500만 년 동안이나 지각 변동이 계속되고 있다.

원래 아프리카 대륙 동부는 '핫스팟hot spot'이라고 불리는 곳으로, 지표 아래 심층부에 있는 녹은 바위로 인하여 지각이 상당히 불안정한 장소여서 지각 변동의 영향을 받기 쉬운 곳이다. 지금도 북쪽으로 갈수록 지구대는 그 폭을 넓히고 있고, 앞으로 수천만 년 후에는 에티오피아에서 갈라져서 섬이 될 것이라고 한다.

지구상에 있는 여섯 개의 대륙은 과거에 '판게아'라고 불리는 하나의 큰 대륙이었다는 이야기는 널리 알려져 있다. 그 옛날처럼 지구는 지금도 숨 쉬고 있고, 그 모습을 서서히 변화시키고 있다.

그레이트리프트밸리의 폭은 30~200km이다. 그리고 이 지구대는 아프리카 대륙뿐 아니라 홍해를 거쳐 시리아의 요르단강까지 이어져 총길이가 6,400km나 된다. 이로써 알 수 있는 것은 그 옛날 아프리카 대륙과 아라비아반도가 육지로 이어져 있었다는 것이다.

이 거대한 지구의 균열은 1년에 몇 mm씩 벌어지고 있고, 앞으로 아프리카 동부에서 인도양 연안뿐만 아니라 아라비아반도까지도 쪼개질 가능성이 있다.

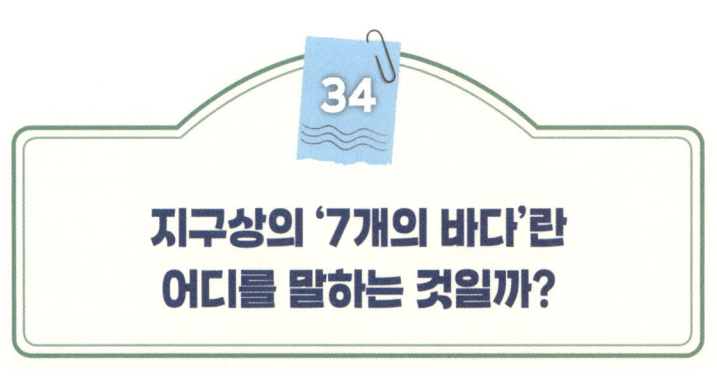

34

지구상의 '7개의 바다'란 어디를 말하는 것일까?

'물의 별' 지구. 바다를 빼고 지구를 말할 수 없다. 지구 생성기에 지구 내부의 가스가 분출되어 대기에 수증기가 포함되었는데, 이 수증기가 식어 물이 되고, 움푹한 곳에 모인 것이 바다의 시작이다.

그러나 바다가 호수나 늪과 구별되는 것은 하나로 이어져 있다는 것이다. 그리고 지구를 구성하는 여러 조성물이 녹아들어 염분을 함유하고 있어야 한다. 이러한 조건이 충족되어야 비로소 바다(학술적으로는 해양)라고 할 수 있는데, 더 전문적으로는 해양을 대양과 부속해附屬海(대륙과 반도, 열도 등에 둘러싸여 대양으로부터 격리된 바다) 두 가지로 나누고, 부속해는 다시 지중해(바다가 형성된 지형에 따라 대·소로 구별된다)와 연해로 나뉜다.

그런 의미에서 대양이라고 부를 수 있는 바다는 태평양, 대서양, 인도양 이렇게 3곳이다. 대양은 면적이 크고, 각각 독립한 해류를

근대 7개의 바다

북극해(북빙양)

태평양
(북태평양)

대서양
(북대서양)

태평양
(남태평양)

대서양
(남대서양)

인도양

남극해(남빙양)

15세기 이전 7개의 바다

아드리아해   흑해

카스피해

지중해

페르시아만

홍해

아라비아해

가진다. 반면에 부속해는 북극해, 남극해 등 대양과 이어진 해역이지만 독자적인 해류를 갖지 않고, 대양을 흐르는 해류의 영향을 받는 바다라고 할 수 있다.

다만 남극해는 조금 성격이 달라서, 삼대양 전체의 부속해이자 남극환류南極環流라고 하는 독자적인 해류가 동쪽으로 흐르고 있다. 북극해는 부속해 중에서는 가장 크지만, 대양 중에서도 가장 작은 인도양의 5분의 1의 면적밖에 안 된다.

바다를 통해 전 세계를 나타내는 표현으로 '7개의 바다'라는 말이 있다. 중세 튀르키예의 지리학자 피리 레이스Piri Reis의 저서에서 유래했다고 하는 이 말은, 《정글북》으로 잘 알려진 영국의 작가 조지프 러디어드 키플링Joseph Rudyard Kipling이 펴낸 《7대양》이라는 시집을 통해 더욱 유명해졌다. 세계의 패권을 거머쥐고 있음을 자신만만하게 이르는 표현으로 근대에는 '7개의 바다를 제패하다'라는 말을 사용하기도 했는데, 여기서 말하는 7개의 바다는 어디를 가리킬까?

대양인 태평양, 대서양, 인도양은 문제가 없다. 그렇다면 나머지 4곳은 어디일까? 사실 근대의 7개 바다는 태평양과 대서양을 남북으로 나누어 '북태평양, 남태평양, 북대서양, 남대서양'과 그 부속해인 '남극해, 북극해', 그리고 '인도양'을 드는 것이 일반적이었다.

한편 '7개의 바다'라는 말이 지상의 모든 해역이라는 의미로 사용되기 시작한 15세기 이전은 태평양과 대서양의 존재는 아직 확인되지 않은 시대였다. 그 당시의 7개의 바다는 '홍해, 지중해, 페르시아만, 흑해, 아드리아해, 카스피해, 인도양'이었다.

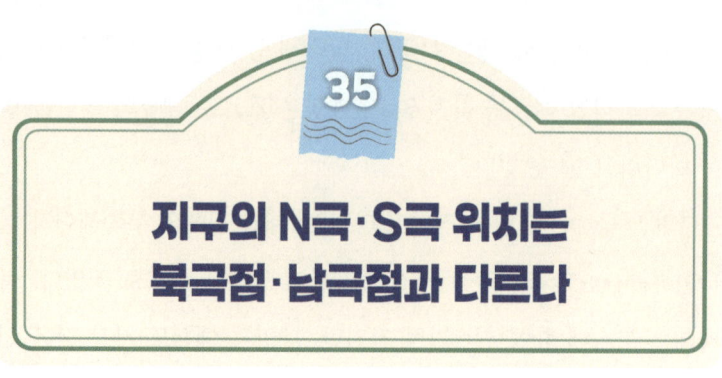

북극과 남극의 극점을 찾는 작업은 그리 어렵지 않다. 지구는 축을 중심으로 자전하고 있는 구球이므로, 지리적으로 극점은 이 자전축이 가로지르고 있는 중심점이라고 할 수 있다. 세계지도로 말하자면, 북위와 남위의 90° 직선상에 있으며, 동서 경선이 남북에서 모이는 한 점, 바로 그 지점이다.

그러나 이것만으로는 지구상의 극점을 알게 되었다고 할 수는 없다. 왜냐하면 지구의 자력으로 시선을 돌려 이 별을 하나의 커다란 자석이라고 생각한다면, 자극磁極이 있는 지점은 지도 위에 표시되는 북극점, 남극점과는 다르기 때문이다.

예를 들어 등산이나 트레킹을 가면 지도와 나침반에 의지하여 목적지를 찾는다. 범위가 좁은 지도라면 별문제 없는데, 그 규모가 지구쯤 되면 이야기는 달라진다. 나침반이 가리키는 북쪽을 따라 무

• 지리적 관점

북극점

북극해의 가운데이자 지구의 가장 북쪽, 북위 90° 지점을 말한다.

남극점

남극해의 가운데이자 지구의 가장 남쪽 남위 90° 지점을 말한다.

• '지구 = 자석'이라는 관점

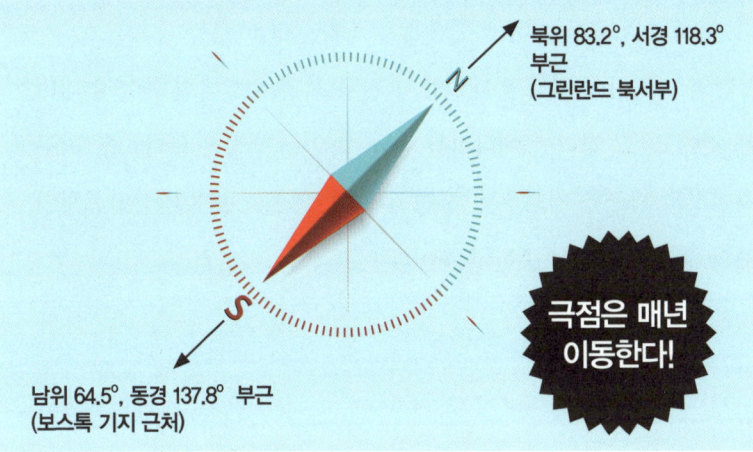

북위 83.2°, 서경 118.3° 부근
(그린란드 북서부)

남위 64.5°, 동경 137.8° 부근
(보스톡 기지 근처)

극점은 매년 이동한다!

작정 간다면, 현재의 지도상에 북위 83.2°라고 표시된 곳에 도달하게 될 것이다.

막대자석의 중간을 실로 묶어 매달았을 때 자석의 N극이 수직으로 지면을 향하게 되는 지점이 있다. 이것이 곧 북자극北磁極으로, 지구라는 자석의 S극 지점이다. 그렇다면 남자극南磁極은 항상 북자극의 반대편일 것으로 생각하겠지만 그렇지 않다. 남자극은 현재 남위 64.5° 지점에 있는데, 남극 동부 해발 3,488m 지점에 위치한 러시아의 보스톡 기지 인근으로 지구상에서 가장 추운 곳이다.

북자극도 남자극도 언제나 정해진 위치에 있는 것이 아니라 늘 이동한다. 최근 50년 동안만을 보아도 위도 10° 가까이 움직였다. 이와 같이 자석의 성질을 갖는 지구는 자기장을 갖는데, 이 자기장 덕분에 지구상의 모든 생물이 생존할 수 있다. 자기장이 태양풍을 막아주기 때문이다. 태양풍이란 태양이 뿜어대는 강력한 에너지 바람으로, 엄청난 양의 전자와 양성자 등으로 이루어진 강한 방사선이다. 태양풍의 속도는 지구 주변에서 초속 450km이다.

만약 자기장이 없다면 태양풍이 지구 표면으로 직접 쏟아져 내려올 것이고, 그 강력한 에너지를 견딜 수 있는 생물은 없다. 즉, 지구 자기장은 지구를 지켜주는 '투명 우산'으로, 물·공기만큼이나 생명체의 생존을 위해 소중한 존재이다.

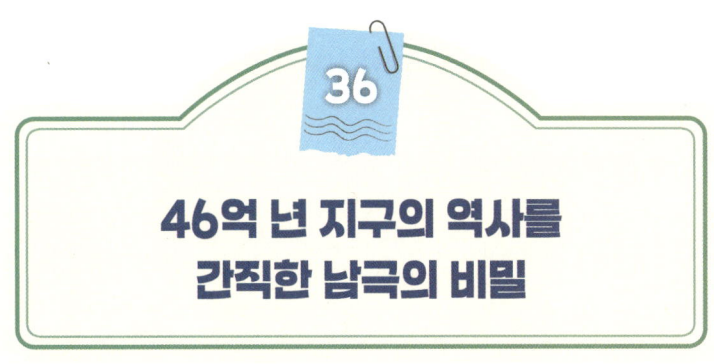

46억 년 지구의 역사를
간직한 남극의 비밀

지금은 두꺼운 얼음에 뒤덮여 하얀 대륙이 되어버린 남극도 과거에
는 오스트레일리아 대륙과 남미 대륙 등과 이어져 있던 곤드와나
대륙Gondwana land이었다. 그러나 지구의 초창기에 판 운동으로 분열
하고 이동하여 지금의 위치로 정착했다.

대륙에서는 생물이 탄생하고 진화를 반복하면서 2억 년 가까운
역사를 거쳐 인류가 등장하고 현재에 이르렀다. 지구의 역사에 비
하면 인류의 역사, 하물며 문명의 역사는 아무것도 아니다. 남극은
기나긴 지구의 역사를 그 누구에게도 침범당하지 않고 지금까지 계
속 그 땅에 새겨왔다. 영토와 권력을 둘러싸고 인류가 전쟁을 반복
하고 있을 때도 남극은 관심권 밖이라 꾸준히 역사를 매장해 온 것
이다.

그 어느 나라의 영토도 아닌 남극 대륙은 인류의 재산이 되어 각

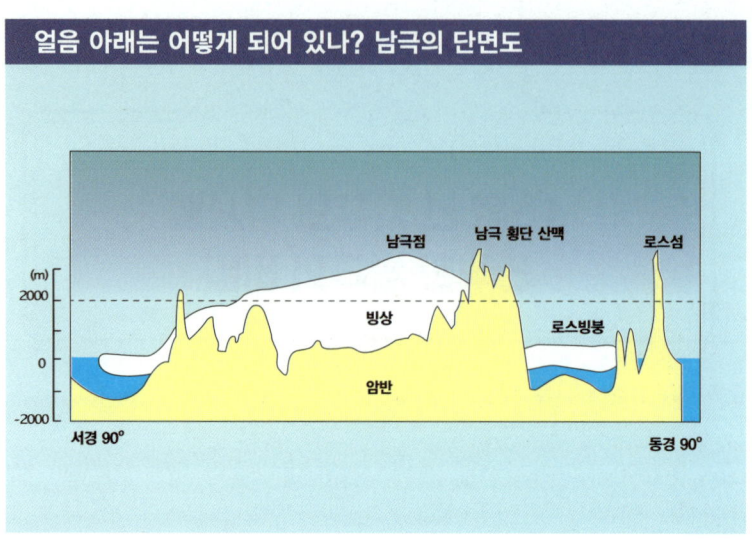

얼음 아래는 어떻게 되어 있나? 남극의 단면도

국의 조사와 탐험이 활발하게 이루어지고 있다. 남극의 땅은 지구의 미래를 결정할 열쇠이기 때문이다. 지질 조사 결과에 따르면 지하에는 석탄과 석유, 천연가스 등 에너지원이 매장되어 있고, 이 밖에도 풍부한 광물 자원이 있다고 한다. 또한 동식물의 생태 조사와 연구에서는 '물'이 지구와 생물에게 미치는 영향이 확인되고 있다.

남극의 얼음에서도 중요한 데이터를 얻을 수 있다. 오랜 시간 갇혀 있던 눈덩이가 각각 중요한 시기의 지구 환경을 기록하고 있기 때문이다. 곤드와나 대륙이었던 시대의 암반 위에 쌓인 눈이 그대로 지금까지 얼어붙어 있는 설원을 파내 눈 속에 함유된 성분을 측정하는 실험이 진행되고 있다. 설원의 지하 깊은 곳은 1,000m나 되며, 그곳에는 10만 년 전 대기 속에 포함되어 있던 이산화탄소량을

남극의 펭귄들, 2006년, 사진 Giuseppe Zibordi, W-C(독일)

측정할 수 있는 흔적이 남아 있다. 이는 환경 오염과 지구 온난화가 심각해진 오늘날, 문제 해결의 큰 힌트를 준다고 한다. 왜냐하면 당시에는 자연 파괴도 없었고, 인간의 영향은 거의 받지 않던 시대였기 때문에 자연 그 자체의 이산화탄소 조정 작용을 파악할 수 있기 때문이다.

'온고지신溫故知新'이라는 말이 있다. 세계의 모든 나라가 과거를 알게 됨으로써 지구와 인류의 새로운 미래 지도를 그릴 수 있는 기준이 바로 남극인 것이다.

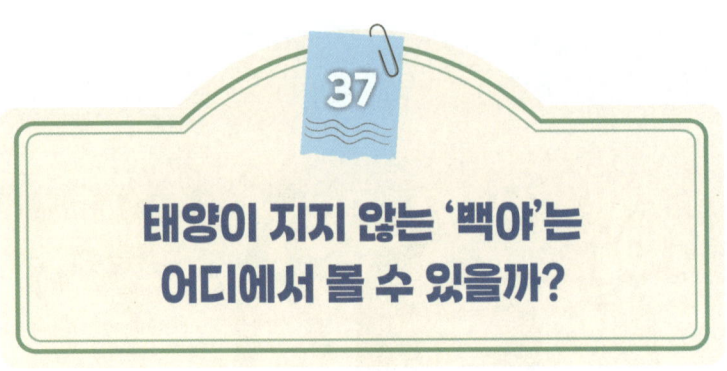

37

태양이 지지 않는 '백야'는
어디에서 볼 수 있을까?

'백야白夜, white night'란 태양이 하루 종일 지평선 위에 머물면서 지지 않는 현상을 말한다. 어디까지나 '밤'이기 때문에, 해가 떠 있다고 해서 하루 종일 낮인 것은 아니다.

백야 현상이 나타날 때 태양의 움직임을 보면, 정오에는 남쪽 하늘에 있다가 서서히 서쪽으로 기울면서 낮은 곳으로 위치를 바꾼다. 그러다 한밤중이 되면 북쪽 하늘 지평선 위로 떠오른다. 거기에서 다시 동쪽으로 이동한 태양은 정오가 되면 다시 남쪽 하늘에서 빛을 발하며 이 활동을 반복한다.

한마디로 지구 머리 위에서 빙빙 맴돌며 원주 운동을 하고 있는 것처럼 보이는 것이다. 태양이 지평선과 맞닿는 곳을 아슬아슬하게 지나는 한밤에도 햇살은 옅은 밝기로 지상을 비춘다. 이것 때문에 백야를 '한밤의 태양the Midnight Sun'이라고도 한다.

백야를 볼 수 있는 지역

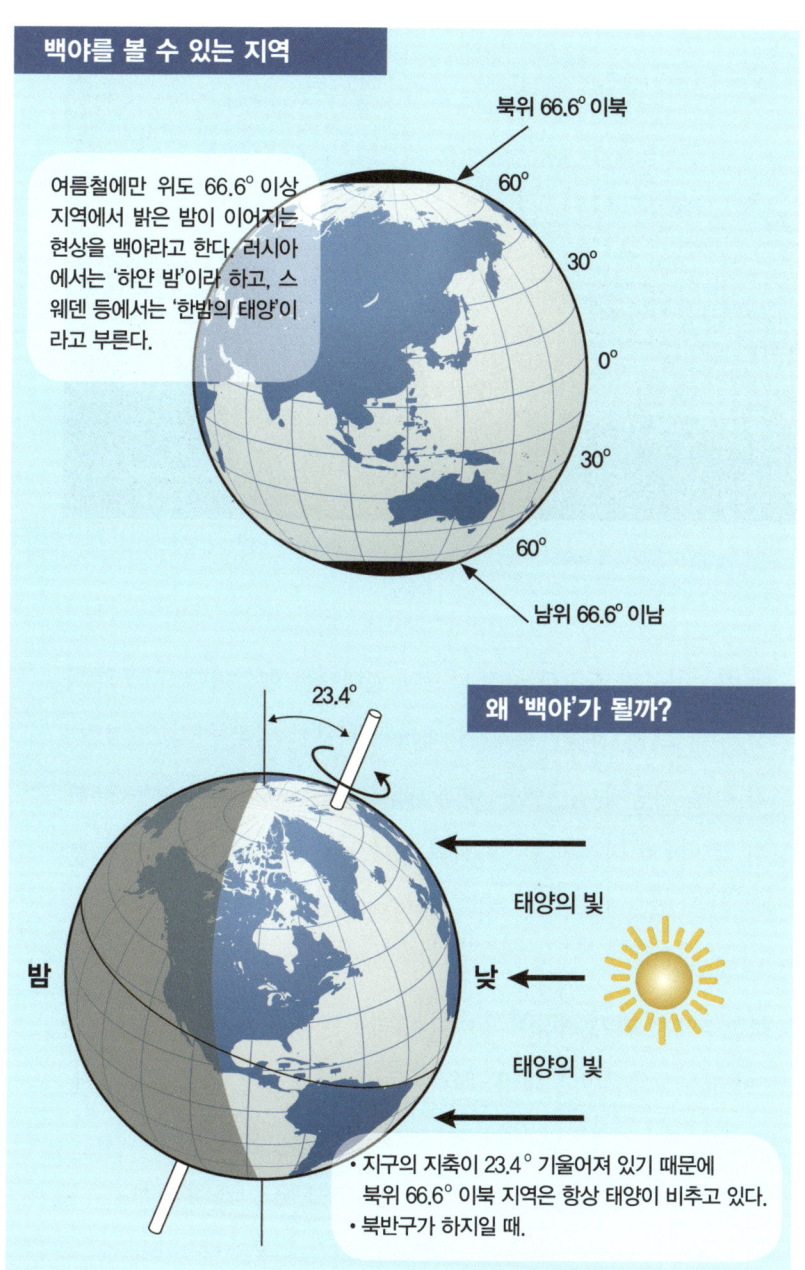

여름철에만 위도 66.6° 이상 지역에서 밝은 밤이 이어지는 현상을 백야라고 한다. 러시아에서는 '하얀 밤'이라 하고, 스웨덴 등에서는 '한밤의 태양'이라고 부른다.

북위 66.6° 이북

60°

30°

0°

30°

60°

남위 66.6° 이남

23.4°

왜 '백야'가 될까?

밤

낮

태양의 빛

태양의 빛

- 지구의 지축이 23.4° 기울어져 있기 때문에 북위 66.6° 이북 지역은 항상 태양이 비추고 있다.
- 북반구가 하지일 때.

노르웨이 노르카프곶의 자정 모습, 2003년, © Yan Zhang, W-C

백야는 지구의 자전과 공전 때문에 일어나는 현상이다. 지구의 자전축은 약 23.4° 기울어져 있기 때문에 지구가 아무리 자전해도 위도가 높은 지방에서는 여름 내내 태양의 빛이 사라지지 않는다. 태양이 정면에서 비추면 낮, 자전의 영향으로 태양이 비추지 않는 방향에 있을 때는 밤이라는 지극히 평범한 하루의 차이가 발생하지 않는 것이다.

북반구에서 백야 현상이 일어나는 범위는 북위 66.6° 이북 일대라고 한다. 이 계산법에 따라 백야를 더욱 상세하게 관찰할 수 있는 장소로 알려진 것이 노르웨이의 노르카프Nordkapp곶이다.

북위 71.2°에 위치하는 이곳은 하지를 중심으로 5월 중순부터 7월 말까지 3개월 가까이 백야가 이어진다. 북극해 쪽으로 튀어나온 지형을 지닌 노르카프곶은 해발 367m의 절벽이다. 여름이면 한여름의 로맨틱한 추억을 만들기 위해 전 세계에서 관광객들이 몰려오는 유명한 곳이기도 하다.

'백야'라고 하면 북극권의 백야만 유명해졌는데, 사실 지구 반대쪽의 극지, 남극에도 당연히 백야가 있다. 남반부에서 백야를 관찰할 수 있는 곳은 남위 66.6° 이남인데, 칠레 남부 지방이 많이 알려져 있다. 남극이 백야일 때 겨울인 북극의 하늘에는 하루 종일 태양이 모습을 드러내지 않는다. 아침부터 저녁까지 어두컴컴한 상태인 것이다. 이를 흑야黑夜 또는 극야極夜라고 한다.

그렇다면 한국에서는 낮과 밤의 시간이 똑같아지는 춘분과 추분 때 이곳에서 태양의 움직임은 어떨까? 놀랍게도 태양은 지평선 위를 동에서 서로 이동하고, 하늘의 모습은 하루 종일 아침노을 또는 저녁노을 상태가 이어진다. 이것은 극지에서만 경험할 수 있는 너무나 환상적인 광경이다.

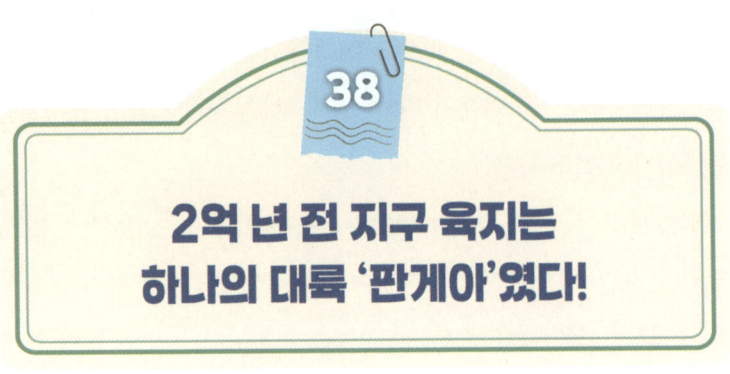

38

2억 년 전 지구 육지는
하나의 대륙 '판게아'였다!

지리적으로 한국과 가깝지만, 일본은 먼 이웃 나라이다. 지금은 대한 해협을 사이에 두고 갈라져 있지만 먼 옛날에는 일본 열도가 아시아 대륙과 육지로 이어져 있었다고 한다. 이것은 매머드와 공룡의 화석 출토를 근거로 하여 밝혀졌으며, 고고학에서는 기정사실로 받아들이고 있다. 일본 열도는 약 2,500만 년 전 유라시아 대륙에서 분열되었을 것으로 추정되고 있다.

이와 같은 시각으로 지구상의 육지를 살펴보면 실은 남북 아메리카 대륙을 비롯하여 유라시아 대륙과 아프리카 대륙, 그리고 멀리 떨어져 있는 오스트레일리아 대륙과 남극 대륙까지도 사실은 모두 하나의 거대한 대륙이었으며, 약 2억 년에 걸쳐 조금씩 분열하여 지금 대륙의 모습을 갖추게 되었다고 한다.

이 '대륙이동설'을 1910년대에 처음으로 주창한 것은 독일의 기

1억 8,000만 년 전의 판게아 대륙

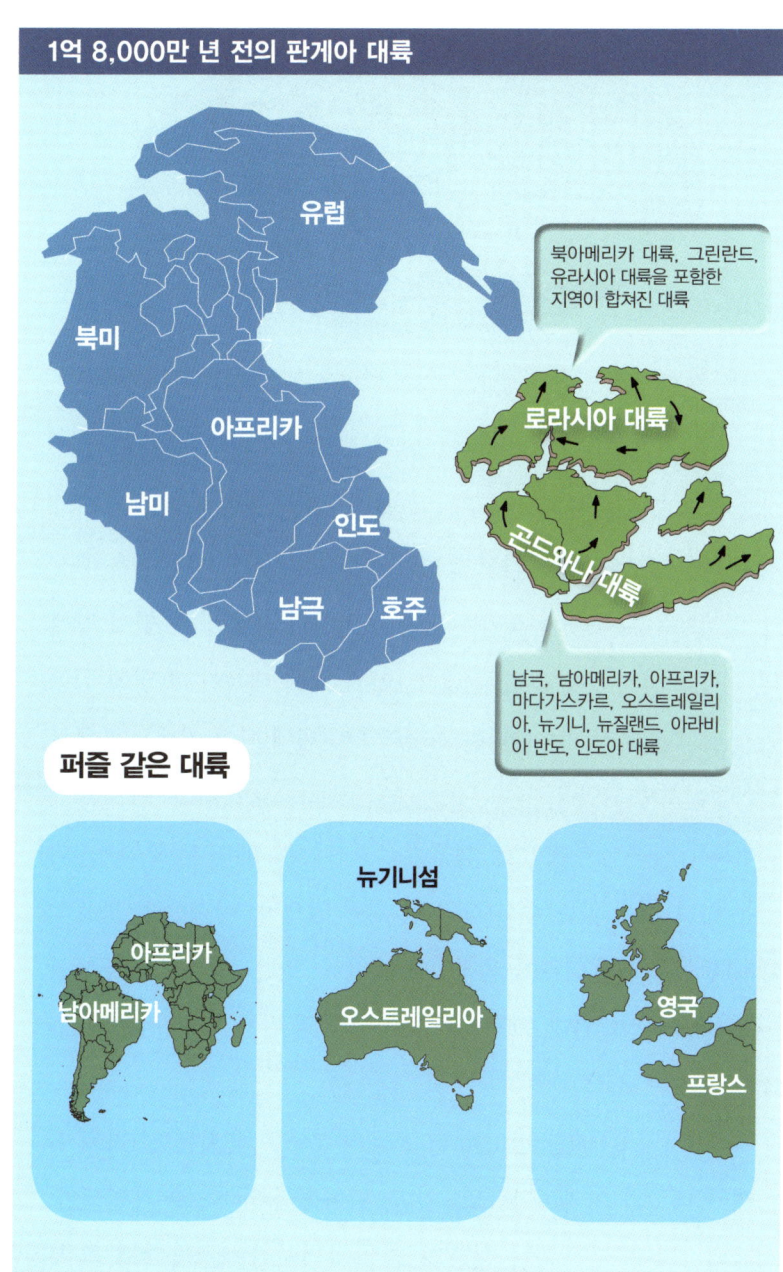

유럽

북아메리카 대륙, 그린란드,
유라시아 대륙을 포함한
지역이 합쳐진 대륙

북미

아프리카

로라시아 대륙

남미

인도

곤드와나 대륙

남극   호주

남극, 남아메리카, 아프리카,
마다가스카르, 오스트레일리
아, 뉴기니, 뉴질랜드, 아라비
아 반도, 인도아 대륙

퍼즐 같은 대륙

뉴기니섬

아프리카

남아메리카

오스트레일리아

영국

프랑스

2장   지구의 놀라운 현상과 비밀

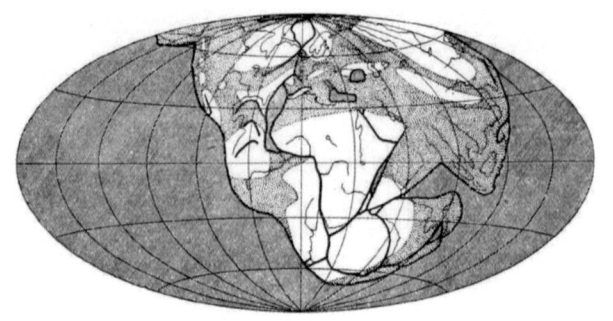

대륙 이동 이론의 창시자 알프레드 베게너가 자신의 이론을 설명하기 위해 만든 판게아 세계지도.
1929년, W—C

상학자 알프레드 베게너Alfred Wegener이다. 그는 초기의 커다란 하나의 대륙을 '판게아Pangaea'라고 불렀다. 베게너가 처음 이 학설을 주장할 당시에는 대륙을 움직이는 힘이 무엇인지 설명할 수 없어 학계의 인정을 받지 못했었다. 그러나 1950년대에 대륙이 그 밑에 있는 판을 타고 조금씩 이동했다는 사실이 확인됨에 따라 이제는 정설로 받아들여지게 되었다.

대륙은 지구 내부에 있는 맨틀mantle(지구의 핵을 감싸는 두꺼운 고체층)이라는 바다 위에 있는 수십 장의 판 위에 있으며, 이 판들은 맨틀의 대류 활동으로 끊임없이 움직인다고 한다. 판은 그 자체의 두께만 해도 100km 정도인데, 맨틀은 이것을 움직일 만큼 거대한 에너지인 것이다.

이렇게 1억 8,000만 년 전부터 조금씩 분리된 육지는 맨 처음 아프리카 대륙과 아라비아반도, 인도, 남아메리카, 오스트레일리아, 남극의 일부인 '곤드와나 대륙'과 일부 유라시아 대륙을 비롯해 북아메리카가 합체한 '로라시아 대륙'으로 분리되었다. 그렇게 판이 계속 이동하는 과정에서 대륙은 분열과 합체를 거듭했고, 그 과정에서 떨어져 나간 덩어리들이 작은 섬이 되기도 했다.

판과 맨틀의 존재도 모르던 베게너가 대륙이 한때 하나의 거대한 육지였다는 발상을 할 수 있었던 것은 다름이 아니라, 세계지도를 유심히 보았기 때문이다. 예를 들어 남아메리카 대륙 동해안의 튀어나온 부분과 아프리카 대륙 서해안의 움푹 들어간 부분을 맞추어보면 딱 들어맞는다. 그뿐만 아니라 오스트레일리아 북부 해안의 만 부분에 뉴기니섬 남쪽의 툭 튀어나온 부분을 꿰맞출 수 있다. 나아가 유럽의 프랑스와 영국의 그레이트브리튼섬의 해안선은 도버해협 부분에서 대칭을 이루고 있다.

이러한 사실을 발견한 베게너는 퍼즐 맞추기 하듯 육지의 조각들을 맞춰보고서 처음으로 판게아의 이론을 만들어 낸 것이다. 대륙이동설은 지층과 매장된 광물, 화석, 고지자기古地磁氣 등을 통해서도 사실임이 입증되고 있다.

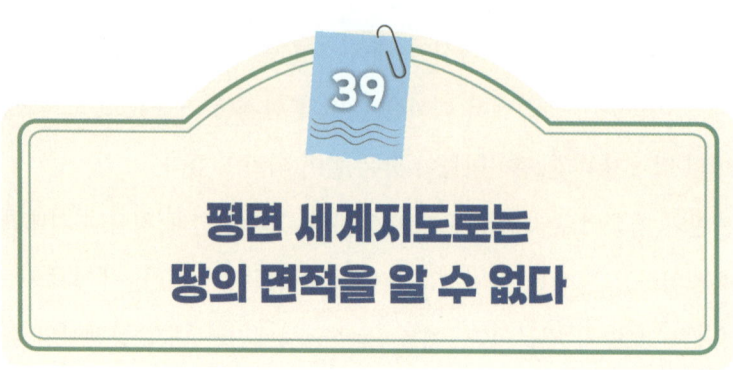

39

평면 세계지도로는
땅의 면적을 알 수 없다

한국에서 평소에 가장 많이 접하는 세계지도에는 한국이 중앙에 있고, 그 남동쪽에는 일본과 그 너머 태평양이 펼쳐지며, 서쪽으로는 유라시아 대륙과 아프리카 대륙이 있다. 그리고 가로와 세로가 직각을 이루며 경선과 위도가 그려져 있다면 그 지도는 메르카토르 도법Mercator's Projection에 따라 한국에서 만든 지도라고 할 수 있다(대개 지도를 만든 나라가 지도의 중앙에 그려진다).

이 지도를 초등학생 때부터 학교 교재로 사용하고, 나아가 해외여행을 떠날 때 참고하며 계속 들여다보다 보면 지도상의 크기가 각국의 크기일 것이라고 착각하기 쉽다.

아쉽게도 이 메르카토르 도법은 육지의 면적을 정확하게 나타낸 것이 아니다. 구체인 지구를 억지로 펼쳐서 사각형 안에 그렸기 때문에 적도를 중심으로 해서 남북으로 멀어짐에 따라 면적이 넓어지

람베르트 정적방위 도법
(면적을 올바로 표현한다)

몰바이데 도법
(분포도 등에 사용한다)

구드 도법
(오차가 적다)

메르카토르 도법
(위선이나 경선과의 각도가 직각을 이루는 항정선이 직선이며, 항해용 지도에 많이 쓰인다.)

미러 도법
(메르카토르 도법의 개량판으로 적도에서 멀어질수록 위선과 경선의 간격이 늘어나 극까지 그릴 수 있다.)

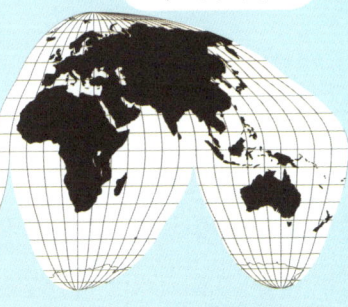

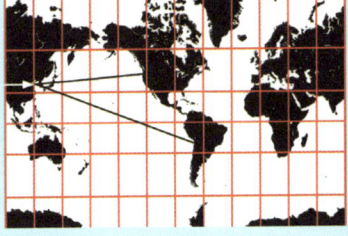

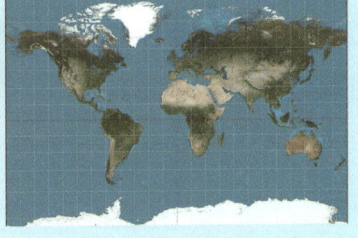

2장 지구의 놀라운 현상과 비밀

네덜란드의 지리학자
메르카토르

독일의 수학자이자 천문학자인
요한 하인리히 람베르트

미국의 지리학자
존 폴 구드

며 오차가 발생하는 것이다.

특히 남북의 극점 같은 경우, 경선이 한 점에 모여야 하는 장소임에도 불구하고 180°로 펼쳐져 그려져 있다. 그러니 극점에서의 면적의 오차는 매우 크다. 그러나 이 도법은 지구상의 모든 점에서 경도와 위도가 교차하는 각이 정확하여 각도가 바르게 표시되어 있다. 그 때문에 이 지도는 해상지도와 항공지도로 사용한다.

결국 국토와 해양의 크기를 정확한 비율로 보고 싶다면 아직은 지구본을 보는 것이 정확하다. 그러한 관점을 배려한 지도가 바로 람베르트 정적방위 도법Lambert's Donformal Projection에 따른 지도이다. 이 도법은 책상 위에 지도를 펼쳐보아도 면적을 올바르게 판단할 수 있도록 원을 그리고, 그 안에 북극 상공에서 지구를 내려다본 시각으로 그린 것이다.

또한 가급적 오차를 줄이기 위해, 마치 지구본에 그려진 지도에서 바다 부분만 빼고 그대로 옮겨놓은 것 같은 형태의 구드 도법Goode's Projection 지도도 있다. 나아가 극점을 정하고 적도 부분을 옆으로 펼친 타원형 지도인 몰바이데 도법Mollweide's Projection으로 만든 지도도 있다. 이 지도는 면적의 비율이 정확하여 인구 분포와 삼림 분포 등을 표시할 때 사용한다.

그 밖에도 지구를 둥글게 그린 정사正射 도법, 평사平射 도법, 심사心射 도법, 평면상에 그려진 원통 도법과 원뿔을 펼친 형상의 원추 도법 등 투영법에 따라 여러 가지 종류로 분류된다.

평면지도로 입체적인 지구를 표현하는 것은 불가능한 일인지도 모른다. 그러나 지리학자들의 끊임없는 노력 끝에 지금까지 다양한 평면도를 고안해 냈다. 그 공적을 치하하기 위하여 지도 투영법의 이름은 그 특징이 아니라 고안한 사람의 이름이 붙는 경우가 많다.

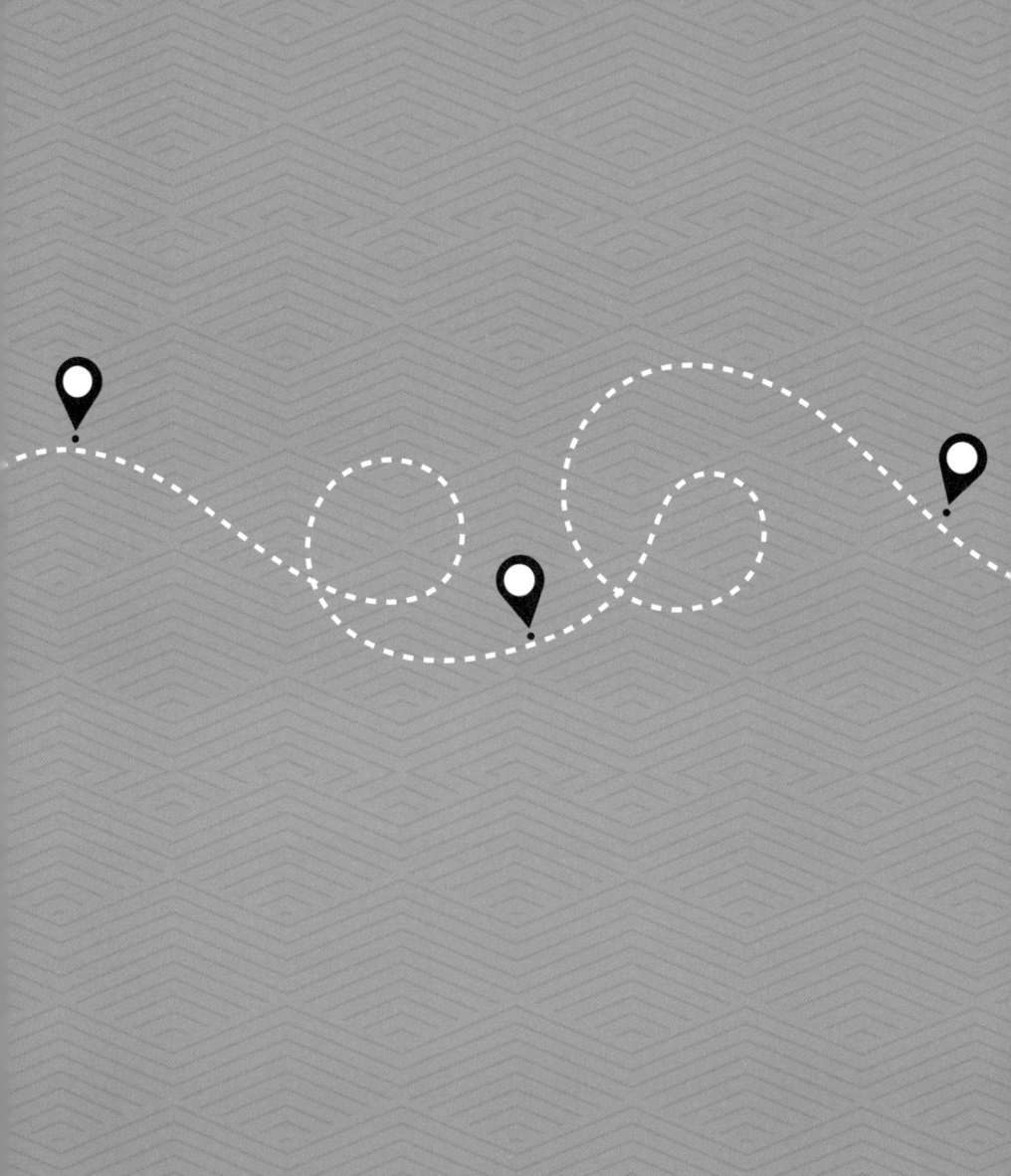

3장

재미있는 땅,
이상한 기후

사막의 나라 튀르키예와 이란도 영하로 내려간다?

태양이 작열하는 뜨거운 사막의 나라라는 인상이 강한 나라 튀르키예와 이란. 그러나 사막이 많은 서아시아 일대에서도 때로는 기온이 영하로 내려가기도 한다.

우선 튀르키예를 보자. 북위 40°에 근접한 고원 도시인 수도 앙카라는 지중해성 기후이지만, 겨울의 추위는 매서워서 영하 25℃를 기록한 예가 있다. 겨울에는 유독 비가 많이 내리고, 눈이 내리는 것도 드문 일이 아니다. 그런가 하면 여름에는 최고 기온 37.8℃까지 올라간 경우도 있다. 그러나 공기가 건조하기 때문에 습도가 높아서 후덥지근한 한국의 여름보다 훨씬 쾌적하다.

튀르키예 국내의 기후는 크게 4가지 유형으로 나뉠 수 있다. 우선 흑해 연안은 여름에는 덥고 겨울에는 온난하며 비교적 강수량이 많은 편이다. 중부 아나톨리아(내륙 고원 지방)는 여름에는 덥고 건조하

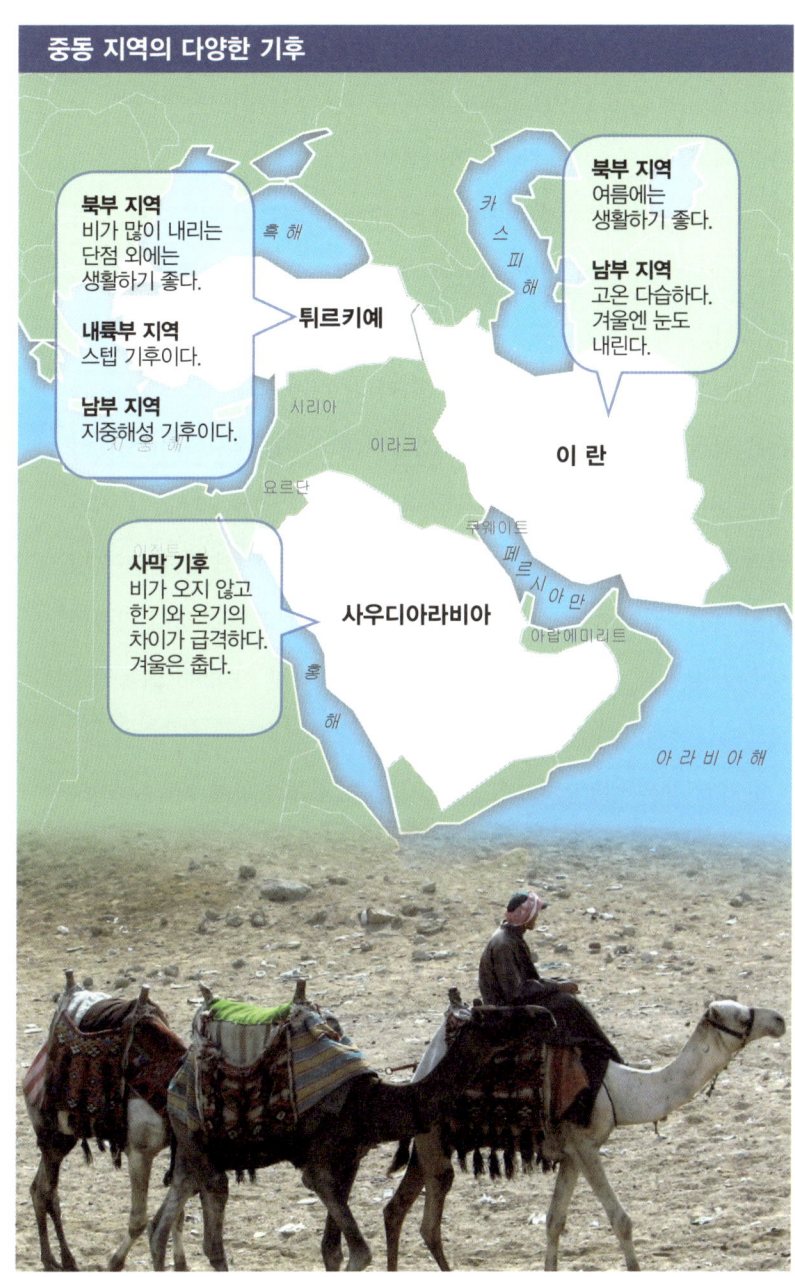

북부 지역
비가 많이 내리는
단점 외에는
생활하기 좋다.

내륙부 지역
스텝 기후이다.

남부 지역
지중해성 기후이다.

흑 해

카스피해

튀르키예

북부 지역
여름에는
생활하기 좋다.

남부 지역
고온 다습하다.
겨울엔 눈도
내린다.

시리아

이라크

이 란

요르단

쿠웨이트

페르시아만

사막 기후
비가 오지 않고
한기와 온기의
차이가 급격하다.
겨울은 춥다.

이집트

홍 해

사우디아라비아

아랍에미리트

아 라 비 아 해

지만, 겨울은 혹독하게 춥다. 그런가 하면 동부 아나톨리아(산악 지방)는 겨울이 길고 눈이 내리며 매우 춥지만, 여름철에는 지내기 좋다. 지중해성 기후인 남동부 아나톨리아는 여름은 덥고 건조하지만, 겨울은 온난하며 강수량이 많은 편이다. 튀르키예의 어느 지역이든 여름에도 밤이 되면 기온이 내려가므로 외투가 필요할 경우도 있다.

이란의 수도 테헤란의 기후는 앙카라와 비슷하다. 여름의 평균 기온은 한국보다 5~6℃ 정도 낮고 겨울에는 5~6℃ 정도 높아 따뜻하다. 하지만 강수량이 많은 겨울의 최저 기온은 영하 20.5℃를 기록하기도 했다. 1월 평균 최저 기온은 영하 2.8℃, 한 해 평균 눈이 내리는 날은 9일이며, 지붕 위에 쌓인 눈을 쓸어내리는 풍경이 겨울의 정취를 경험할 수 있는 장면이라고 한다. 테헤란 북쪽에 있는 엘부르즈Elburz산맥에서는 스키도 탈 수 있다.

하지만 같은 이란일지라도 페르시아만 기슭 지역의 기후는 전혀 다르다. 페르시아만 기슭 지역의 기온은 겨울에도 15~20℃ 정도로 매우 쾌적하지만, 여름에는 40℃ 이상을 넘나드는 고온다습한 지역이다. 북쪽 카스피해 연안의 경우에도 여름에는 20~25℃로 지내기 좋지만, 겨울에는 기온이 영하로 내려간다. 채소 가게 앞 노점상에 1년 내내 노지露地에서 재배한 수박과 멜론 등이 진열되어 있어 지역에 따라 기후가 다양한 이란다운 풍경을 보여준다.

같은 서아시아 지역인 요르단은 사막 지대에 속하지만, 수도 암만의 기후는 매우 쾌적하다. 그곳의 여름에 해당하는 5~10월의 평균 기온은 23℃인데 최고 기온은 40℃ 이상을 기록하기도 했다. 하지만 비가 전혀 안 내리고 건조하기 때문에 햇살만 피한다면 그다지 덥다는 느낌은 없다. 한편 겨울인 12~2월의 평균 기온은 9℃까지 내려가며, 비가 많이 내리고 눈이 올 때도 있다.

같은 요르단이라도 밸리와 남부 지역은 겨울에는 따뜻하고 쾌적하지만, 여름은 혹서의 계절이다. 그러나 연간 강수량은 밸리가 약 20mm이며, 남부는 50mm 이하로 지역에 따른 강수량의 차이가 눈에 띈다.

이렇게 보면 서아시아라고는 해도 지역과 주변 환경에 따라 기후는 천지 차이다. 또한 전체적으로 건조하기 때문에 일교차가 매우 크고, 여름일지라도 해안 지역이나 고지대는 의외로 기온이 그렇게 높지 않은 것이 특징이다.

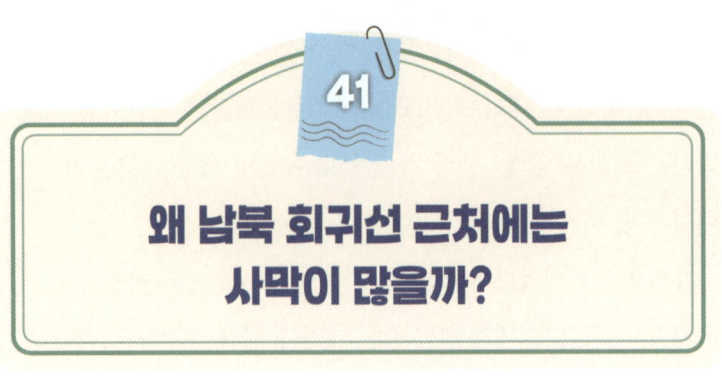

왜 남북 회귀선 근처에는
사막이 많을까?

아프리카의 자연환경은 각양각색이다. 적도가 지나는 아프리카 대륙 중앙 부분은 열대 기후이며, 적도에서 떨어진 곳은 사막 등의 건조 기후이고, 대륙의 남북 양단과 일부 고원 지대에서는 온대 기후가 나타난다.

아프리카 대륙에는 두 개의 대표적인 사막이 있다. 하나는 북위 23° 부근에서 동서 방향으로 넓은 허리띠처럼 펼쳐진 사하라 사막이며, 또 하나는 남위 23° 부근의 내륙부에서 드넓게 펼쳐져 있는 칼라하리 사막이다. 세계지도를 펼쳐서 보면 보다 확실하게 구분할 수 있는데, 이 위도는 적도를 사이에 두고 위도 23.27°에 위치하는 남북 회귀선과 거의 같은 위치이다.

이와 비슷한 현상을 볼 수 있는 곳이 바로 오스트레일리아 대륙이다. 이 대륙의 그레이트샌디 사막과 그레이트빅토리아 사막은 남위

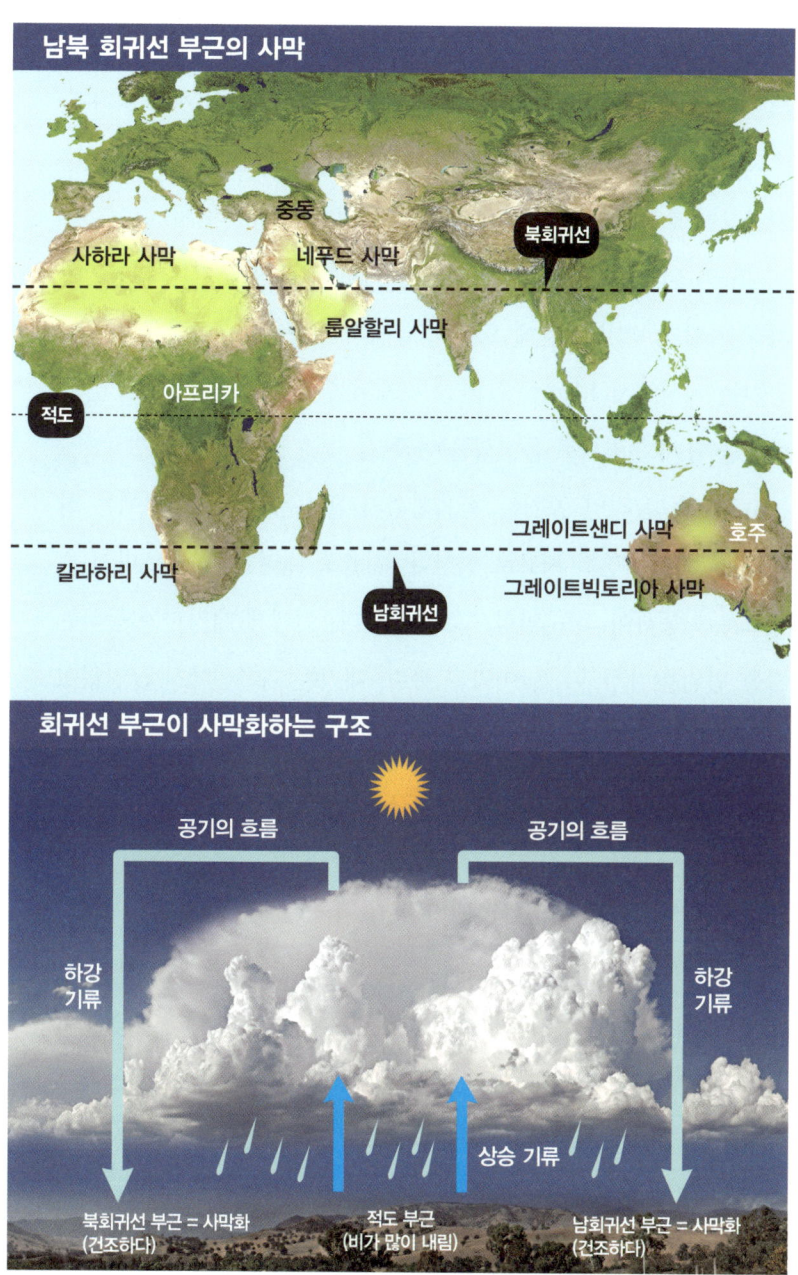

남북 회귀선 부근의 사막

중동
사하라 사막
네푸드 사막
북회귀선
룹알할리 사막
아프리카
적도
그레이트샌디 사막
호주
칼라하리 사막
남회귀선
그레이트빅토리아 사막

회귀선 부근이 사막화하는 구조

공기의 흐름
공기의 흐름

하강 기류
하강 기류

상승 기류

북회귀선 부근 = 사막화
(건조하다)

적도 부근
(비가 많이 내림)

남회귀선 부근 = 사막화
(건조하다)

3장 재미있는 땅, 이상한 기후

23.27°의 남회귀선을 사이에 두고 있다. 또 아라비아반도에는 네푸드 사막과 룹알할리 사막이 북회귀선을 사이에 두고 펼쳐져 있다.

그렇다면 왜 회귀선 근처에 이렇듯 사막이 많은 것일까? 이것은 지구상에 흐르는 대기의 움직임과 깊이 연관되어 있다.

지구의 남북 양극에서 90° 떨어진 적도 부근의 공기는 태양열을 가장 가깝게 받기 때문에 뜨겁게 달궈져 상승한다. 이렇게 상승한 공기는 지상에서 10km쯤 올라간 곳에서 상승 작용을 멈추고, 남북 방향을 향해 수평으로 움직임을 바꾼다.

수평으로 움직인 공기는 회귀선까지 흘러온 다음, 이번에는 하강 기류로 바뀌면서 지표로 향한다. 지표로 내려온 공기는 다시 수평으로 이동하여 적도 방향으로 이동한다. 이렇게 대기가 이동하는 활동 범위를 대류권對流圈이라고 하며, 대기는 대류권에서 끊임없이 이동하며 기상 현상을 발생시킨다.

이 대류권에서 이동하는 대기 속에 함유된 수증기의 양이 지표에 변화를 일으킨다. 적도 부근에서처럼 상승 기류가 발생하는 곳에서는 저기압이 되어 많은 비가 내리고, 열대우림 기후가 된다. 아프리카 기니만에서 콩고 분지에 걸친 적도 부근에서는 연간 2,000mm나 되는 비가 내리는 경우도 많다. 이러한 기후는 카카오 등을 경작하는 데 큰 도움이 된다.

반대로 회귀선 부근의 하강 기류는 고기압을 형성하기 때문에 공기가 언제나 건조하다. 때문에 지표는 바싹 마르고 열대우림에서 건기와 우기의 구별이 뚜렷한 사바나 기후와 반 건조 지역인 초원의 스텝 기후로 기후대가 바뀌며 강우량도 1,000mm 이하로 줄어드는 등 사막화가 진행된다. 사하라 사막과 칼라하리 사막의 연간 강우량은 250mm 이하가 보통이다.

이 밖에도 무분별한 관개 농업, 산림 훼손, 환경 오염 등 인위적인 요인도 사막화에 큰 영향을 미치고 있다.

'죽음의 계곡'으로 불리는 미국의 '데스밸리'

미국 캘리포니아주 로스앤젤레스에서 북동 방향으로 320km 떨어진 곳에 '데스밸리Death Valley'라는 사막 지대 계곡이 있다. 번역하면 '죽음의 계곡'이라 하겠다. 이름만 들어도 오싹하다.

이러한 지명이 붙은 것은 골드러시 시대였던 1849년의 에피소드로 거슬러 올라간다. 당시 캘리포니아에 금광을 찾으러 왔던 한 무리의 사람들은 이 계곡에서 길을 잃었고, 결국 혹독한 더위와 갈증에 못 이겨 무리 가운데 여러 명이 목숨을 잃고 말았다. 그때부터 이곳을 '데스밸리'라고 부르게 되었다고 한다.

데스밸리는 북위 36~37°로 위도가 낮은 곳은 아니지만, 여름이면 섭씨 55℃를 넘는 경우도 종종 있다. 기록된 최고 기온이 58.3℃이다. 밤이 되어도 38℃ 이하로 내려가는 일이 없는 초열대야 지대인 것이다.

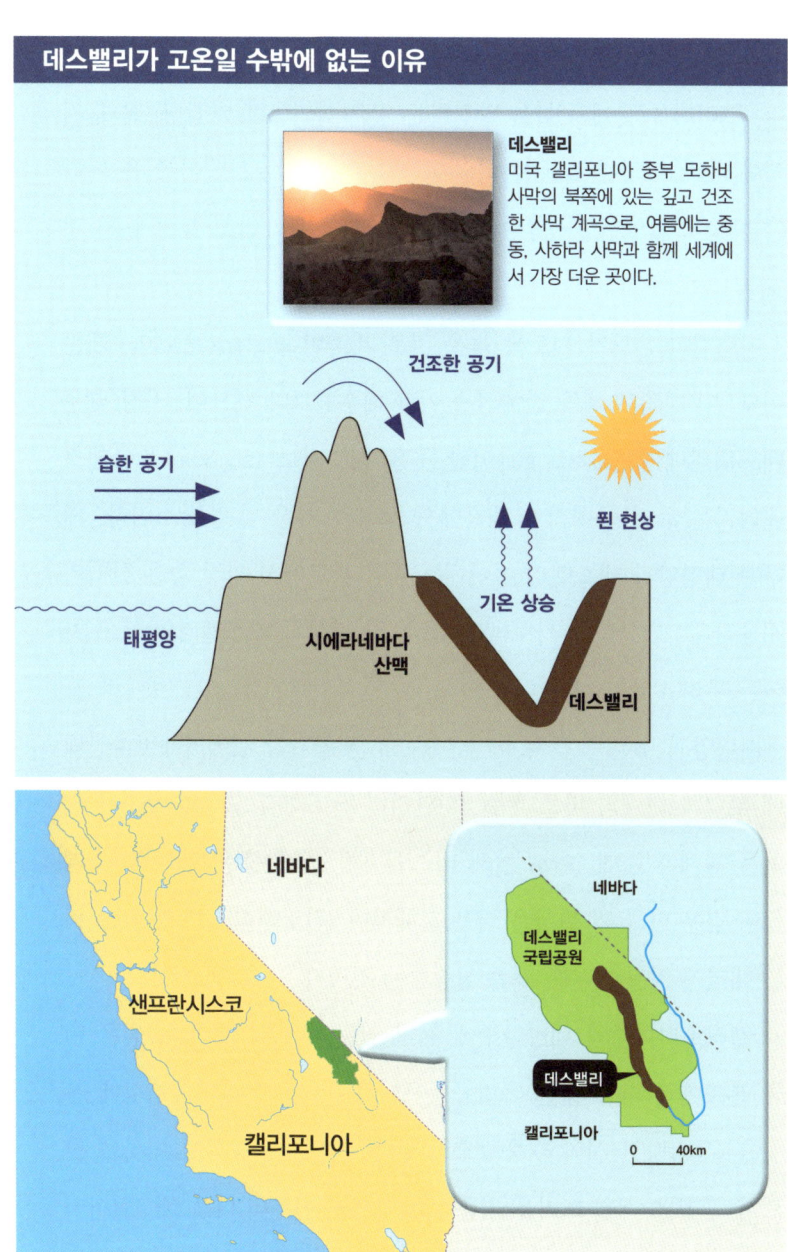

데스밸리가 고온일 수밖에 없는 이유

데스밸리
미국 갤리포니아 중부 모하비 사막의 북쪽에 있는 깊고 건조한 사막 계곡으로, 여름에는 중동, 사하라 사막과 함께 세계에서 가장 더운 곳이다.

건조한 공기

습한 공기

푄 현상

기온 상승

태평양

시에라네바다 산맥

데스밸리

네바다

샌프란시스코

캘리포니아

네바다

데스밸리 국립공원

데스밸리

캘리포니아

0   40km

좀처럼 비도 내리지 않기 때문에 연 강수량은 50mm도 채 안 된다. 그러니 이곳에서 물을 발견하는 일은 불가능에 가깝다. 온대 지역에 설마 이렇게 혹독한 더위가 기승을 부리는 사막이 있을 거라곤 예상치 않았던 사람들이 이 지역을 '데스밸리'라고 부르게 된 것도 무리가 아니다.

데스밸리 온도가 이토록 높은 것은 계곡의 표고標高(해발고도) 때문이다. 이 지역은 계곡 전체의 높이가 해수면보다 낮으며, 가장 낮은 배드워터베이슨Badwater Basin이란 곳은 해수면보다도 86m나 아래로 내려가는 등 북아메리카 대륙에서 표고가 가장 낮은 장소이다. 게다가 태평양과 데스밸리 사이에는 미국 본토에서 가장 높은 산맥인 시에라네바다산맥이 가로놓여 있다. 산 정상과 데스밸리의 표고 차이는 무려 4,500m나 된다.

태평양의 수분을 듬뿍 머금은 습기 찬 공기가 시에라네바다산맥에 부딪혀 대량의 비를 뿌린 후 완전히 건조해진 고온의 공기가 산맥을 넘게 되는데, 이로 인해 데스밸리에 '푄 현상'을 일으킨다. 계곡이 깊은 만큼 푄 현상은 더욱 강해지며, 건조해진 공기로 인해 비는 내리지 않고 기온은 계속 상승하는 것이다.

캘리포니아주와 네바다주에 걸쳐 있는 데스밸리 국립공원은 미국 본토에서 가장 넓은 국립공원이기도 하다. 마치 외계행성에 온 것 같은 삭막한 사막의 풍광으로 인해 수많은 관광객이 이곳을 찾으며, 주로 6~8월 뜨거운 여름철을 피해 11월부터 다음 해 3월까지 선선한 계절에 방문하기 좋다.

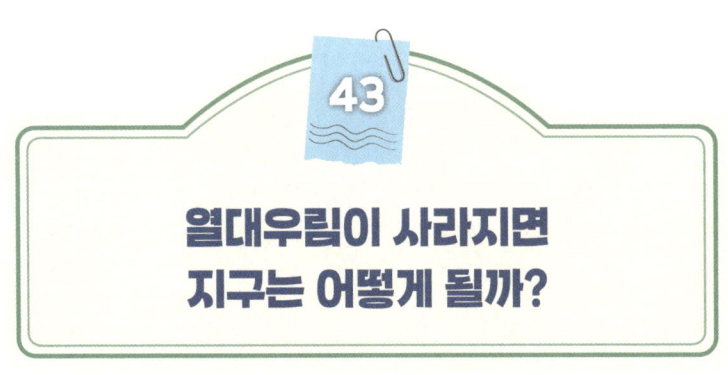

열대우림이 사라지면
지구는 어떻게 될까?

우리가 당면한 환경 문제 가운데 가장 심각하게 대두되고 있는 것 중의 하나가 '열대우림의 감소' 문제이다. 전 세계 산림의 면적은 1990년부터 2005년까지 15년 동안 연평균 76만ha씩 감소했다. 이 중 특히 눈에 띄는 것은 아프리카와 남미 지역의 산림 면적 감소로, 15년 동안 각각 447.3만ha와 607.9만ha가 감소했다.

아프리카는 콩고강 유역에, 남아메리카는 아마존강 유역에 세계에서 몇 안 되는 열대우림이 펼쳐져 있다. 즉 광대한 열대우림을 지닌 두 대륙의 산림이 집중적으로 사라지고 있는 것이다. 특히 아마존 우림이 지금 빠른 속도로 파괴되고 있는데, 매년 한반도 면적의 20%가량이 개발을 위해 벌목되거나 불태워지고 있는 실정이다.

열대우림이 파괴되는 주요 원인으로는 불법 벌목과 농경지 개간, 기후 변화, 광물 자원 채취 등 인구 증가와 경제 개발을 주범으로

콜럼비아의 아마존 우림, 2019년, © Richard Hardy, W–C

꼽는다. 그러나 한번 훼손된 열대우림의 생태계는 쉽게 복원하기 어렵기 때문에 기후협약 등 세계적인 차원의 대응과 예방 조치가 필요하다.

특히 아마존 우림은 지구상 열대우림의 절반 이상을 차지하는데, 아마존강 분지의 대다수를 차지하며 브라질(60%), 페루(13%), 콜롬비아(10%) 등 남아메리카 9개 국가에 널리 퍼져 있다. 아마존강은 세계에서 가장 긴 강일 뿐 아니라 지구상 동식물의 10% 이상이 서식하고 있는 생태계의 보고이기도 하다.

한편 아시아 지역의 산림은 증가했는데, 이는 중국의 대규모 조림 사업에 의한 것으로, 태평양에 걸친 적도 부근에 열대우림이 우거진 동남아시아에서는 도리어 산림 면적의 감소가 가속화되었다. 즉, 세계의 산림 가운데에서도 특히 열대우림이 위기에 처했다고 보아도 될 것이다.

전 세계의 열대우림을 모두 모아도 그 면적은 오스트레일리아 대륙보다 조금 큰 정도에 불과하다. 그러나 그것이 지구 규모의 대기 순환에 지대한 역할을 하고 있다. 울창한 나무들은 막대한 이산화탄소를 흡수해 지구 온난화 속도를 늦추고, 인류가 숨 쉬는 산소의 상당량을 생산한다. 그런 의미에서 세계 제1의 열대우림인 아마존을 '지구의 허파'라고 부르는 것이다.

또한 열대우림에서 증발하는 수분은 수증기가 되어 주변 지역과 세계 각지에 비를 뿌린다. 이 비가 사라진다면 지금까지 열대우림이었던 지역은 가뭄이 들 뿐만 아니라 지구 전체에 비가 부족해질 우려가 있다.

나아가 삼림이 감소하면 그만큼 광합성의 양이 줄어들며 이산화탄소가 증가한다. 이산화탄소는 지표에서 빠져나가려는 열의 방출 현상을 방해하고 기온을 높이는 활동을 하기 때문에 지구의 온난화를 가속하게 된다. 이런 상황에서 열대우림의 감소와 파괴 문제는 특정 지역이나 국가 차원을 넘어서 인류 전체가 해결해야 할 과제이기도 하다.

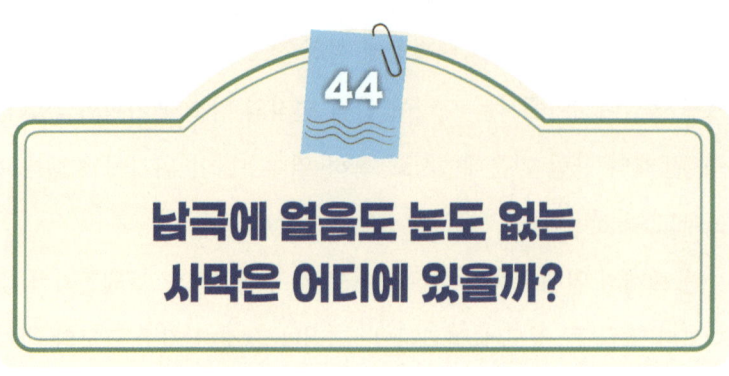

44

남극에 얼음도 눈도 없는
사막은 어디에 있을까?

남극에도 눈과 얼음이 덮여 있지 않은 검은 대지가 얼굴을 내밀고
있는 곳이 있다. 바로 드라이밸리Dry Valley라고 불리는 일대로, 속살
을 보이고 있는 대지 위에 강한 바람이 휘몰아치는 매우 건조한 곳
이다. 일반 대륙으로 치면 죽음의 계곡이라고 불러도 되겠다. 그곳
에 발을 들여놓는 순간 사람의 입술이 바싹바싹 마른다고도 하고,
1,000년 전에 살았던 물개의 미라가 발견되기도 했다고 한다.

이 건조한 골짜기는 빅토리아, 라이트, 테일러 이렇게 3개의 골짜
기로 이루어진 곳으로, 이 3개의 계곡이 평행선을 달리고 있다. 계
곡의 총면적은 15,000km² 정도이다. 그 가운데 약 4,000km²는 언제
나 강하게 불어대는 강풍으로 인해 내리는 눈도 날아가고 얼음도
얼지 못해 검은 땅이 그대로 노출되어 있을 정도이다.

폭이 대략 5~10km이며, 길이는 15~50km 정도인 드라이밸리를

남극의 맥머도 드라이밸리

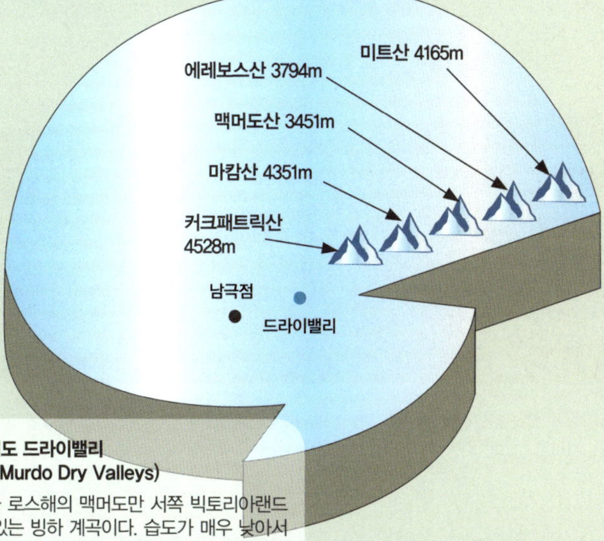

미트산 4165m
에레보스산 3794m
맥머도산 3451m
마캄산 4351m
커크패트릭산 4528m
남극점
드라이밸리

맥머도 드라이밸리 (McMurdo Dry Valleys)

남극 로스해의 맥머도만 서쪽 빅토리아랜드에 있는 빙하 계곡이다. 습도가 매우 낮아서 사막과 같고, 남극 지방이지만 눈과 얼음을 볼 수 없는 지역이다.

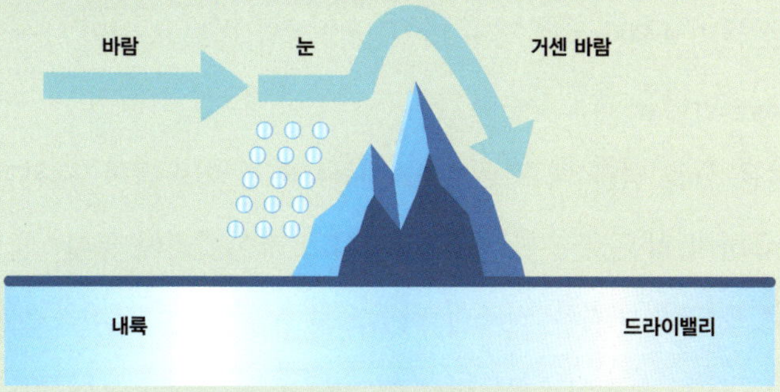

바람   눈   거센 바람

내륙   드라이밸리

내륙에서 부는 바람은 산을 넘을 때 눈을 흩뿌리고,
그 결과 건조한 바람이 되어 드라이밸리에 휘몰아친다.

맥머도 드라이밸리, 화성과 비슷한 환경을 가졌기 때문에 NASA(미항공우주국)는 화성 탐사를 위한 바이킹호를 발사하기 전, 여기에서 착륙 연습을 했다.

형성하고 있는 것은 북쪽 내륙 부분을 동서로 달리고 있는 남극 횡단 산지이다. 커크패트릭산, 마캄산, 에레보스산 등 3,000~4,000m급의 산들이 4,000km에 걸쳐 마치 병풍처럼 버티고 있어 내륙에서 불어오는 바람을 가로막는다.

바람은 산을 넘을 때 모든 눈을 내륙부로 떨어뜨리며, 수분을 전혀 함유하지 않은 건조한 강풍이 되어 드라이밸리에 분다. 맨살을 그대로 드러낸 대지는 건조한 바람으로 수분을 잃고 더욱 사막화한다.

드라이밸리에서는 추위와 상관없이 지구가 탄생했을 때부터 형성된 암석도 강한 바람을 맞고 침식이 진행되고 있어, 지구 생성 초기의 암석 채집이 용이하다. 그것은 지구 탄생의 비밀을 쥐고 있는 암석일지도 모른다.

대지에는 미생물만이 서식하고 있다. 드라이밸리의 미생물들은 속이 훤히 드러난 다공질多孔質의 암석 내부에서 은밀히 살며 수천 년 동안 생명을 유지하고 있다. 이 골짜기에 있는 호아호 바닥에서는 희귀한 생물 가운데 하나인 원시 조류藻類가 발견되었다. 지구상에서 가장 오래된 생물 가운데 하나로 여겨지는 종류라고 한다.

이렇듯 드라이밸리는 눈도 쌓이지 못하는 맨살을 드러낸 대지이기 때문에 지구의 태곳적 모습과 생물의 분포 등을 알 수 있는 귀중한 장소이다. 한국의 세종과학기지 등 세계 각국의 기지에서 이러한 남극의 신비를 벗기기 위한 연구가 진행되고 있다.

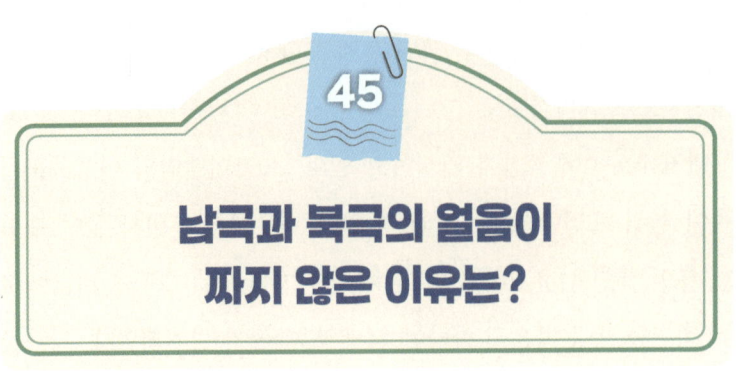

45

남극과 북극의 얼음이
짜지 않은 이유는?

남극의 얼음은 대부분 남극 대륙에서 만들어진 얼음이다. 남극해를 떠다니는 빙산도 육지에서 떨어져 나와 부유하고 있을 뿐, 바닷물이 얼어서 만들어진 것은 아니다. 그러므로 그것을 깨뜨려 컵에 넣고 녹은 물을 마셔도 짜지 않다. 그렇다면 이른 봄, 북극에서 떠내려오는 유빙은 어떨까?

북극에는 육지가 없다. 그래서 내린 눈이 쌓여 얼어붙어 버린 부분이 있다고 해도 일단 바닷물에 잠긴 부분은 분명 짠 바닷물이 언 것이다. 그렇다면 이 부분은 틀림없이 짠맛이 날 것으로 생각하기 쉽다. 하지만 아쉽게도 이 얼음 역시 짜지 않다.

왜냐하면 순수한 물만이 0℃에서 얼어붙기 때문이다. 바닷물에 함유된 물 분자가 얼어붙는 단계에서 아주 적은 양의 염분이 얼음 입자 사이에 갇히는 경우가 없지는 않겠지만, 있다고 해도 그것만

북극과 남극은 얼음 형성 과정이 다르다

북극의 얼음

바닷물이 얼어붙기 시작하면 먼저 빙정이라는 결정이 생긴다. 이때 담수 부분만 언다.

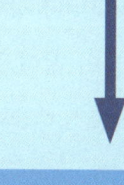

빙정은 바닷물에서 다시 염분을 제외한 담수만 얼리며, 거대한 얼음 덩어리로 성장한다.

남극의 얼음

남극의 육지 위에서 얼음이 형성된다.

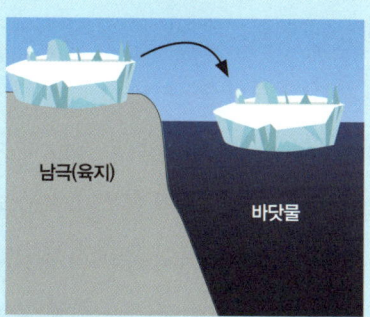

육지에서 만들어진 얼음이 바다로 흘러 들어가기 때문에 염분이 함유되어 있지 않다.

으로는 짠맛을 느낄 수 없는 아주 적은 양에 불과하다. 이는 실험으로 확인할 수 있다. 소금을 녹인 물이 얼어붙는 과정을 보면 처음에는 물만 얼기 시작하고, 아직 얼지 않고 남은 소금물은 처음의 농도보다 진해진다.

이와 비슷한 현상은 가정의 냉동실에서 주스를 얼릴 때도 볼 수 있다. 예를 들어 균일하게 얼어붙은 얼음 주스라고 생각하고 얼음을 입에 넣었을 때 입안에 퍼지는 것은 진한 과즙 성분뿐이고, 남은 덩어리는 그저 새하얀 보통 얼음이었던 경험을 한 번쯤 해보았을 것이다.

그렇다면 바닷물은 왜 염분을 함유하게 되는 것일까? 산에 내린 비가 강물이 되어 흐를 때까지 그 물은 분명 담수였다. 그러나 강에서 바다로 흐르는 과정을 거치며 토양에서 다양한 물질이 섞여 들어간다. 그 물질 속에는 물에 녹기 쉬운 나트륨 이온과 염소 이온이 함유되어 있는데 이들이 결합하여 염화나트륨, 즉 소금이 된다. 이것은 물속에서 안정적으로 존재할 수 있다. 그래서 화학 반응과 생물 활동에 따라 바닷물의 염분 농도가 크게 변화하는 일 없이 바닷물은 언제나 약 3.5% 전후의 염분 농도를 유지할 수 있는 것이다.

그럼에도 불구하고 강에서 유입하는 물의 양이 많은 지역, 또는 열대 기후인 탓에 물이 심하게 증발하는 지역 등의 바닷물은 다른 곳에 비하여 염분의 농도가 연하거나 진하다고 한다.

참고로 동해와 태평양은 다양한 강의 강물이 바다로 흘러 들어가고 증발도 급격하지 않기 때문에 염분의 농도는 비교적 연하다.

46

알래스카의 빙하는
왜 북쪽보다 남쪽에 많을까?

미국 알래스카주는 굳이 말하지 않아도 아는 북극의 땅이다. 토지의 3분의 1 이상이 북위 66.5° 이상인 '북극권'에 속하며, 약 5%가 빙하로 뒤덮여 있다. 그렇다면 이 알래스카 땅에서 빙하로 가장 많이 덮인 곳은 북부, 내륙, 남부 중 어느 지역일까?

일반적으로 눈과 빙하는 평지보다 산과 내륙, 저위도보다 고위도에 많다. 이 때문에 알래스카 역시 북부와 내륙 쪽에 빙하가 많을 것이라고 짐작하게 되는데 사실은 반대이다. 알래스카의 빙하는 대부분 남부에 집중되어 있다.

겨울철의 기온은 북부와 내륙 쪽이 더 낮다. 예를 들어 내륙에 위치하는 페어뱅크스와 남부 코디액의 1월 평균 최저 기온을 비교해 보면 페어뱅크스는 영하 22℃인데 비하여 코디액은 영하 1℃로 그다지 춥지 않다. 그런데도 어떤 이유에서인지 더 매섭게 추운 북부

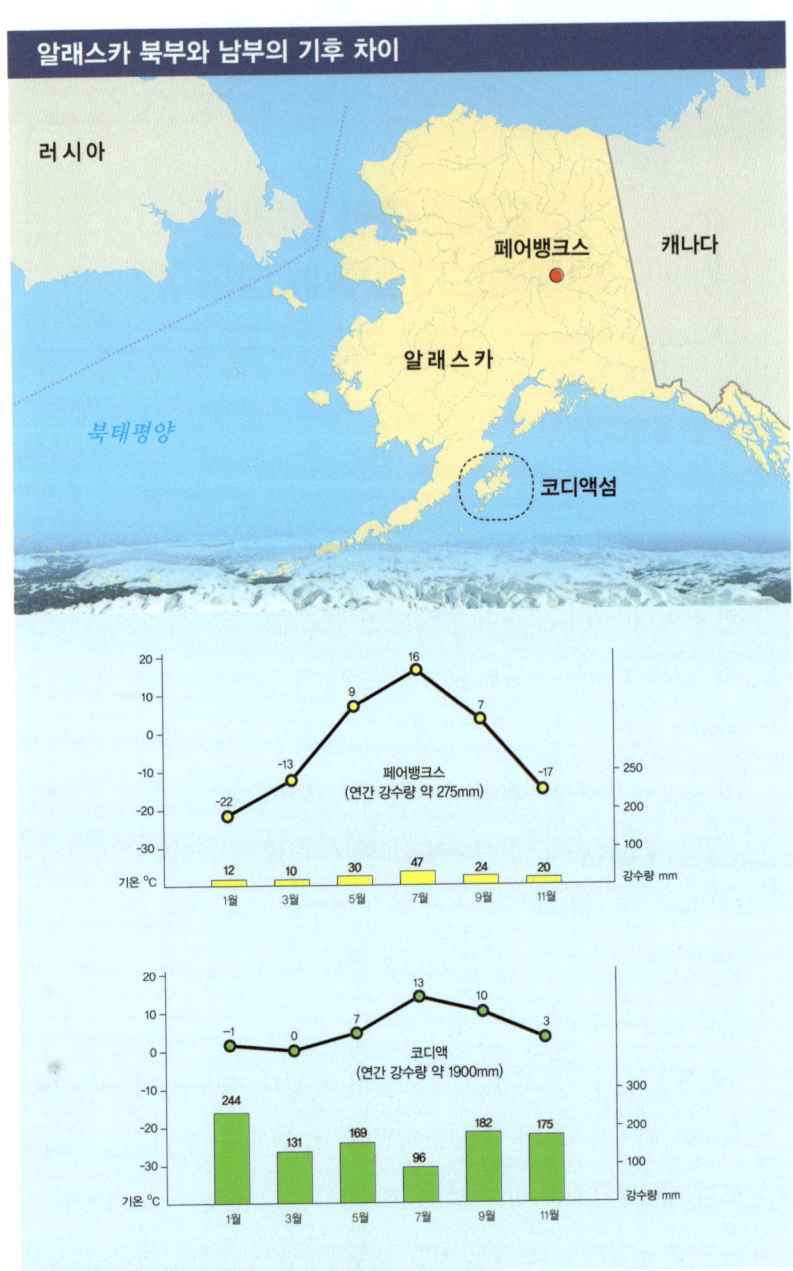

알래스카 북부와 남부의 기후 차이

러시아

캐나다

페어뱅크스

알래스카

북태평양

코디액섬

페어뱅크스
(연간 강수량 약 275mm)

기온 °C

1월	3월	5월	7월	9월	11월
12	10	30	47	24	20

강수량 mm

코디액
(연간 강수량 약 1900mm)

기온 °C

1월	3월	5월	7월	9월	11월
244	131	169	96	182	175

강수량 mm

기상천외 세계지도 지식도감

와 내륙보다 남부에 빙하가 더 많다. 그 원인은 바로 강수량의 차이에 있다.

큰 빙하가 만들어지려면 기온이 낮아야 할 뿐만 아니라 반드시 눈이 많이 내려야 한다. 그런데 강설량은 기온보다도 습도와 지형에 좌우된다. 즉 아무리 저온일지라도 공기가 건조하면 눈은 내리지 않고, 빙하도 발달하지 않는다.

알래스카 남부는 알래스카만에 흐르고 있는 해류 때문에 수분을 듬뿍 머금은 습기 가득한 공기가 알래스카산맥과 부딪혀 많은 비와 눈을 뿌린다. 이 공기가 알래스카산맥을 넘어 내륙 지대에 도달했을 때는 습기가 감소하고 건조해지기 때문에 눈과 비의 양이 줄어든다.

페어뱅크스 북쪽의 오로라, 2013년, © Fairbanks Mike, W-C

내륙 지대인 페어뱅크스의 연간 강수량은 약 275mm에 불과하지만, 코디액은 이에 비하여 훨씬 많은 약 1,900mm이다. 빙하가 발달하는 겨울의 연간 강수량(강설량)을 비교해도 페어뱅크스는 11~12월이 20mm 안팎이었고, 1월은 약 12mm이다. 그에 비하여 코디액은 1월에 240mm 이상의 눈이 내린다. 내륙 지대보다 남부의 강수량이 훨씬 더 많은 것이다. 이 때문에 알래스카 남부에는 컬럼비아 빙하, 포티지 빙하, 카트마이 골짜기 빙하 등 대규모 빙하가 여럿 존재한다.

알래스카의 빙하는 크고 작은 것을 합하여 100만 개 전후이다. 주변의 산으로 둘러싸인 채 바다 위에 새하얗게 빛나는 거대한 빙하의 모습은 절로 감탄사를 자아내게 할 만큼 장관이다. 그래서 아름다운 빙하를 즐기려는 관광객들의 발길이 끊이지 않는다.

이러한 천혜의 자연을 보전하고 관리하기 위하여 알래스카에는 13개의 국립공원이 지정되어 있다. 특히 알래스카 남동부에 위치한 글레이셔만 국립공원은 지구생태계 보존 지역과 세계자연유산으로 지정될 만큼 아름다움을 자랑하는데, 특히 뮤어 빙하가 유명하다.

47

멕시코 만류 덕분에
북유럽이 서울보다 따뜻하다?

지역의 기온을 결정하는 것은 대체로 위도이다. 물론 같은 위도에서도 평지보다는 높은 산에 눈이 더 많이 내린다. 해면에서부터의 표고가 높아짐에 따라 기온이 내려가는 변화가 있기는 하지만 일반적으로 북쪽 나라는 춥고 남쪽 나라는 덥다.

그러나 세계 여러 도시의 평균 기온을 비교해 보면 반드시 그렇지 않은 경우가 꽤나 많다. 그 예로 들 수 있는 전형적인 도시가 한국의 서울과 노르웨이의 베르겐이다. 위도가 높은 베르겐의 겨울이 서울보다 따뜻한 것이다. 노르웨이의 북부 지역은 북극권에 속해, 극지에서만 볼 수 있는 백야와 오로라 등의 현상이 우리를 매료시킨다.

그렇다면 베르겐은 극지임에도 불구하고 왜 기온은 그다지 내려가지 않는 걸까? 그것은 바로 육지 주변을 흐르고 있는 해류의 영향을 받고 있기 때문이다. 원래 바닷물은 좀처럼 기온이 오르지도 않

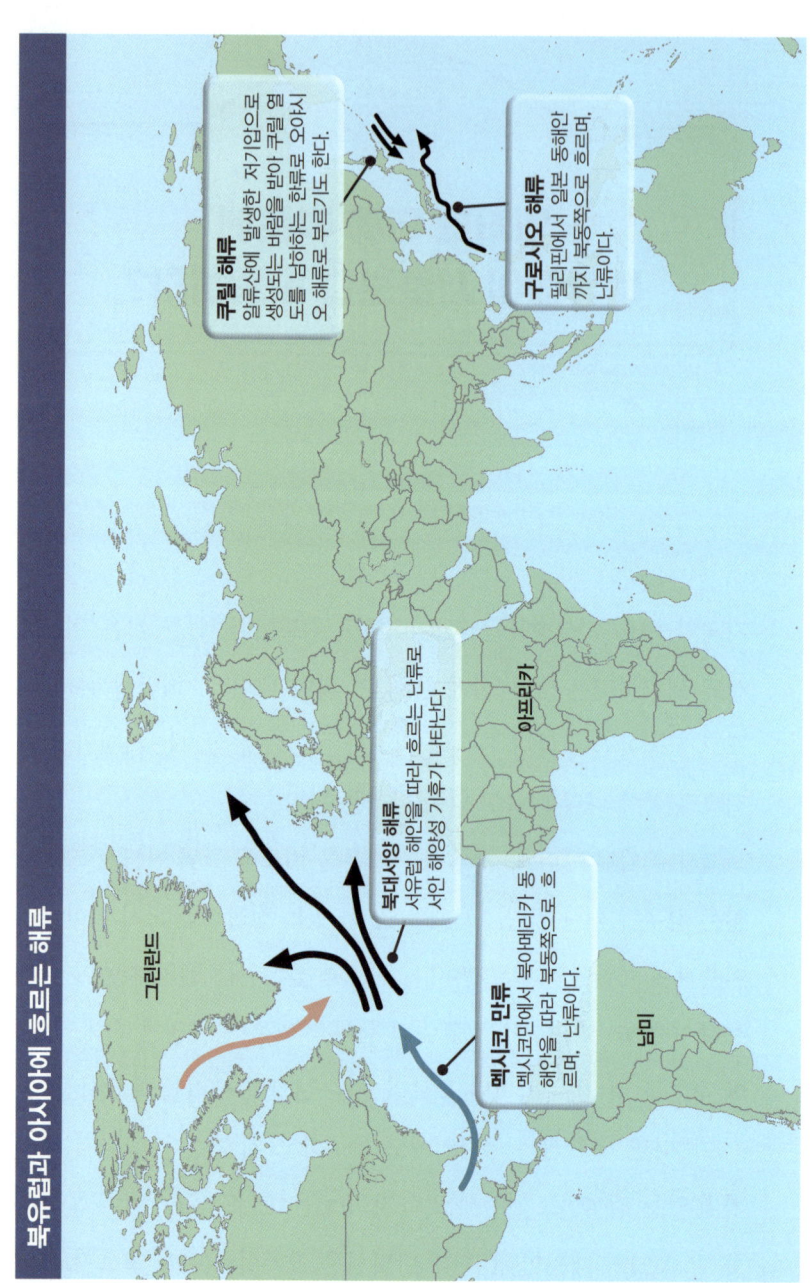

쿠릴 해류
알류산에 발생한 저기압으로 생성되는 바람을 받아 쿠릴 열도를 남하하는 한류로 오야시오 해류로 부르기도 한다.

구로시오 해류
필리핀에서 일본 동해안까지 북동쪽으로 흐르며, 난류이다.

북대서양 해류
서유럽 해안을 따라 흐르는 난류로 서안 해양성 기후가 나타난다.

멕시코 만류
멕시코만에서 북아메리카 동해안을 따라 북동쪽으로 흐르며, 난류이다.

그린란드

아프리카

남미

지만 동시에 좀처럼 떨어지지도 않는 성질이 있다. 그래서 내륙 지대보다 연안 지대의 겨울이 따뜻한 경향이 있다.

아메리카 대륙 중부에서 시작된 멕시코 만류灣流(물길이 굽어 있는 해류)는 북대서양 해류로 이름을 바꾸어 북아프리카 서부, 서유럽 등을 지나는데 그중 일부가 노르웨이가 있는 스칸디나비아반도의 연안을 지나면서 적도 부근의 따뜻한 물을 운반한다. 이 따뜻한 해류가 내륙 지대와 연안의 기온 차이를 형성한다.

그건 그렇고 멕시코 만류는 어떻게 여기까지 북상할 수 있었을까? 일반적으로 난류가 한류와 부딪히면 방향을 바꿔 환류還流한다. 이 현상은 일본의 주변 바다에서도 볼 수 있다. 태평양에서 북상하는 구로시오 해류는 일본의 동부 연안에서 쿠릴 해류와 마주치면 동쪽으로 방향을 바꾼다. 하지만 멕시코 만류는 한류와 부딪히는 일이 없어 북상할 수 있다.

이러한 해류의 신비를 푸는 힌트는 북극해에서 그다지 멀지 않은 바다를 흐르는 차가운 해류에 있다. 이 해류는 비중이 무거워 심해로 가라앉은 채 그대로 적도 부근까지 진행한다.

멕시코 만류는 그 위를 지나 차가운 해류가 급격하게 가라앉는 그린란드 주변까지 빨려 들어가듯이 흘러가는 것이다. 이 해류의 수직적인 흐름이 물기둥이라는 뜻의 '플룸plume 현상'이다.

1970년대에 밝혀진 플룸 현상으로 인해 북쪽으로 흘러가는 멕시코 만류의 기나긴 여행의 비밀이 풀렸다.

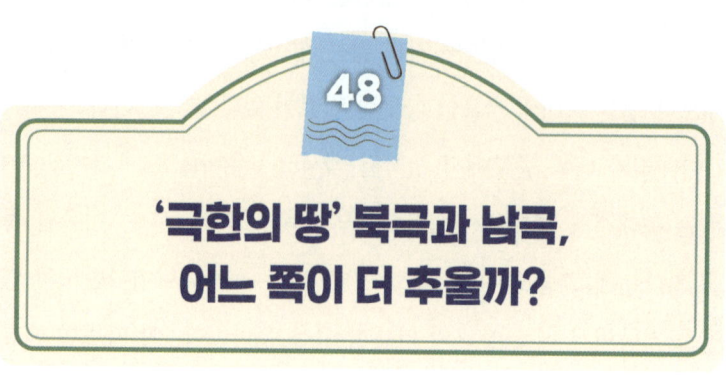

48

'극한의 땅' 북극과 남극,
어느 쪽이 더 추울까?

남극과 북극은 둘 다 '극한의 땅'이라고 불릴 정도로 춥다. 일반적으로 적도 바로 아래 지역들의 기온이 모두 비슷하듯, 적도에서부터 남북으로 비슷한 거리(위도 90°)만큼 떨어진 두 지역의 추위가 비슷할 것으로 생각하기 쉽다. 그러나 실제로는 남극이 훨씬 춥다.

겨울의 평균 기온을 비교해 보면, 북극은 영하 40℃ 정도까지 내려가는 데 반해 남극은 영하 60℃까지도 내려간다고 한다. 기온의 차이가 이렇게 벌어지는 것은 극지에 대륙이 있느냐 없느냐에 따른 것이다.

북극은 대부분 바다(북극해)로 이루어져 있고, 바다는 열을 저장하고 방출하는 능력이 있어 기온 변화가 극심하지 않다. 이러한 바닷물의 특징은 쉽게 따뜻해지지 않고 쉽게 차가워지지 않는다. 따라서 대륙이 없고 바다만 있는 북극은 온도가 쉽게 올라가거나 내려가지 않는다. 그리고 남극과 북극의 기온에 영향을 주는 또 하나의 요소는 빙하 주위를 흐르는 해류이다. 남극권보다 해역이 넓은 북극 지방은 멕시코만에서 출발한 난류도 흐르고 있어서 기온이 쉽게 떨어지지 않는다.

한편 남극은 기온이 쉽게 올라가고 또 쉽게 내려가는 육지로 되어 있기 때문에 기온이 한번 내려가기 시작하면 멈추지 않는다. 게다가 육지를 하얗게 감싸고 있는 눈과 얼음이 태양열의 90%를 반사해 버리는 탓에 기온이 계속 떨어진다.

그리고 또 하나의 이유는 산이 있다는 것이다. 아프리카에 있는

남극과 북극의 추위가 다른 이유

북극
표고가 낮다

남극
표고가 매우 높다

남극이 더 춥다

케냐 암보셀리 국립공원에서 본 눈덮힌 킬리만자로산, 2012년, © Sergey Pesterev, CC BY-SA 4.0, W-C

킬리만자로산에도 눈이 쌓여 있듯이, 지상에서는 위도뿐만 아니라 표고도 기온을 떨어뜨리는 요인으로 작용한다. 대륙 위에 쌓인 두꺼운 빙상층을 형성한 남극의 평균 표고는 2,300m 높이의 산악 지대로 혹독한 추위가 몰아치는 것도 당연하다.

지구의 남극점에 있는 남극은 겨울철에는 태양을 거의 볼 수가 없다. 따라서 태양열이 도달하지 않고, 여름철에도 태양이 지평선 부근에 머물고 있어 태양열이 약하게 도달해 기온이 상승할 기회가 거의 없다.

남극과 북극이 보여주는 기온의 차이는 남극해, 북극해를 표류하는 얼음의 두께에도 영향을 준다. 남극의 빙산은 크기를 가늠하기 어려울 정도로 거대하지만, 북극해를 떠다니는 빙하의 두께는 고작해야 3m 정도에 불과하다.

49

샌프란시스코의 한여름에 패딩이 필요한 이유는?

미국의 캘리포니아주는 여름 하면 이글거리는 태양이라는 이미지가 강하지만, 서해안의 아름다운 도시 샌프란시스코는 전혀 다른 모습을 보인다.

북위 37°인 샌프란시스코는 서울과 위도가 거의 같아서 연평균 기온도 비슷하다. 그러나 자세히 살펴보면 서울과는 기온의 양상이 상당히 다르다. 우선 샌프란시스코의 7~8월 평균 기온은 섭씨 16~18℃로 상당히 시원하다. 그늘에 들어가면 대낮에도 쌀쌀하고, 해 질 무렵이 되면 기온이 내려가면서 추워져 외투가 필요한 날도 많다. 반대로 겨울의 평균 기온은 서울보다 훨씬 더 높다. 햇살이 강한 탓에 맑은 날에는 기온이 올라가, 자동차 안에 있을 경우 두꺼운 외투를 벗어야 할 정도이다. 여름과 겨울의 온도 차가 적고 1년 내내 쾌적한 기후인 것이다.

기온　강수량

─────　서울(북위 37.6°)

- - - - -　샌프란시스코(북위 37°)

400
350
300
250
200
150
100
50

강수량
(mm)

30
25
20
15
10
5
0
-10
-20

기온 °C

1　2　3　4　5　6　7　8　9　10　11　12 (월)

여름이 시원한 주된 이유는 태평양 연안의 수온이 낮다는 점이다. 미국의 서해안에는 캘리포니아 해류(한류)가 북아메리카 대륙의 북에서 남으로 흐르며 차가운 물을 운반하고, 이 해류의 영향으로 연안의 해저에서는 차가운 물이 흐르고 있다. 캘리포니아 해류의 영향으로 인해 샌프란시스코의 여름철 해수면 평균 온도가 20℃를 넘는 경우가 드물지만, 북위 40.7°인 동부 지역 뉴욕의 여름철 해수면 온도는 평균 23℃를 보일 만큼 차이가 있다.

북태평양을 환류하는 캘리포니아 해류 탓에 샌프란시스코는 위도에 비하여 바닷물의 온도가 낮다. 여기에 습기 찬 공기가 지나가면 공기가 함유하고 있는 수증기가 바다 표면의 냉기로 차가워져서 안개가 된다. 이 때문에 여름이면 아침과 저녁에 안개가 끼는 날이 많다.

캘리포니아의 여름은 건기라서 샌프란시스코에도 좀처럼 비가 내리지 않지만, 대신 안개 덕에 시원함이 유지된다. 이런 이유로 안개에 휩싸인 샌프란시스코의 골든게이트 다리가 만들어 내는 환상적인 풍경은 관광객들을 매료한다.

하지만 이 안개는 해안에서 멀리 떨어진 내륙으로 들어가면 사라진다. 따라서 샌프란시스코를 나와 동쪽으로 갈수록 여름의 기후가 덥고 건조하다.

미국 중부에서 발생하는
토네이도가 세계 최강이다?

한국에서의 회오리바람은 발생 빈도가 낮아 익숙하지 않은 자연재해이지만 미국의 사정은 다르다. 미국에서는 연평균 700~800건의 회오리바람이 발생한다.

특히 회오리바람 다발 지역으로 유명한 곳은 로키산맥과 애팔래치아산맥 사이에 낀 오클라호마주, 캔자스주, 텍사스주인데, 특히 텍사스주와 그 주변을 회오리바람이 24시간 동안 148회나 습격했다는 기록이 있을 정도이다.

미국에 부는 회오리바람은 출몰 빈도가 높을 뿐만 아니라 규모가 크다. 사람과 자동차, 때로는 나무와 건물까지 들어 올리고, 회오리바람으로 인한 사망자가 연평균 200명이나 된다고 한다. 소설 《오즈의 마법사》에서 잠을 자던 도로시가 오두막째로 날아가 버린 장면을 상상하면 될 것이다. 과거 기록에 나타난 최대의 피해는

로
키
산
맥

일리노이

인디애나

워싱턴 D.C.

캔자스

미주리

오클라호마

애팔래치아산맥

텍사스

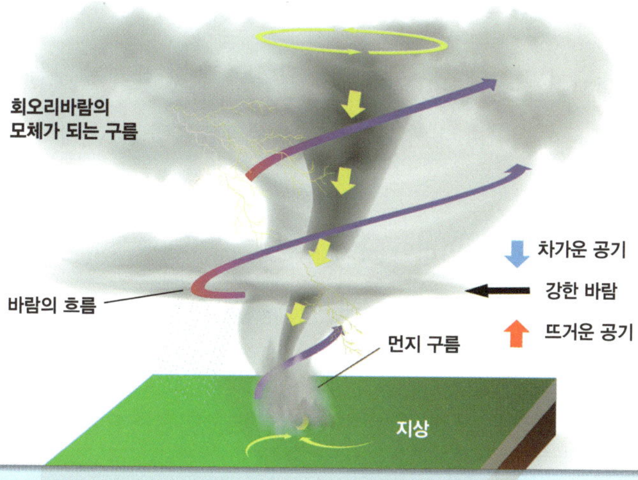

회오리바람의
모체가 되는 구름

차가운 공기

강한 바람

바람의 흐름

뜨거운 공기

먼지 구름

지상

용오름 현상

토네이도를 우리말로 용오름 현상이라고 한다.
심한 회오리바람을 동반하는 기둥 모양이나 깔때기 모양의 구름이 적란운 밑에서 지면이나 해면까지 닿아 있으며 거기에 따라 올라온 물방울, 먼지, 모래가 섞여 있는 현상이다.

1925년 3월 18일에 미주리주, 일리노이주, 인디애나주를 습격한 회오리바람으로, 사망자가 무려 689명이나 되었다.

미국에서는 회오리바람을 '토네이도tornado(육상에서 발생하는 회오리바람)', '워터스파우트waterspout(물속에서 발생하는 회오리바람)', '공중 회오리바람funnel aloft'으로 나눈다. 그중에서도 가장 큰 피해를 내는 것이 토네이도이다.

회오리바람은 거대한 적란운이 태풍의 눈과 같은 방향(반시계 방향)으로 회전하여 중심부의 기압이 급격히 떨어졌을 때 발생한다. 공기는 기압이 높은 곳에서 낮은 곳으로 흐르는 성질이 있기 때문에, 급격하게 기압이 낮아지면 주위의 공기가 엄청난 기세로 중심으로 빨려 들어가고, 그 결과 회오리바람을 일으키며 급상승한다.

회오리바람은 커다란 구름 덩어리의 밑부분에서 가느다랗게 아래쪽으로 처지면서 삐져나온 구름처럼 보인다. 이것을 깔때기 구름이라고 한다. 바람을 타고 나는 흙먼지라고 생각할 수도 있는데 그렇지 않다.

회오리바람의 중심은 압력이 낮기 때문에 공기가 팽창하여 냉각된다. 따라서 공기 중의 수증기에서 구름과 안개가 발생하고, 그리고 상승하는 공기의 흐름을 타고 소용돌이를 일으키며 상승한다. 이것이 바로 깔때기 구름의 정체이다. 단, 공기가 건조하면 깔때기 구름이 형성되지 않을 때도 있다.

그렇다면 왜 미국의 특정 지역에서는 거대한 회오리바람이 빈번하게 발생하는 것일까? 일반적으로는 대기가 불안정하다거나 습도

네브래스카주에서 발생한 쌍둥이 EF4 토네이도, 2014년. ⓒ Brent Koops, 미국 기상청 컬렉션

가 높다는 것을 원인으로 지적하기도 한다. 그리고 회오리바람의 반 이상이 4~6월, 약 3분의 1이 오후 3~6시에 발생한다는 공통점을 가지고 있지만, 토네이도의 불규칙성으로 인해 정확한 일기예보가 힘들어 피해 규모를 키우는 경우가 많다.

미국의 중부 지역에 토네이도가 집중적으로 발생하는 것은 서부의 로키산맥에서 불어오는 차고 건조한 바람이 멕시코만에서 올라오는 따뜻하고 습한 해양성 기단과 대평원에서 충돌하는 것을 주된 원인으로 꼽는다. 그리고 중부 지역에는 산악 지대와 바다가 없어 소멸하거나 방향을 바꾸지 않은 채 대평원에서 세력을 키우며 장기간 지속하는 특징을 가지고 있다.

참고로 토네이도가 육지에서 생기는 것과 달리 바다에서 발생하는 열대성 저기압은 모두 태풍$_{typhoon}$이라고 부른다. 우리에게 익숙한 태풍은 발생 원리는 비슷하지만, 지역에 따라 부르는 명칭이 달라진다. 북태평양 서부에서 발생해 주로 여름철 아시아권을 강타하는 것은 태풍, 그리고 대서양과 카리브해, 멕시코만, 북태평양 동부에서 발생하는 허리케인이 있다. 인도양과 남태평양에서 발생하는 태풍은 사이클론이라고 부른다.

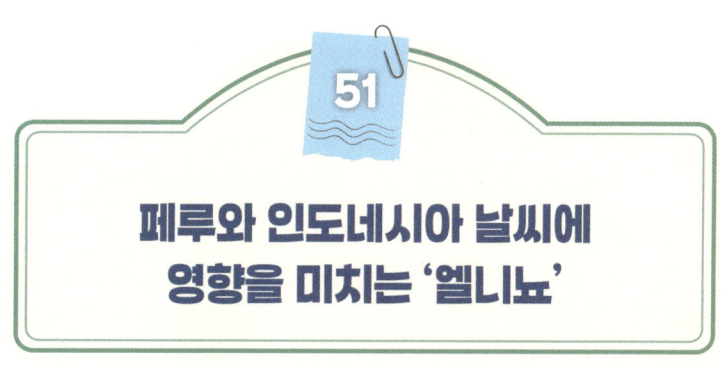

페루와 인도네시아 날씨에 영향을 미치는 '엘니뇨'

최근 들어 이상 기온의 전조 현상으로 '엘니뇨'라는 말을 자주 듣는다. 이는 남미 대륙 서해 연안인 페루 앞바다에서 반년에서 1년에 걸쳐 열대 지역 태평양 동부와 중부의 해면 수온이 크게 상승하는 현상이다. 이 엘니뇨는 무역풍과 관계가 있다고 한다.

무역풍은 위도 30° 부근의 아열대에서 적도를 향해 부는 동풍이다. 열대 태평양에서는 햇볕을 받아 따뜻해진 표면 근처의 바닷물이 무역풍의 영향을 받아 서쪽으로 흐른다. 그러면 서부에서는 해저 근처에 있던 차가운 물이 모여든 따뜻한 바닷물에 의해 동쪽으로 밀려나 동태평양 해저에서 해수면을 향해 샘솟는다. 따라서 태평양 바닷물의 온도는 같은 적도일지라도 동쪽의 남미 앞바다에서는 차고, 서쪽의 인도네시아 근해는 따뜻한 상태가 된다. 그런데 어떤 원인으로 이 무역풍이 약해지면, 따뜻한 바닷물은 서쪽으로 이

평소의 상태

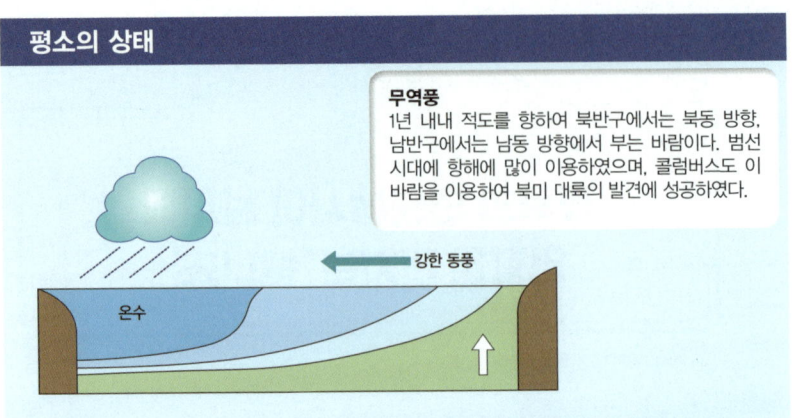

무역풍
1년 내내 적도를 향하여 북반구에서는 북동 방향, 남반구에서는 남동 방향에서 부는 바람이다. 범선 시대에 항해에 많이 이용하였으며, 콜럼버스도 이 바람을 이용하여 북미 대륙의 발견에 성공하였다.

강한 동풍

온수

엘니뇨 현상의 상태

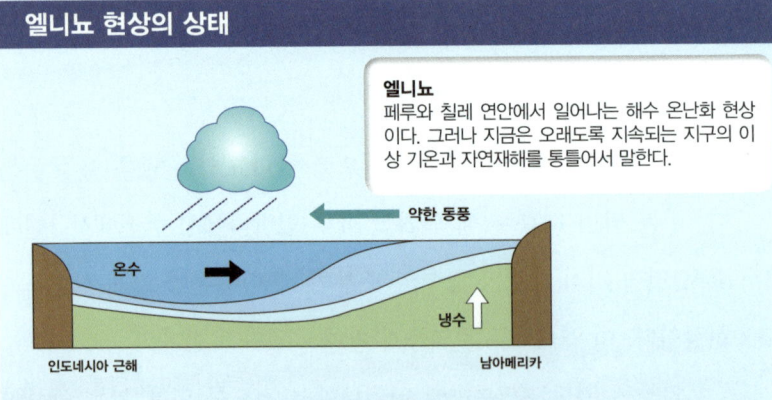

엘니뇨
페루와 칠레 연안에서 일어나는 해수 온난화 현상이다. 그러나 지금은 오래도록 지속되는 지구의 이상 기온과 자연재해를 통틀어서 말한다.

약한 동풍

온수   냉수

인도네시아 근해   남아메리카

라니냐 현상의 상태

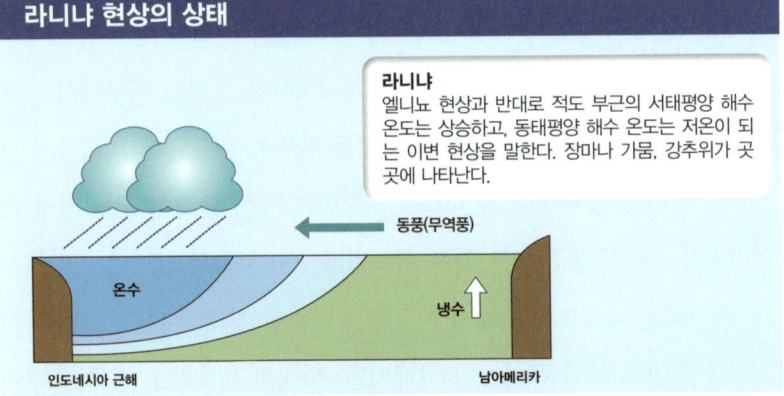

라니냐
엘니뇨 현상과 반대로 적도 부근의 서태평양 해수 온도는 상승하고, 동태평양 해수 온도는 저온이 되는 이변 현상을 말한다. 장마나 가뭄, 강추위가 곳곳에 나타난다.

동풍(무역풍)

온수   냉수

인도네시아 근해   남아메리카

동하지 않게 되고, 해저의 차가운 물도 동쪽으로 이동하지 않게 된다. 그렇게 되면 페루 앞바다에서는 차가운 바닷물이 더 이상 솟아오르지 않게 되고, 해면 근처의 수온이 평상시보다 높아진다. 이러한 현상이 '엘니뇨'이다.

엘니뇨와 반대가 되는 현상도 있다. 무역풍이 강해져 따뜻한 바닷물이 평소보다 더 많이 서쪽으로 이동하고, 그만큼 페루 앞바다에서는 해저에서 솟아오르는 냉수의 양이 불어나 수온이 평년보다 내려간다. 이것을 '라니냐'라고 한다.

엘니뇨와 라니냐에 따라 해수면의 온도가 변하면 대기의 순환에도 영향을 주기 때문에 광범위한 기후의 변동이 발생한다. 예를 들어 따뜻한 바닷물이 많이 모이는 인도네시아 근해는 평소에는 바닷물이 활발하게 증발하여 대량의 비가 내린다. 그러나 엘니뇨가 발생하면 인도네시아보다 더 동쪽인 태평양 중부에 많은 비가 내리게 되며, 인도네시아와 파푸아뉴기니, 오스트레일리아에서는 가뭄이 발생하기 쉽다. 반대로 라니냐가 나타나면 인도네시아에는 심한 장마가, 페루 등 남미에는 가뭄이 발생하고, 북미에는 강추위가 찾아온다.

한국을 비롯한 일본 등에서도 엘니뇨가 발생하면 바닷물이 평소보다 차가워져서 서늘한 여름, 따뜻한 겨울이 되기 쉽다. 그러나 바닷물이 차가워지면 하강 기류가 발달하기 때문에 가뭄이 들 확률이 높아진다. 이처럼 한국은 엘니뇨 때 겨울이 상대적으로 따뜻하며, 라니냐 때는 반대로 춥고 건조한 경우가 많다.

이 때문에 엘니뇨는 흔히 이상 기온의 대표처럼 여겨지고 있다. 그렇지만 정확하게 말하면 이상 기온이라고는 할 수 없다. '이상 기온'은 '과거 30년 동안 관측되지 않았을 정도로 평균치에서 벗어난 현상'으로 정의하는데, 엘니뇨는 평균 4년에 한 번의 비율로 발생하고 있다. 특히 최근에는 지구 온난화의 영향으로 '이상 기온'이라고 부르기에는 빈번하게 발생하고 있는 것이다.

전 세계 바다의 해류가
지구의 기온을 조절한다?

바닷물은 한 곳에 가만히 고여 있는 것이 아니다. 전 세계의 바다에는 '해류'라고 하는 흐름이 있어서 바닷물은 이 해류를 타고 상당히 빠른 속도로 이동하고 있다. 그중에서도 대서양의 멕시코 만류는 해류를 따라 흐르는 양과 속도가 엄청나다.

대서양을 순환하는 북대서양 해류 가운데에서 멕시코만의 열대 해역에서 플로리다반도 연안을 거쳐 북아메리카 대륙 동해 연안으로 북상하다 뉴펀들랜드 부근 섬에서 방향을 바꾸어 유럽으로 향하는 난류를 멕시코 만류라고 한다. 본류는 이베리아반도 부근에서 북아프리카 옆으로 남하하여 한류가 되고, 멕시코 만류의 일부는 그대로 동북쪽으로 나아가 영국 연안을 지나 스칸디나비아반도까지 도달한다.

플로리다반도와 미국 동해안, 북서 유럽 등이 위도에 비하여 기후

세계 지역별 해류 명칭

북태평양 해류

쿠릴 해류

북적도 해류

적도 해류

남적도 해류

인도양 해류

남극 환류

북대서양 해류

남대서양 해류

캘리포니아 해류

적도 반류

페루 해류

북태평양 해류

아시아

아프리카

유럽

그린란드

남미

북미

북극해

인도양

대서양

태평양

태평양

가 온난한 것은 이 멕시코 만류의 영향이다. 난류가 열대 지대의 따뜻한 열을 운반하여 해류가 지나는 인근 지역의 기온을 올리고 있는 것이다.

북태평양에서도 일본의 태평양 기슭을 흐르는 구로시오 해류를 거쳐 동으로 흐르는 북태평양 해류(난류), 북아메리카 대륙 서해 연안을 따라 남하하는 캘리포니아 해류(한류), 적도 북쪽에서 서쪽으로 흐르는 북적도 해류까지 시계 방향으로 순환한다. 남반구에서는 이와는 반대로 남태평양, 인도양, 남대서양을 시계 반대 방향으로 흐르는 해류가 있다.

이러한 해류 가운데 위도가 낮은 곳에서 높은 곳으로 흐르는 난류는 열대 지방의 따뜻한 기류를 위도가 높은 지역으로 운반하여 연안을 따뜻하게 한다. 반대로 위도가 높은 곳에서 낮은 곳으로 흐르는 한류는 위도가 높은 곳의 냉기를 위도가 낮은 지역으로 운반해 기온을 떨어뜨린다.

즉, 해류는 위도가 높은 곳을 따뜻하게 하고, 위도가 낮은 지방의 열을 식히는 등의 작용을 하며 지구의 기온 조절에 큰 역할을 하고 있다.

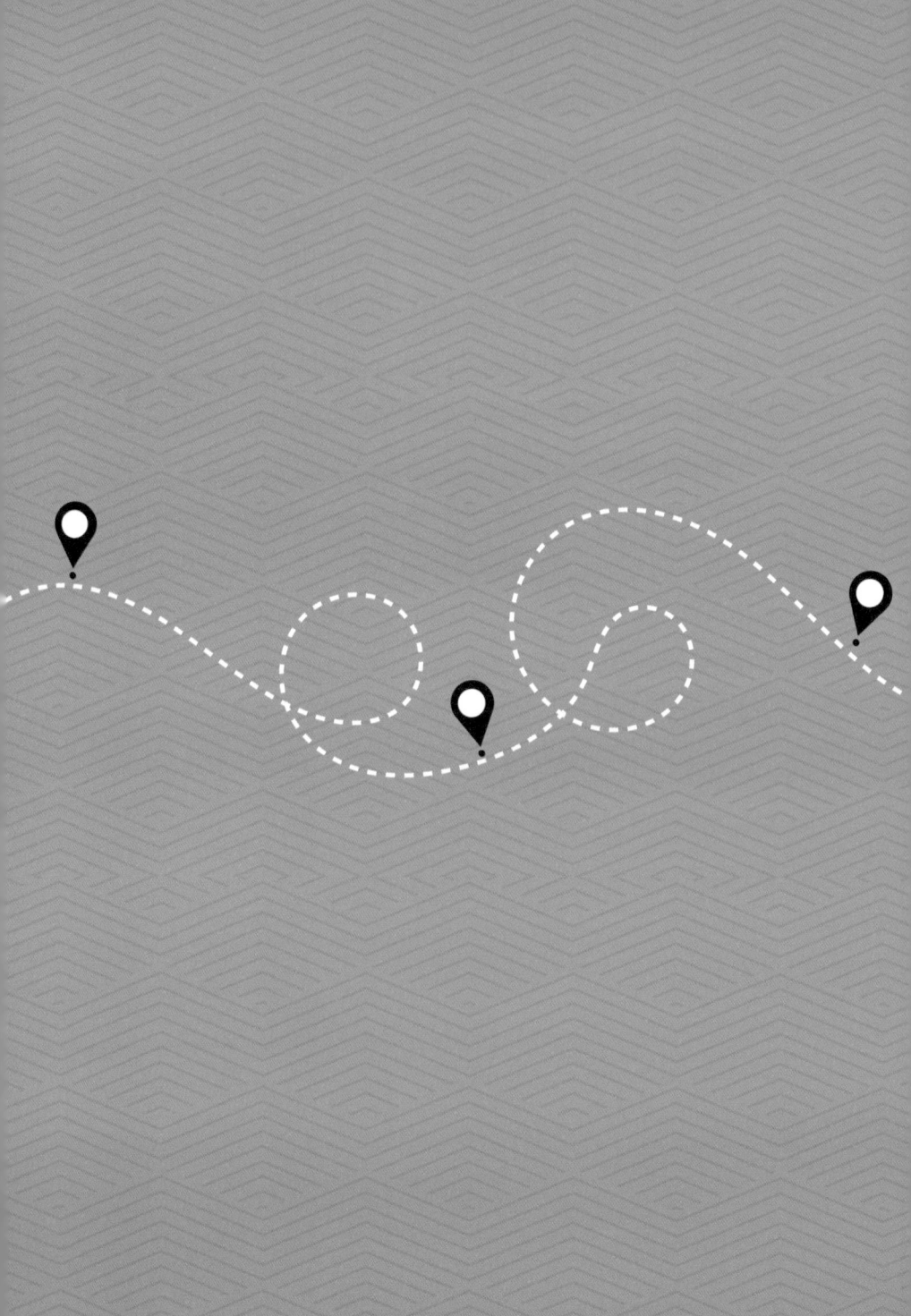

4장

세계 각국의
깜짝 속사정

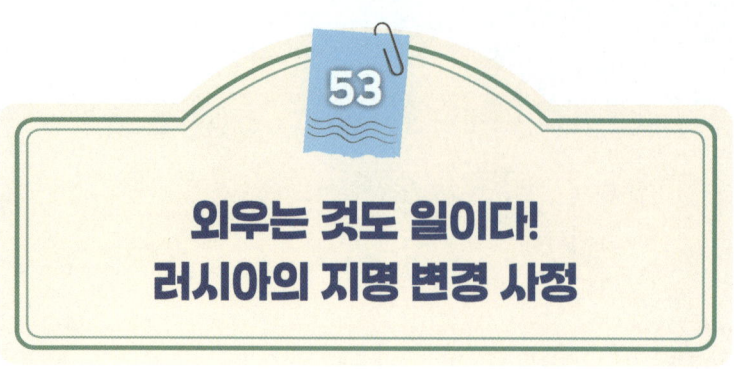

외우는 것도 일이다!
러시아의 지명 변경 사정

구소련 시절에는 도시 이름이 자주 바뀌었는데 여기에는 이 나라만
의 특수한 사정이 있다. 시대에 따라 어떤 인물에 대한 평가가 바
뀌면 더불어 지명도 바뀌는 경우가 많았던 것이다. 그 전형적인 예
가 수도 모스크바에 이어 두 번째로 큰 도시인 상트페테르부르크이
다. 이 도시는 러시아 제국의 수도로, 2003년에는 도시가 탄생한 지
300년이 되었다. 어디에서 보나 멋진 도시인 상트페테르부르크는
이름의 편력이 매우 화려하다.

처음에는 1703년에 차르 표트르 대제가 세운 요새의 공식 명칭인
'상트피테르브루흐'가 그대로 도시의 이름이 되었다. '표트르'와 부
르크(성과 도시)의 네덜란드식 표기인 브루흐를 합친 '피테르브루흐'에
러시아 말인 '성聖=상트'가 붙은 것이다. 그 후 1725년에 독일어 풍
으로 '상트페테르부르크'로 개명되었는데, 동시에 그리스식으로 '페

스웨덴

핀란드

발트해

에스토니아

폴란드

라트비아

리투아니아

벨라루스

러시아

상트피테르브루흐

상트페테르부르크

페트로그라드

레닌그라드

상트페테르부르크

모스크바

우크라이나

스탈린그라드

볼고그라드

스베르들롭스크

예카테린부르크

흑해

튀르키예

조지아

카자흐스탄

아제르바이잔

아랄해

이라크

카스피해

이란

투르크메니스탄

우즈베키스탄

4장 세계 각국의 깜짝 속사정

트로폴리', '페트로폴리스'라고 불리기도 했다.

　그러다가 제1차 세계대전을 치르면서 적국인 독일의 언어라는 이유로 '부르크' 대신에 슬라브어인 '그라드'를 붙여 '페트로그라드'로 변경되었다. 그리고 러시아 혁명 후인 1924년에는 혁명의 영웅 레닌의 이름을 따서 '레닌그라드'로 바뀌었고, 소련이 붕괴한 뒤에는 '상트페테르부르크'로 되돌아와 현재로 이어진다.

　이처럼 복잡한 이름의 역사를 가진 곳이 러시아에는 여러 곳이 있다. 우선 러시아 남서부, 볼가강 하류에 있는 '볼고그라드'가 그렇다. 1961년까지 구소련의 지도자 스탈린의 이름을 따서 '스탈린그라드'였던 것이 '볼가강의 도시'라는 의미를 지닌 현재의 이름으로 바뀌었다. 볼고그라드는 제2차 세계대전의 판세를 크게 바꾼 공방전을 펼친 땅으로 유명하다.

　시베리아 서부의 '예카테린부르크'는 1723년에 여제 예카테리나 1세를 기리며 붙여진 이름이다. 1924년에 혁명가인 스베르들로프를 기념하는 '스베르들롭스크'로 변경했다가, 그 후 소련이 붕괴하면서 현재의 이름으로 다시 돌아왔다.

　한편, 소련 붕괴 후 독립한 국가들 가운데에는 소련이 통치하던 시기에 현지 이름은 읽기 어렵다는 이유로 러시아 사람의 이름으로 바뀌는 경우가 많았다. 그러나 1991년에 연방이 해체되면서 다시 원래의 이름으로 되돌리는 움직임이 활발하게 진행되고 있다. 아제르바이잔의 '키로바바드'가 '간자'로, 아르메니아의 '레니나칸'이 '기우므리'로 변경되었다.

동유럽의 내륙국인 국가의 이름이 '몰다비아'에서 '몰도바'로, '벨로루시아'가 '벨라루스'로 바뀐 것은 발음 또는 철자가 원래의 현지어로 되돌아간 경우이다. 이들 국가에서는 레닌 동상이 차례차례 모습을 감추고 있다.

　한편 러시아와 전쟁을 벌이고 있는 우크라이나는 지난 2010년 대중반부터 '탈냉전·탈러시아' 일환으로 옛 소련 시절의 지명이나 공산주의를 연상시키는 지명을 바꿨다. 또한 2024년에는 러시아와 옛 소련의 흔적이 남은 지명 327개를 바꾸기로 의결했다고 한다.

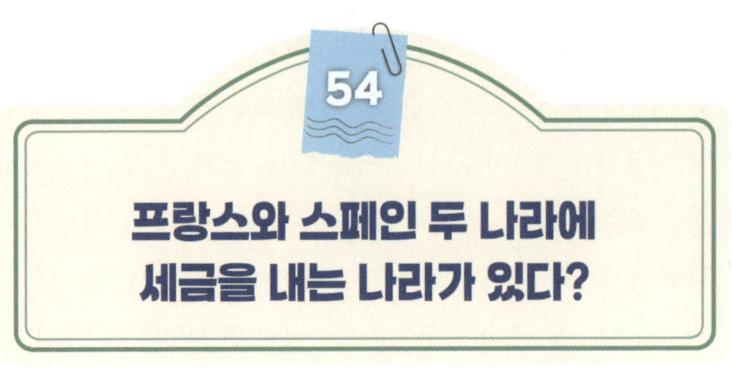

54

프랑스와 스페인 두 나라에 세금을 내는 나라가 있다?

프랑스와 스페인 국경에 안도라 공국이라는 나라가 있다. 이 안도라 공국은 피레네산맥 남쪽에 위치하며, 면적이 468km²의 아주 작은 나라이다. 기묘하게도 이 나라는 격년으로 프랑스와 스페인에 번갈아 가며 세금을 낸다.

어째서 이렇게 특이한 나라가 탄생한 것일까? 이야기는 8세기 말로 거슬러 올라간다. 당시 이베리아반도의 대부분은 이슬람교도의 지배 아래 있었다. 이 지역은 그런 이슬람 세력을 막는 기독교의 요새로서, 795년에 스페인 카탈루냐 지역의 우르겔시의 관할 아래 우르겔 대성당을 세웠다. 당시 프랑크 왕국의 영토였던 안도라는 819년 우르겔 주교에 의해 주권이 옮겨져 스페인령이 되었다.

그 후 13세기에 주권을 위탁받은 프랑스의 푸아 가문이 주교의 의향을 무시한 통치를 시작했고, 결국 푸아가와 우르겔 주교는 대립

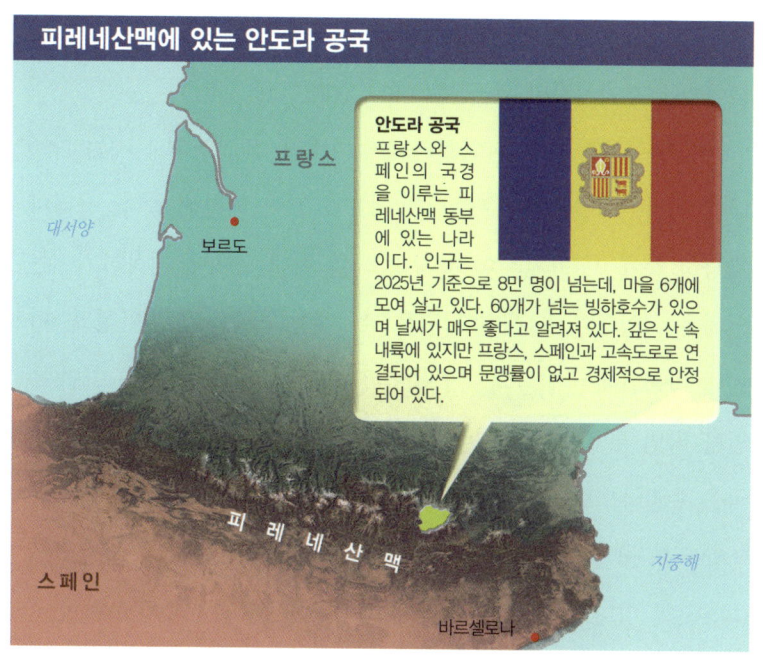

피레네산맥에 있는 안도라 공국

안도라 공국
프랑스와 스페인의 국경을 이루는 피레네산맥 동부에 있는 나라이다. 인구는 2025년 기준으로 8만 명이 넘는데, 마을 6개에 모여 살고 있다. 60개가 넘는 빙하호수가 있으며 날씨가 매우 좋다고 알려져 있다. 깊은 산 속 내륙에 있지만 프랑스, 스페인과 고속도로로 연결되어 있으며 문맹률이 없고 경제적으로 안정되어 있다.

프랑스

대서양

보르도

피레네산맥

스페인

지중해

바르셀로나

하기 시작했다. 그러다 마침내 1278년에 카탈루냐주의 레리다에서 조약을 체결하여 쌍방의 안도라 지역에 대한 공유 지상권을 인정하고, 지배권 분할을 약정했다. 이에 따라 푸아 백작과 우르겔 주교를 공동 통치자로 세운 안도라 공국이 탄생했다. 그리고 푸아 백작은 자신의 권한을 프랑스 국왕에게 모두 양도했기 때문에 안도라 공국의 원수는 프랑스 국가 원수와 우르겔 주교 두 사람이 되었다.

놀랍게도 중세 시대에 체결한 이 약정은 현재까지 지켜지고 있다. 그래서 안도라 공국의 국가 원수는 지금도 스페인의 우르겔 주교와 프랑스 대통령인 것이다. 그뿐만 아니라 격년제로 프랑스 대통령에게는 현금으로, 우르겔 주교에게는 현금과 햄 6개, 치즈 6개, 닭 12마리를 소액이지만 세금으로 내고 있다.

안도라 공국의 내정은 의회가 결정하지만, 외교상의 문제는 1990년대 전반까지만 해도 프랑스가 대표가 되어 해결해 왔다. 그러나 지극히 중세 시대다운 이 통치 방식은 현대 사회에 적응하기에는 어려움이 있었다. 그래서 독립을 요구하는 목소리가 높아졌고, 마침내 1993년에 국민들의 주권을 실질적으로 명기한 새로운 헌법 초안을 국민 투표로 채택했다. 마침내 프랑스와 스페인도 안도라 공국을 주권국으로 승인했다.

안도라 공국은 카탈루냐어를 공용어로 사용하는 인구 8만여 명(2025년)의 미니 국가이며, 피레네산맥의 평균 해발 2,000m의 산악지대에 있어 스키와 관광산업이 GDP의 80%를 차지한다. 그리고 세계와 유럽 부자들이 조세 도피처로 활용하기 때문에 금융업으로 벌어들이는 수익도 상당한 편이다.

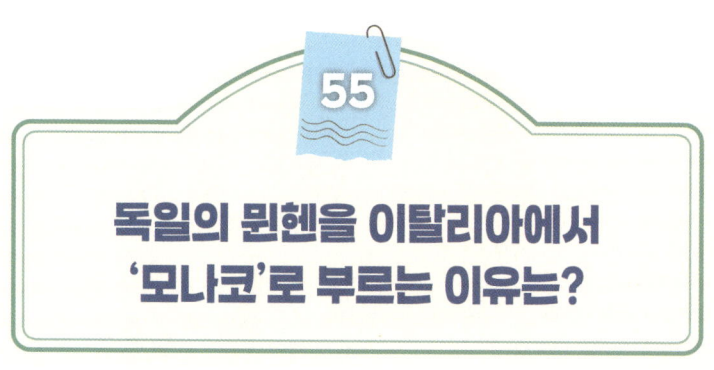

55

독일의 뮌헨을 이탈리아에서
'모나코'로 부르는 이유는?

세계 여러 나라의 지명은 언어에 따라 현지와는 다른 표기법과 발음으로 불리는 경우가 많다. 예를 들어 일본은 '닛폰Nippon'이라고 하지만 영어로는 '재팬Japan'이라고 한다. 언어에 따른 이러한 차이는 때로 '응?'하고 고개를 갸우뚱하게 만드는 엉뚱한 표기를 낳는다. 전형적인 예로 이탈리아에서 발행하고 있는 지도를 보면 어찌 된 일인지 독일 안에 'MONACO(모나코)'라고 적혀 있는 지역이 있다.

유럽에서 모나코라고 하면 지중해 연안의 작은 나라 모나코 공국 외에는 없다. 그런데 왜 이탈리아에서 발행한 지도에는 독일 안에 그 모나코가 들어 있는 것일까?

이 궁금증을 풀어보려면 우선 일반적인 세계지도와 대조해 보면 알 수 있다. 이탈리아에서 발행한 지도에 'MONACO'라고 표기되어 있는 위치는 바로 독일 바이에른주의 주도州都 '뮌헨'과 일치한다.

뮌헨 · 모나코 표기 방법 비교

	뮌헨	모나코
독일어	MUNCHEN	MONACO
영어	MUNICH	MONACO
이탈리아어	MONACO	MONACO

즉, 이때의 모나코는 바로 뮌헨을 말하는 것이다. 뮌헨이 '모나코'가 된 것은 뮌헨의 어원과 이탈리아 사람들의 라틴어에 대한 애착 때문이라고 한다.

뮌헨의 어원은 12세기로 거슬러 올라간다. 당시 사자 왕이라고 불렸던 작센 공 하인리히 12세가 이 도시를 'Villa Munchen(수도사의 마을)'이라고 명명했는데, 이 이름이 변해서 지금의 '뮌헨'이 된 것이다. 이 'Munchen'은 라틴어로 '수도사'를 의미하는 'monachus'에서

파생된 단어이다. 때문에 이탈리아 사람들은 그러한 역사를 잊지 않고자 지금도 뮌헨을 '모나코'라고 부르는 것이다.

그러면 이탈리아 지도는 모나코 공국을 어떻게 표기하고 있을까? 모나코도 여전히 'MONACO'이다. 결국 뮌헨과 모나코 두 곳 모두 'MONACO'인 것이다. 전혀 다른 장소가 동일한 이름을 사용하는 것은 매우 복잡하고 혼란스러운 일이다. 그나마 다행인 것은 이렇게 표기하는 것은 이탈리아에서 발행하는 지도뿐이며 다른 나라의 지도는 다르다는 것이다. 예를 들어 독일에서 발행하는 지도는 뮌헨을 'MUNCHEN'으로, 모나코는 'MONACO'로 표기한다. 영어로 표기된 지도에서는 뮌헨은 'MUNICH', 모나코 공국은 'MONACO'이다.

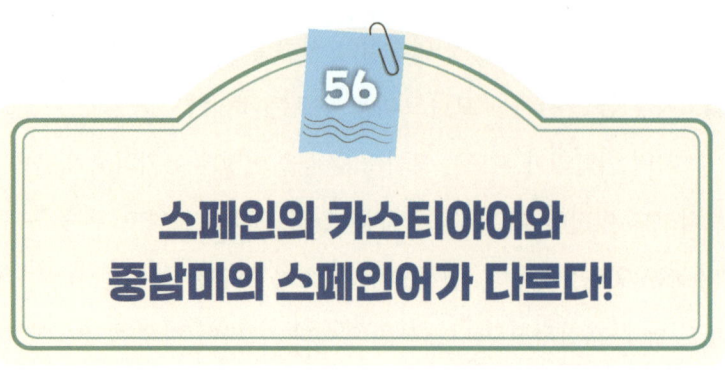

56

스페인의 카스티야어와
중남미의 스페인어가 다르다!

스페인어를 모국어로 사용하는 나라는 스페인을 비롯하여 중남미 20개국과 아프리카 적도에 있는 적도 기니와 서사하라 등 20여 개 국에 이른다. 스페인어를 모국어로 사용하는 인구는 약 3억 3,000만 명이나 되며, 중국어와 영어에 이어 세계에서 세 번째로 많다. 다른 언어와 함께 사용하는 사람까지 더하면 스페인어를 구사하는 사람은 5억 명에 달한다고 한다.

  뭔가 새로운 언어를 배우려고 생각할 때 스페인어를 선택하는 사 람들도 많은 것 같다. 그런데 엄밀하게 말하면 '스페인어'라는 말은 존재하지 않는다. 스페인에는 카스티야어, 카탈루냐어, 갈리시아 어, 바스크어, 발렌시아어 등 다양한 언어가 있는데, 헌법에서 공용 어로 인정한 언어는 이 가운데 카스티야어이다.

  카스티야어는 원래 스페인 중부 카스티야 지방의 방언에 불과했

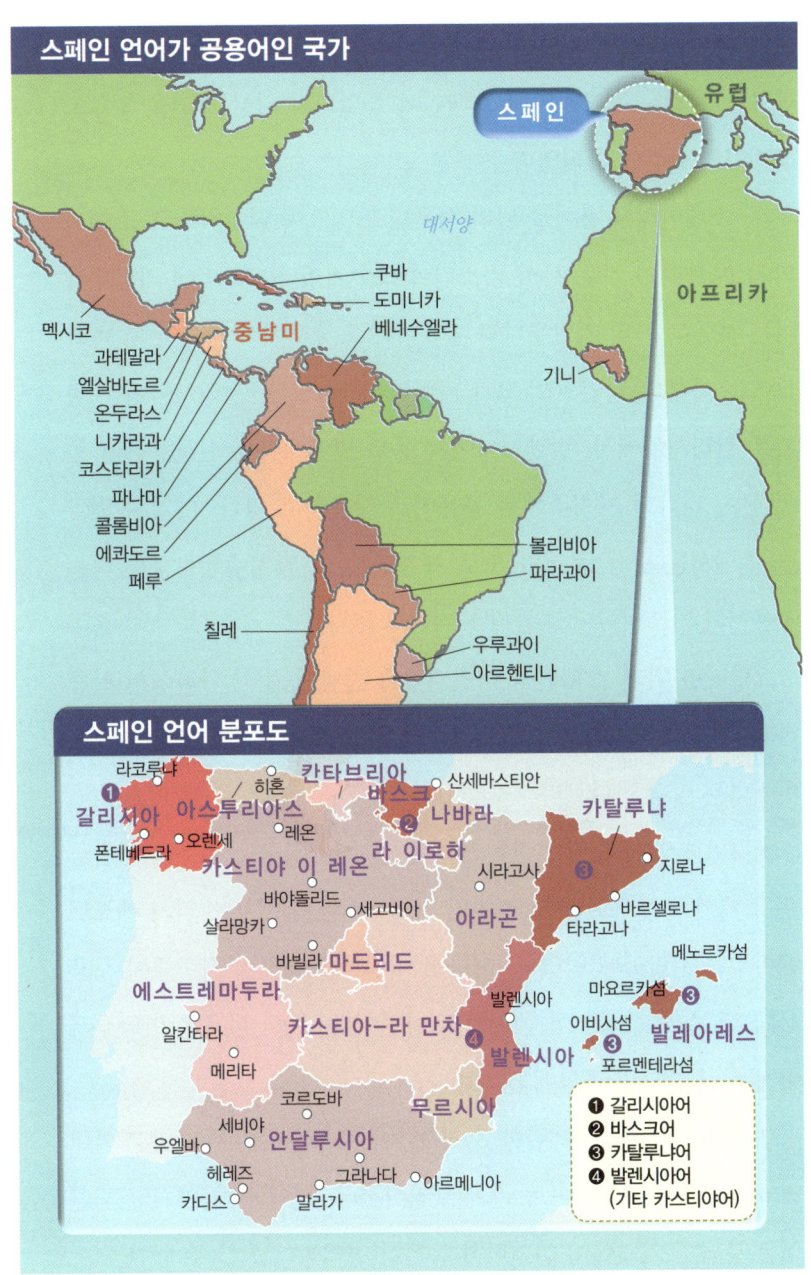

스페인 언어가 공용어인 국가

유럽

스페인

대서양

아프리카

쿠바
도미니카
베네수엘라

중남미

멕시코
과테말라
엘살바도르
온두라스
니카라과
코스타리카
파나마
콜롬비아
에콰도르
페루

기니

볼리비아
파라과이

칠레

우루과이
아르헨티나

스페인 언어 분포도

라코루냐
❶
갈리시아
폰테베드라
히혼
칸타브리아
산세바스티안
바스크
아스투리아스
오렌세
❷
레온
레온
나바라
라 이로하
카탈루냐
❸
지로나
시라고사
카스티야 이 레온
바야돌리드
세고비아
아라곤
바르셀로나
타라고나
살라망카
메노르카섬
바빌라
마드리드
마요르카섬
❸
에스트레마두라
발렌시아
이비사섬
발레아레스
알칸타라
카스티야-라 만차
❹
포르멘테라섬
❸
메리타
발렌시아
코르도바
무르시아
❶ 갈리시아어
세비야
❷ 바스크어
우엘바
안달루시아
❸ 카탈루냐어
헤레즈
그라나다
아르메니아
❹ 발렌시아어
카디스
말라가
(기타 카스티야어)

4장 세계 각국의 깜짝 속사정

다. 그런데 1492년, 카스티야 왕국의 이사벨 여왕과 아라곤 왕국의 페르난도 왕이 결혼하면서 스페인이 통일되자 다른 방언을 누르고 스페인의 표준어가 되었다.

즉, 스페인의 공용어로 널리 사용되고 있으며 일반적으로 '스페인 어'라고 불리는 것은 사실 카스티야어인 것이다. 그 밖에 카탈루냐 어는 북동부 지역 카탈루냐와 발레아레스 제도에서 사용하며, 바스 크어는 북부 지역인 바스크와 나바라 지역 일부, 갈리시아어는 북 서부 갈리시아에서, 발렌시아어는 동부 발렌시아에서 사용하던 언 어이며, 각각의 자치주에서 공용어로 사용하고 있다. 여기서 언급 한 주에서는 공공 문서와 도로 표지판 등에 자치주에서 사용하는 공용어와 카스티야어로 함께 표기하고 있다.

그렇다면 과거 스페인의 식민지였던 중남미 등의 나라에서 사용 하고 있는 스페인어는 어떤 것일까? 우선 스페인 표준어인 카스티 야어와는 상당히 다르다.

콜럼버스가 아메리카 대륙을 발견한 이래 최초로 이주한 사람들 은 스페인 중에서도 남부 지역인 안달루시아와 서부 지역의 에스트 레마두라 사람들이 많았다. 따라서 이민자들과 현지 사람들이 사용 하게 된 스페인어는 이들 지방의 방언이다. 특히 발음은 안달루시 아 방언이 중남미 전역에 정착했다.

그 후, 스페인에서 독립한 지 200년이 지나는 동안 중남미 지역의 스페인어는 안달루시아 방언과는 멀어졌다. 현재 이 지역의 스페인 어는 중남미 지역에서 현지화한 독특한 방언이라고 할 수 있다.

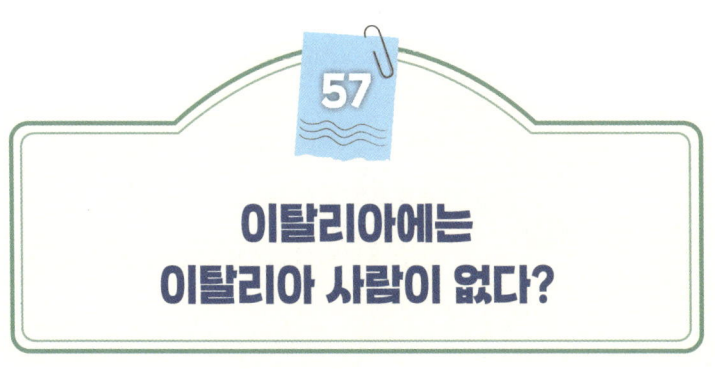

57

이탈리아에는
이탈리아 사람이 없다?

이탈리아 여행을 하면서 그곳 주민에게 "당신은 이탈리아 사람입니까?"라고 질문했을 때 "네, 이탈리아 사람입니다"라는 대답이 돌아오는 일은 거의 없다. 그렇다고 그들이 전부 이탈리아에 사는 외국인이냐 하면 그렇지 않다. 이탈리아 국적을 지닌 사람들인데 자신을 '이탈리아 사람'이라고 생각하지 않는 것이다. 그들은 자신을 '시칠리아 사람', '로마 사람', '나폴리 사람' 등 출신 도시나 지역으로 인식하고 있는 것이다.

그렇게 된 배경은 이탈리아의 역사와 관계가 있다. '이탈리아'라는 지명은 고대에도 있었다. 일설에 따르면 고대 그리스인이 이탈리아반도 남단에 상륙했을 당시 소를 발견하고는 '송아지의 땅Vitelia'라고 이름을 붙인 것에서 유래했다고 한다.

6세기에 게르만족 일파인 랑고바르드 왕국이 침공한 이탈리아반

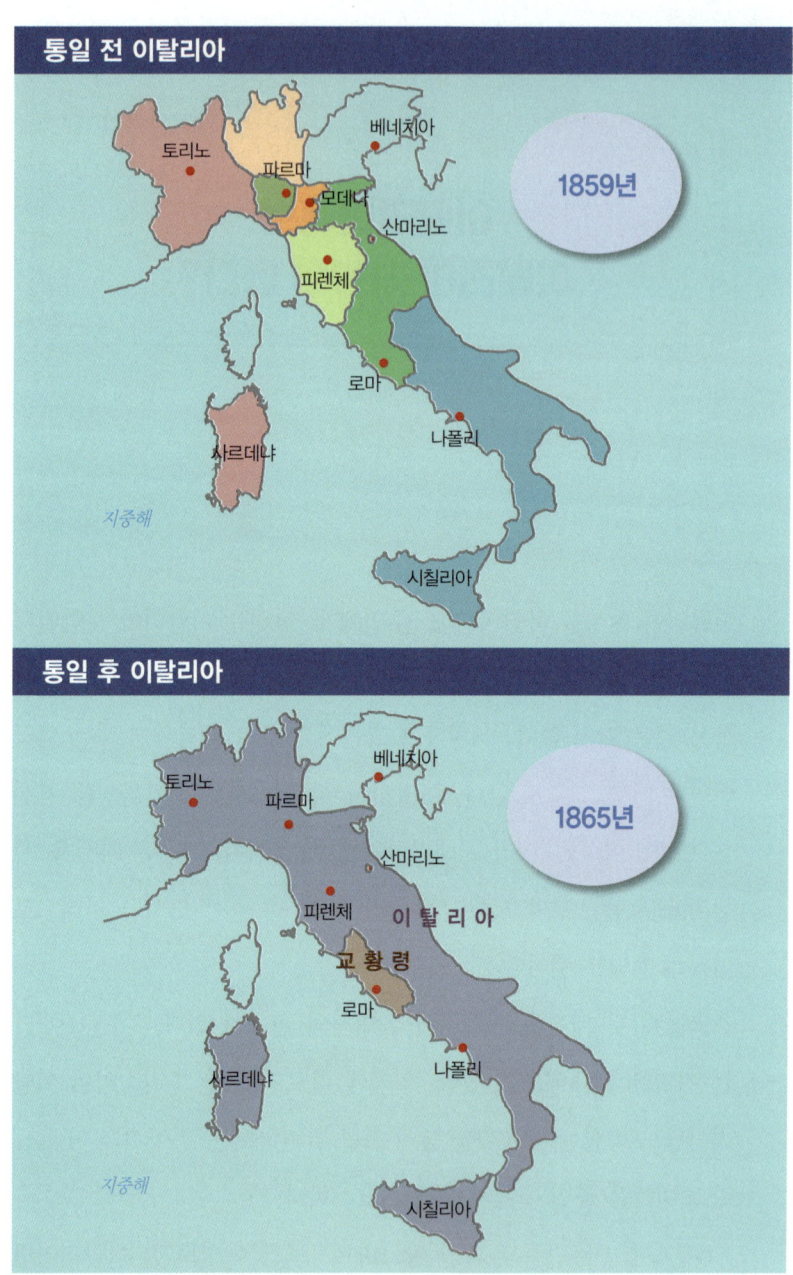

통일 전 이탈리아

1859년

베네치아
토리노
파르마
모데나
산마리노
피렌체
로마
나폴리
사르데냐
지중해
시칠리아

통일 후 이탈리아

1865년

토리노
베네치아
파르마
산마리노
피렌체
이 탈 리 아
교 황 령
로마
나폴리
사르데냐
지중해
시칠리아

도는 이후에도 신성로마 제국 시절에 독일 왕국의 지배를 받는 등 로마 제국의 영광은 잊힌 채 몇몇 지역의 도시국가만 간신히 명맥을 유지해 왔다. 주변 강대국의 침공과 내부의 정치와 종교의 갈등으로 인해 도시국가들이 이탈리아반도의 통일을 꿈꿀 엄두조차 내지 못했다.

이탈리아가 나라 이름으로 등장한 것은 1803년 프랑스 황제 나폴레옹이 밀라노와 그 주변을 영토로 삼은 '이탈리아 공화국'을 건국했을 때이다. 서로마 제국 멸망 이후 도시국가로 발전해 온 이탈리아 땅은 오랫동안 다수의 독립국으로 분열되어 있었다. 1800년대 중반부터 몇 차례 독립전쟁을 치른 후, 1861년 3월 17일 토리노에서 이탈리아 왕국의 탄생이 선포되었다. 그리고 1870년 로마의 교황령을 침공해 강제 합병함으로써 이탈리아의 독립과 통일을 완성했다.

이런 역사를 지닌 이탈리아는 통일국가로서의 역사가 짧은 데다 지역에 따라 가치관과 문화가 크게 다르다. 이탈리아 북부는 서양의 전형적인 근대화 경로인 시민사회의 발전, 내셔널리즘 및 자유주의를 체험했다. 이탈리아 민족주의도 북부를 중심으로 형성되었다. 그러나 근대화에서 소외되었던 남부는 북부만큼의 민족의식이 없었고, 따라서 많은 남부 사람에게 이탈리아의 통일은 단지 사르데냐−피에몬테 왕국을 주축으로 한 북부에 의해 남부가 강제 병합된 것에 불과한 것으로 인식되었다.

그리고 지역에 따라 민족의 문화가 크게 다른데, 예를 들어 사람들의 외관을 보더라도 북부 알프스 지방 사람들은 중간 키에 땅딸

막하며 갈색 머리카락을 지녔다. 그런가 하면 피렌체 등 북이탈리아 사람들은 키가 크고 금발에 파란 눈을 하고 있다. 중부 이탈리아 사람들은 중간 키에 밤색 머리카락과 갈색 눈을 지녔고, 남부 지중해 인종은 키가 작고 골격이 굵은 체형이며 곱슬머리에 검은 눈 등 확연한 차이가 있다.

이들은 문화도 다르다. 로마보다 북쪽인 중부와 북부는 서구적이지만, 남부는 그리스의 식민지로 시작된 역사를 지닌 만큼 남유럽 색채가 짙다. 이 때문에 북부 사람들은 "로마보다 남쪽은 이탈리아가 아니다"라고 할 정도이다. 이처럼 남과 북의 차이가 크게 나면, 서로 같은 나라 사람이라는 의식이 강하지 않다는 것도 이해가 된다.

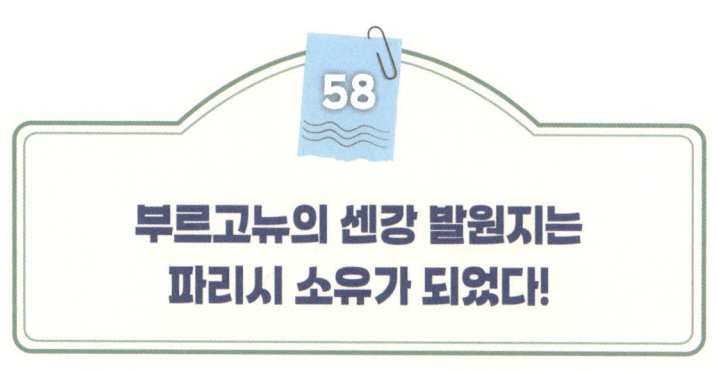

58

부르고뉴의 센강 발원지는
파리시 소유가 되었다!

프랑스의 수도 파리에서 동남쪽으로 몇백 km 떨어진 부르고뉴 지방 산속에는 오래된 도시 디종이 자리 잡고 있다. 이곳에서 다시 북으로 약 30km 들어간 곳에 있는 몽타셀로산에 또 하나의 '파리'가 있다. 이름만 같은 것이 아니다. 놀랍게도 이곳은 행정구역상 수도 파리에 속해 있는 땅이다. 어떻게 이곳에 파리의 일부분이 있는 것일까?

사실 이곳은 파리를 흐르는 센강의 발원지이다. 표고 471m에 있는 이 발원지에서 샘솟은 물이 중북부 지역을 흐르며 센강을 이루고, 점차 강폭을 넓히며 수도 파리를 통과하여 영국해협의 센만에 흘러 들어간다. 전체 길이 776km에 이르는 이 강은 프랑스에서 세 번째로 긴데, 그중 파리 시내를 통과하는 것은 12km에 불과하고 강폭도 100~200m에 지나지 않는다. 그럼에도 불구하고 그 발원지는

파리 분지를 가로지르는 센강

도버 해협

벨 기 에

센 만

독 일

루앙

센강

파리

프 랑 스

몽타셀로산 • 디종

스 위 스

몽블랑산 ▲

중앙 고지

이 탈 리 아

파리시 소유인 것이다.

발원지에는 샘물의 여신 세쿠아나_{Sequana}를 기리는 석상과 작은 사당 같은 것이 있다. 발원지는 바로 이 여신상을 세운 대좌 옆에 있으며, 솟아 나온 샘물이 석상 근처에 물웅덩이를 만들고, 여기서 넘쳐 나는 물이 조금씩 밖으로 흘러 나간다. 이 가느다란 물줄기가 흐르는 동안 주변의 물줄기를 끌어모아 점차 센강이라는 큰 강줄기가 된다.

이 발원지가 있는 지점에는 도로 근처에 '파리시 소유, 센강의 발원지'라고 쓰여 있는 간판이 서 있다. 드라이브를 하다 이 간판을 보고 구경하기 위해 멈추었다 가는 사람들도 많다고 한다.

몇백 km나 떨어진 센강의 발원지를 굳이 파리시에 편입한 것은 파리 사람들의 센강에 대한 애착 때문이다. 센강은 경사가 부드럽고 물의 양이 많아 배가 다니기에 매우 적합한 조건을 갖추고 있다. 이 때문에 중세 시대가 되자 강에 떠 있는 시테섬의 한 마을은 항행하는 배와의 교역으로 번창하게 되었고 점차 발전해 나갔다. 센강 덕분에 발달한 그 마을이 바로 파리의 시작이라고 한다.

59

독일의 영토를 통과하는 벨기에령 기찻길이 있다!

독일과 벨기에 국경이 상세하게 실려 있는 지도를 보면 벨기에의 철도가 국경을 따라 달릴 때 독일 영내를 파고 들어가 있는 구간이 있는 것을 알 수 있다. 게다가 철도 부분에서는 본래의 국경에서 갈라져 철도 위에 국경선이 그어져 있다. 더 크게 확대한 지도라면 국경선이 철도 위에 그어져 있는 것이 아니라 철도 양측에 그어져 있다는 것을 알게 된다. 마치 벨기에령인 철도 선로와 역의 부지가 독일에 파고들어 매우 가느다란 벨기에 영토가 독일 영토를 통과하는 모양새가 된 것이다.

원래의 국경과 철도 사이에 낀 땅은 벨기에 영지에 속하는 철도에 의해 본국인 독일과 분리된 비지飛地(다른 나라의 영토에 둘러싸인 또 다른 나라의 땅으로, 포위하고 있는 나라와 적대적일 때는 많은 문제가 생길 수도 있다)라고 할 수 있다. 이곳에 사는 사람들은 시시때때로 벨기에령을 횡단

벨기에와 독일 국경을 넘나드는 철도 노선

네덜란드

마스트리흐트

아헨

벨기에 땅이 독일 속에 있는 이유는?

이 철도 노선의 대부분은 원래 독일 땅이었지만 독일이 제1차 세계대전에 패하면서 국경 근처의 땅을 벨기에에 할양하게 되었다. 그래서 철도의 대부분이 벨기에에 속하면서 벌어진 일이다.
즉 독일 땅에 철도가 놓인 부분이 벨기에 땅이 된 것이다. 그러나 1993년부터 이 노선으로 관광열차를 운행하다 현재 자전거길로 바뀌었다.

외펜

독일

베르비에

벨기에

스파   마르메디

---- 현재 국경선
---- 벨기에 영지
과거의 독일 영토 지역

룩셈부르크

하며 살고 있는 것이다.

이렇게 복잡한 철도가 탄생하게 된 것은 제1차 세계대전 전에 양국의 국경이 현재와 달랐기 때문이다. 이 철도는 19세기 말 무렵, 독일과 벨기에를 잇는 노선으로 독일이 개통했는데, 철도의 이름은 펜반Vennbahn 철도였다. 개통 당시에는 노선 대부분이 독일 영토를 지나고 있었다.

그러나 제1차 세계대전에서 독일이 패하면서 국경 부근의 영토를 벨기에에 할양했고, 그 결과 철도의 대부분이 벨기에령을 통과하게 되었다. 이 때문에 독일은 벨기에에 철도까지 양도하고, 독일 영토에서 벗어난 철도 부지도 벨기에 영토가 되어버린 것이다.

전쟁 후에 펜반 철도는 화물 전용 철도가 되었으나 그마저도 1989년에 폐지되고, 1993년부터는 관광열차로 새롭게 단장해 2001년까지 관광용 증기기관차가 운영되었다. 하지만 이용객이 줄고 유지비가 많이 들어 폐선로로 방치하다가 2008년부터 철로를 걷어내고 자전거길로 만들었다. 시골의 한적한 자전거길 및 산책로인 '펜반길 Vennbahnweg'은 벨기에 땅이고, 좁은 길 양옆은 독일 땅으로 남아, 이곳을 지나는 사람들은 자신도 모르게 국경을 넘나드는 셈이다.

'통나무 울타리'로 불리는
스웨덴의 수도 스톡홀름

해마다 노벨상 수상식 때면 전 세계인의 이목이 집중되는 곳, 스웨덴의 수도 스톡홀름은 '북유럽의 베네치아'라 불릴 만큼 아름다워서 관광지로도 인기가 많은 도시이다.

스톡홀름은 발트해와 면한 14개의 섬과 반도로 이루어진 수상 도시로, 각각의 도시는 다리와 터널로 이어져 있다. 멜라렌 호수와 살촌 호수 사이에 있는 작은 섬 스타드홀멘Stadsholmen섬에 13세기경 마을이 들어선 것이 이 도시의 시작이었다. 이곳이 바로 구시가지 감라스탄Gamlastan(옛 도시)이다. 이 마을은 곧 주변의 섬과 반도, 발트해와 마주한 앞바다까지 그 면적을 넓혀갔다.

이 감라스탄은 내륙에서 번성하던 도시 사람들이 발트해로 나갈 때 거쳐야만 하는 요충지이기도 해서, 외부의 공격으로부터 보호하기 위해 섬 주변에 통나무 울타리를 쳤다고 한다. 그 '통나무 울타

스웨덴의 수도 스톡홀름의 지형

스톡홀름 중심가

스 웨 덴
스톡홀름

덴 마 크

핀란드만

스톡홀름 중심가

노벨공원

도서관

스톡홀름 시청

왕궁

멜라렌 호수

살췬 호수

감라스탄

기상천외 세계지도 지식도감

232

스톡홀름의 고지도, 1560년경, 스톡홀름 시립박물관, W-C

리'를 스웨덴어로 '스톡홀름'이라고 하며, 그것이 그대로 도시의 이름이 되었다.

감라스탄은 13세기부터 형성되었으며 중세 시대에 건설된 도로와 거리, 오랜 역사를 가진 건축물들이 들어서 있다. 스톡홀름 대성당, 노벨 박물관 외에 스웨덴 왕실의 묘소로 사용되고 있는 리다르홀름 Riddarholm 교회, 18세기에 건설된 바로크 건축 양식의 왕궁이자 스웨덴 왕실의 거주지인 스톡홀름 궁전이 있다. 중앙에 위치한 스토르토리에트 광장Stortorget(대광장)에 있는 스톡홀름 증권거래소도 유명하다.

감라스탄을 중심으로 하는 구시가지는 교회와 귀족회관 등 스웨덴 왕국의 과거 영화를 연상케 하는 건물들이 많아 섬 전체가 역사

박물관이라고 해도 과언이 아니다. 중세 시대의 거리, 르네상스의 건축, 후세에 있었던 증축으로 볼거리가 풍부해 수많은 관광객들이 몰린다.

그런가 하면 감라스탄 맞은편에 자리한 신시가지는 고층 빌딩이 들어서 있어 구시가지와 대조적인 경관을 펼치며 신구의 조화라는 색다른 경험을 하게 한다.

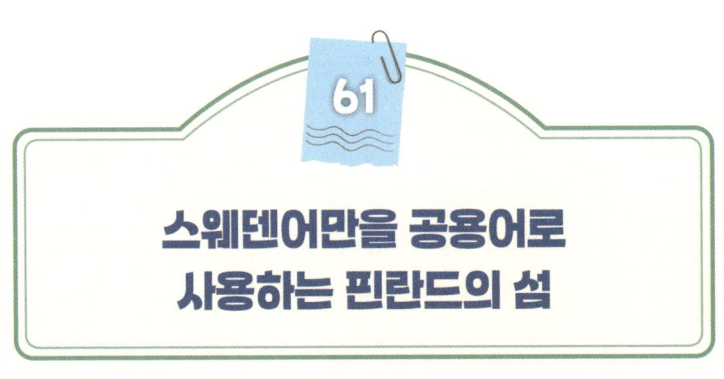

스웨덴어만을 공용어로
사용하는 핀란드의 섬

공용어란 한 나라가 공문서에 사용하기로 정한 용어이다. 한국처럼 단일 민족 국가에서는 공용어가 한국어 하나면 족하지만, 여러 민족이 모여 하나의 국가를 형성한 경우에는 두 가지 이상의 언어를 공용어로 쓰도록 지정한 나라도 있다. 예를 들어 캐나다는 프랑스어와 영어를 공용어로 쓰고 있다.

그런데 핀란드령인 올란드 제도는 조금 특이하다. 본국인 핀란드가 정한 공용어는 핀란드어와 스웨덴어 두 가지인데, 어찌 된 영문인지 올란드 제도는 스웨덴어만을 공용어로 지정한 것이다. 그 이유는 이 섬의 역사와 관계가 있다. 이들은 본래 스웨덴 영토였던 사실을 잊지 않고 있는 것이다.

올란드 제도는 스웨덴 사람들이 이주하면서 개발되었다. 과거 스웨덴은 북유럽의 강대국으로 북부 독일까지 세력이 뻗어 있었는데,

대서양

스웨덴

핀란드

올란드제도

올란드 제도
올란드 제도는 핀란드의 자치령이다. 주 섬인 파스타 올란드와 6,500개 이상의 암초와 섬으로 이루어져 있으며 수도는 마리에함이다. 핀란드에서는 핀란드어로 아흐베난마라고도 부른다.

노르웨이

핀란드만

에스토니아

라트비아

덴마크

리투아니아

발트해

독일

폴란드

지금의 핀란드도 스웨덴의 영토였다. 그러나 1809년 러시아와의 전쟁에서 패한 스웨덴이 러시아에 토지 일부를 할양하면서 핀란드와 함께 올란드 제도도 넘겨주게 되었다. 발트해 중앙에 자리하여 군사 전략적 요충지인 올란드 제도에 러시아가 눈독을 들였던 것이다.

그러다 러시아 혁명 후에 핀란드가 독립할 때 함께 독립하게 된 당시 올란드 제도의 주민들은 다시 스웨덴으로 귀속되기를 희망했지만 이루어지지 않았다. 결국 1921년에 국제연맹의 결정으로 자치권은 인정받았으나 핀란드 영토로 남아야 했다.

그 후, 자치권을 확대하여 독자적인 기旗 제정이 인정되었다. 지도에는 올란드 제도라는 이름 옆에 핀란드어로 아흐베난마Ahvenanmaa라고도 함께 표기된 경우가 있는데, 바로 이것이 이 섬이 핀란드령임을 표시하고 있는 것이다.

62

페루 수도가 해안가 도시 리마로 옮긴 지리적 이유

현재 남미 페루의 수도는 태평양 연안의 저지대 지역인 리마Lima이다. 그러나 16세기에 스페인이 잉카 제국의 수도 쿠스코를 멸망시키고 식민지 지배의 근거지로 삼은 곳은 표고 3,300m인 하우하였다. 그런데 왜 리마로 옮겼을까? 그 배경에는 지리적인 원인이 있다.

표고 3,000m가 넘는 고지대는 기압이 낮아 산소가 희박하기 때문에 저지대에서 온 사람들은 고산병에 걸리기 쉽다. 그동안 전문 산악인들 사이에서 널리 알려진 고산병은 두통, 구토, 식욕부진, 호흡곤란 등의 증상을 유발하여 산행을 포기하게 할 정도로 무서운 병이다.

고산병은 얼마 동안 생활하다 보면 곧 익숙해질 수도 있다. 다만 낮은 기압이 인간에게 미치는 영향은 고산병에 한정되지 않고 인체에도 여러 영향을 미친다고 지적한다. 예를 들자면 고지대에서는

태평양 연안에 있는 리마

태평양

콜롬비아

에콰도르

페루

브라질

● 하우하

● 리마

● 쿠스코

칠레

리마
태평양에 면한 페루의 고도이며, 잉카 제국을 멸망시킨 스페인의 정복자 프란시스코 피사로가 쿠스코 대신 수도로 건설했다. 리마는 시내를 흐르는 리마크강에서 유래되었지만, 원래 이름은 왕의 도시였다. 스페인의 식민지 잔재가 현재도 많이 남아 있다.

NASA 촬영

임신율이 낮고 출산 과정에도 어려움이 많다.

기압이 낮으면 남성의 정자가 감소하거나 이상을 일으켜 임신이 어려워지고, 설사 임신했다 해도 사산을 하거나 출산 후 아기가 사망하는 비율이 높은 것이다. 특히 태어난 지 이틀에서 사흘째에 들어선 신생아 사망률이 높다고 한다.

고지대에 있는 하우하도 낮은 기압 지역으로 예외가 아니어서, 그곳으로 이민한 스페인 이민자들도 이주 초기에는 얼마 동안 생활할

하늘에서 내려다본 포토시, 2003년.

수 있었지만, 점차 임신율이 낮아지질 뿐 아니라 사산과 신생아 사
망률이 높아진다는 사실을 알게 되었다. 결국 스페인 이민자들은
하우하에서 해안과 가까운 저지대 지역인 리마로 수도를 옮기게 되
었다.

  이러한 사태는 처음부터 고지대의 환경에 적응하며 살아온 민족
들에게는 절대로 일어나지 않는다. 비근한 예를 들자면 안데스나
티베트 등 고지대에서 아무 일 없이 살아가는 민족들이 의외로 많
다. 이러한 척박한 고산 지역에서도 원주민들은 수천 년의 유구한
역사를 꽃피워 왔다. 3,000m 이상의 고지대에서 살고 있는 사람이
전 세계에 1,000만 명을 훌쩍 넘는다고 하는데, 그들도 대대로 자손

을 남기고 역사를 이어온 것이다.

16세기에 스페인의 초기 이민자들이 표고 약 4,000m 고지에 형성한 도시 포토시에서도 잉카 제국 시대 때부터 살아온 인디오들은 정상적으로 출산하며 잘 살았다. 그러나 스페인에서 건너온 임신부들은 일부러 평지까지 내려가 출산해야만 했다.

오랜 세월이 흐르는 동안 고지대에 적응을 잘한 사람들이 정상적인 생활이 가능하게 되었다. 그리고 인디오와의 사이에 혼혈아 출생이 증가하자, 지금은 스페인 혈통의 자손들도 고지대에서 아무런 문제 없이 출산할 수 있게 되었다고 한다.

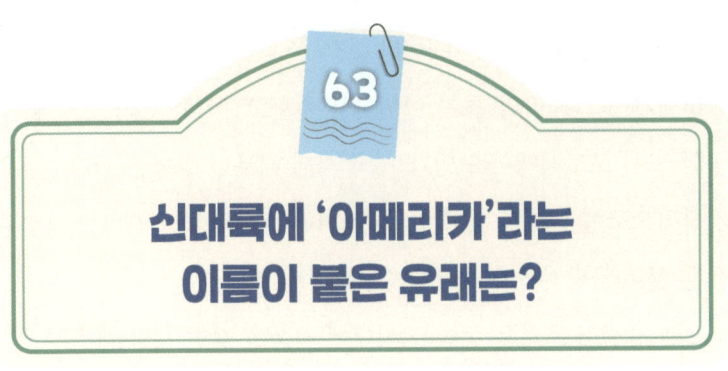

63

신대륙에 '아메리카'라는 이름이 붙은 유래는?

아메리카 대륙을 발견한 것은 콜럼버스이지만 대륙 이름에는 그의 이름이 붙지 않았다. '아메리카'는 콜럼버스보다 늦게 신대륙에 도달한 이탈리아의 탐험가 아메리고 베스푸치Amerigo Vespucci의 이름에서 따온 것이다. 콜럼버스는 자신이 도달한 육지가 아시아인지 신대륙인지 몰랐던 반면, 아메리고 베스푸치는 이 땅이 신대륙이라고 확신하고 최초로 공표했기 때문이다.

베스푸치는 4차례에 걸쳐 신대륙 탐험 항해를 했다(2차례라는 설도 있다). 첫 번째 항해 때는 중미 연안에서 멕시코만, 플로리다반도를 돌아 지금의 미국 동부 동해안 근처까지 탐험했다. 두 번째 항해 때는 브라질 동쪽 해안 부근에 도달해 남미의 북쪽 동해안을 항해했다.

1501년에 출발한 세 번째 항해에서는 두 번째와 마찬가지로 브라

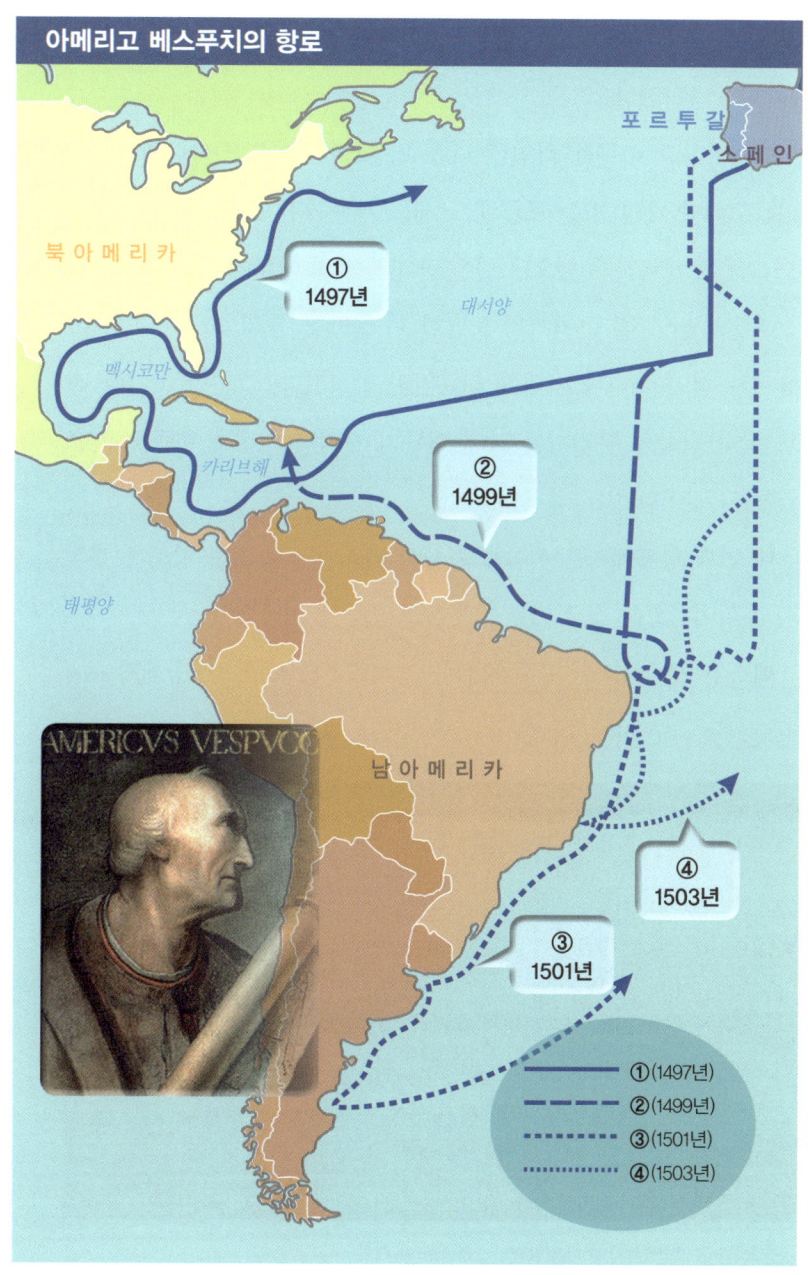

아메리고 베스푸치의 항로

포르투갈

스페인

북아메리카

① 1497년

대서양

메시코만

카리브해

② 1499년

대평양

AMERICVS VESPVCC

남아메리카

③ 1501년

④ 1503년

①(1497년)
②(1499년)
③(1501년)
④(1503년)

4장 세계 각국의 깜짝 속사정

질 동쪽 끝 부근에 도달한 후, 베스푸치는 그 이전과는 반대로 연안을 따라 남하했다.

라플라타강 하구를 확인한 다음 더 나아가 남위 50°에 위치하는 파타고니아 해안 또는 포클랜드 제도 부근까지 갔다고 한다. 그리고 그곳에 상륙하려 했으나 짙은 안개와 절벽 때문에 단념했다.

대륙의 남쪽 끝 근처까지 도달한 이 항해를 통해, 그들이 발견한 육지가 섬이 아니라 거대한 대륙임이 밝혀졌다. 그뿐만 아니라 적도 이하 남쪽에 자리하는 남미 대륙의 지리적 사정을 비로소 처음 알게 된 것이다.

네 번째 항해에서는 서쪽으로 돌아 아시아까지 가는 항로를 개척할 계획이었으나 결국 이루지 못하고 도중에 귀국했다.

베스푸치는 이러한 항해 경험을 토대로 《신세계》, 《사항해기四航海

콜로니아델사크라멘토에서 본 라플라타강, © Mel 23, W-C

記》라는 두 권의 항해기를 출판했다. 책에서 그는 새롭게 발견한 대륙은 아시아가 아니라 그때까지 알려지지 않았던 제4의 대륙임을 단언했다. 그 후로 유럽에서는 그 대륙을 '신세계'라 부르며 화제가 되었다. 이 때문에 그의 이름이 콜럼버스보다 유명해진 것이다.

이 항해기를 읽은 독자 가운데는 독일의 지리학자 마르틴 발트제뮐러Martin Waldseemüller가 있었고, 베스푸치의 신대륙설을 지지했다는 것을 알 것이다. 나아가 그는 베스푸치의 이름을 따서 신대륙의 이름을 '아메리고'라고 부르자고 주장했다. 이때부터 신대륙은 '아메리카'라고 불리게 되었다. '아메리고'가 아니라 '아메리카'가 된 것은 당시 대륙에는 이름을 붙일 때 여성의 이름을 붙이는 것이 관습이었기 때문에 '아메리고'의 여성형인 '아메리카'가 채택된 것이다.

반면 콜럼버스의 이름은 아메리카 대륙의 몇몇 장소에만 남아 최초 발견자의 이름을 전하고 있다.

미국과 캐나다의 쌍둥이
폭포 도시 나이아가라폴스

세계의 여러 폭포 가운데 관광 명소로 특히 유명한 곳이 바로 나이아가라 폭포이다. 나이아가라 폭포는 미국과 캐나다 국경에 있는 오대호 가운데 이리호에서 온타리오호로 흐르는 나이아가라강에 있다. 미국과 캐나다 두 나라에 걸쳐 있으며, 강의 길이는 4.5km이고, 50m 높이에서 물줄기가 떨어진다. 강 중간 지점에 있는 미국 영토인 고트섬에서 폭포가 두 개로 나뉘는데, 한쪽의 '캐나다 폭포'는 폭 790m 정도로 '호스슈(말발굽) 폭포'라고도 불리고, 다른 쪽에는 폭이 300m 정도 되는 '아메리칸 폭포'가 있다.

이 나이아가라 폭포 양쪽 기슭에는 똑같이 '나이아가라폴스Niagara Falls'라는 이름을 지닌 두 개의 도시가 있다. 두 곳 모두 오래전부터 화학 공업과 제지 공업, 수력 발전을 이용한 알루미늄 정련 등이 번성한 도시이다. 캐나다 쪽의 인구가 조금 더 많기는 하지만 도시의

두 나라에 존재하는 같은 지명의 도시

캐 나 다

토론토

나이아가라 폭포
나이아가라는 세계에서 가장 유명한 폭포이다. 고트섬을 중심으로 두 개의 폭포로 나뉘는데, 미국 쪽은 아메리칸 폭포, 캐나다 쪽은 호스슈 폭포로 불린다. 이구아수 폭포, 빅토리아 폭포와 함께 세계 3대 폭포에 꼽힌다.

온타리오호

나이아가라 폴스

나이아가라 폴스

이리호

버펄로

고 트 섬

미국
아메리칸 폭포

캐나다

미 국

호스슈 폭포

규모도 거의 비슷하다. 둘 다 나이아가라 폭포 관광의 거점이고, 신혼여행지로도 인기가 많아 '허니문 시티'라고 불리기도 한다.

이렇게 공통점이 많은 두 곳을 두고 마치 하나의 도시가 나이아가라강 양쪽 기슭에 걸쳐 있는 것처럼 보인다고 하여 '쌍둥이 도시'라고도 부른다. 그러나 그것은 조금 이상하다. 한쪽은 캐나다(온타리오주), 다른 한쪽은 미국(뉴욕주)에 속해 국가가 다르기 때문이다. 국경을 사이에 두고 분쟁을 일으킨 적도 없는데, 하나의 도시가 두 개의 나라에 걸쳐 있다니 어찌 된 일일까?

여기에 어떤 사정이 있었는가 하면, 사실 이 두 개의 나이아가라폴스시는 원래부터 하나의 시가 아닌 데다 지명도 달랐다.

우선 1892년, 미국의 맨체스터 마을과 서스펜션브리지 마을이 통합하였는데, 그때 지은 새로운 이름이 바로 '나이아가라폴스'였다. 그 후 1904년, 캐나다의 클리프튼 마을을 비롯하여 주변의 몇몇 마을이 통합했을 때 이곳도 도시 이름을 '나이아가라폴스'라고 지었던 것이다.

캐나다도 미국도 나이아가라 폭포는 소중한 관광 자원이다. 양측 모두 그 점을 의식하고 관광객 유치를 위해 시의 이름을 '나이아가라폴스'라고 명명한 것이다.

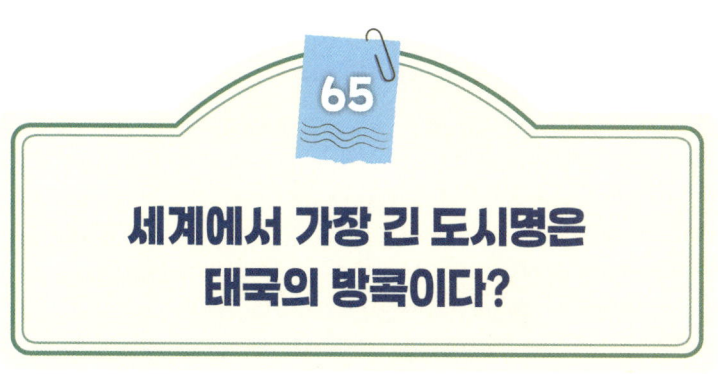

세계에서 가장 긴 도시명은
태국의 방콕이다?

태국의 수도 방콕은 태국에서 가장 큰 하천인 짜오프라야강 동쪽
기슭, 태국만에 면한 하구에서 약 30km 상류에 자리한 곡창 지대인
짜오프라야 델타 하류 지역의 중심을 차지하고 있다.

건너편 기슭의 톤부리 등 24구로 형성된 방콕의 수도권 전체 인구
는 약 885만 명으로, 1960년대와 비교하면 4배나 증가했다. 제2
차 세계대전 후 태국은 경제가 급속도로 발전하면서 거대한 국제도
시로 변모했다. 그 결과 지금은 동남아시아 자본주의 경제의 중심
이다.

방콕이라는 이름은 아유타야 왕조 시대에 이 땅에 감람나무가 많
아 '방(마을), 콕(감람)'이라고 불린 것에서 유래한다고 한다. 그런데 이
짧고도 간결한 이름은 외국인 관광객을 위해 편의상 사용할 뿐, 사
실 정식 명칭은 따로 있다.

한국

중국

부탄

네팔

방글라데시

인 도

미얀마

라오스

태국

대만

태평양

필리핀

베트남

방콕

캄보디아

브루나이

스리랑카

인도양

말레이시아

싱가포르

인도네시아

1828년 영국의 외교관 존 크로퍼드가 그린 방콕의 풍경

© Maryam Ashoori

그렇다면 정식 명칭은 무엇일까. 놀라지 마시라. '끄룽텝 마하나
콘 아몬 랏따나꼬신 마힌따라 아유타야 마하딜록 뽑놉빠랏 랏차
타니 부리롬 우돔랏차니우엣 마하싸탄 아몬삐만 아와딴싸티 싸카
타띠야 위쓰누깜쁘라씻', 소리 나는 대로 한글로 적으면 무려 69자,
알파벳으로 바꾸면 168자나 된다. 명실공히 세계에서 가장 긴 도시
이름이다. 방콕이 단순한 도시가 아니라 신성하고 위대한 왕국의
도시임을 강조하는 것이다.

태국의 아이들은 초등학교에 입학함과 동시에 이 주문 같은 이름

왓 프라깨우(왕실 수호사원), 본당의 에메랄드 불상이 유명하다. 2001년, © Ahoerstemeier, W−C

을 통째로 암기해야 한다. 최근에는 태국의 인기 가수가 이 이름을 가사로 한 노래를 불러 방콕 시민들이 이 이름을 외우는 데 일조하고 있다고 한다.

하지만 매번 이렇게 긴 이름으로 방콕을 부를 수도 없는 노릇이어서, 현지 사람들은 대개 '천사의 도시'라는 뜻의 '끄룽텝'이라고 부르며, 공식적인 장소 등에서도 '끄룽텝 마하나콘'이라고 부른다.

이 긴 이름은 방콕이 건설되었던 당시 상황을 전해준다. 방콕에 도시 건설이 시작된 것은 18세기이다. 1782년, 왕도王都를 톤부리에 두었던 탁신 왕이 처형된 뒤 왕위에 앉은 짜오프라야 짜크리(라마 1세)가 라타나코신 왕조(방콕 왕조, 끄룽텝 왕조, 짜크리 왕조라고도 함)의 새로운 도성으로 건설한 곳이다.

옛 도성이었던 아유타야의 전통을 이어받아, 아유타야의 폐허에서 벽돌을 가져와 왕궁과 불교 대사원을 만들었고, 도시를 빙 두르는 대운하도 건설하였다.

19세기 중반 이후 성곽은 점차 동쪽으로 확장되었고, 영국과 통상 조약을 체결한 것을 계기로 경제 분야가 확대되었다. 그와 더불어 화교들의 이주가 활발해졌는데, 전 인구 30만 명 가운데 화교가 무려 20만 명이나 되었다.

국민의 95%가 소승 불교를 믿기 때문에 방콕에는 불교 사원이 많다. 태국 제일의 왕궁 사원인 에메랄드 사원(방콕 왓 프라깨우)과 55m나 되는 거대한 열반 불상으로 알려진 왓 포 사원 등이 대표적인 사원이다.

<방콕의 정식 명칭>

Krung Thep Mahanakhon Amon Rattanakosin Mahinthara Yuthaya Mahadilok Phop Noppharat Ratchathani Burirom Udomratchaniwet Mahasathan Amon Phiman AwatanSathitSakkathattiya Witsanukam Prasit

한국어로 옮기면 다음과 같다.

'천사의 도시, 위대한 도시, 에메랄드 불상이 있는 곳, 인드라 신의 침범할 수 없는 땅, 아홉 개의 고귀한 보석을 가진 세계의 웅대한 수도, 신이 사는 곳을 닮은 왕궁이 많이 있는 즐거운 도시, 인드라가 내리고 비슈바카르만이 세운 신의 도시.'

'사자의 도시' 싱가포르는 아시아 최고의 부자 나라

동남아시아의 작지만 부유한 나라 싱가포르는 '사자의 마을'이라는 뜻을 지니고 있다. 초기의 이주자들이 이 땅에 있던 호랑이를 사자로 착각하여 붙인 이름이라고 한다.

692.7km²라는 아주 작은 면적의 이 나라는 19세기 초반까지만 해도 사람의 손을 타지 않아 천연의 자연이 남아 있는 섬이었다. 그러나 1826년에 영국의 식민지가 되면서 크게 변화했다. 무역항으로 발전한 싱가포르에는 중국에서 많은 상인들과 노동자들이 이주해 왔고, 인구는 몇 배나 증가했다.

1920년대부터 30년대에 걸쳐 영국은 극동의 주요 기지를 싱가포르에 건설했지만, 싱가포르는 제2차 세계대전 중에 일본군에게 점령당하고 만다. 전후에는 싱가포르가 다시 영국의 식민지가 되었고, 1959년에는 독립 정부를 설립하였다가, 1963년에 새롭게 탄생

싱가포르의 상징인 머라이언(사자와 인어상)과 야경, 2013년. © Erwin Soo, W−C

한 말레이시아 연방의 한 주로 소속되면서 영국으로부터 독립했다.

그러나 싱가포르 인구의 75%를 차지하는 중국계 화교들과 말레이시아 정부 사이에 일어난 정치적 분쟁으로 인해, 결국 1965년에 말레이시아에서 분리하여 영국연방에 속하는 싱가포르 공화국으로 독립했다. 당시에는 농업 자원 및 천연자원이 전혀 없는 이 나라의 자립에 의문을 제기하는 목소리도 있었으나, 배에서 짐을 옮겨 실을 때 관세를 받지 않는 '자유무역항' 체제를 취하면서 신정부 개발 정책이 궤도에 오르게 되었다.

그리하여 1970년대에는 급속한 경제 성장을 이루고, 80년대에는

제주도와 싱가포르 면적 비교

제주도
면적 1848.4km²
인구 66만 명

제 주 도

싱 가 포 르

싱가포르
면적 692.7km²
인구 586만 명

세계에서 두 번째로 배의 입출항이 활발한 항구가 되었다. 이렇듯 아시아 굴지의 발전과 성장을 이룬 싱가포르의 번영 뒤에는 의외의 우여곡절이 있었던 것이다.

한국, 홍콩, 대만과 함께 종종 아시아의 4마리의 용으로 불리는 싱가포르는 노동조합을 금지하고 면세 조치를 취하는 등 기업 하기 좋은 환경을 만들기 위한 정부의 노력 덕분에 다국적 기업들이 다수 진출했고, 현재는 제조업과 금융업이 싱가포르 경제의 두 축을 이루고 있다. 공용어로 말레이어, 영어, 중국어, 타밀어가 있으나, 사실상 영어가 유일한 공용어로 국어 역할을 한다. 영어가 많이 쓰이긴 하지만 '싱글리시'라고 불릴 정도로 영국이나 미국에서 쓰는 영어와는 약간 차이가 있다.

싱가포르는 1인당 GDP가 89,000달러(2024년 기준)로 세계 5위에 올라 있고, 대규모의 정부 공급 아파트 정책이나 경쟁력이 우수한 교육 시스템, 엄격한 법률과 집행으로 인한 안정된 사회 등으로 세계에서 가장 살기 좋은 나라 중의 하나로 손꼽힌다.

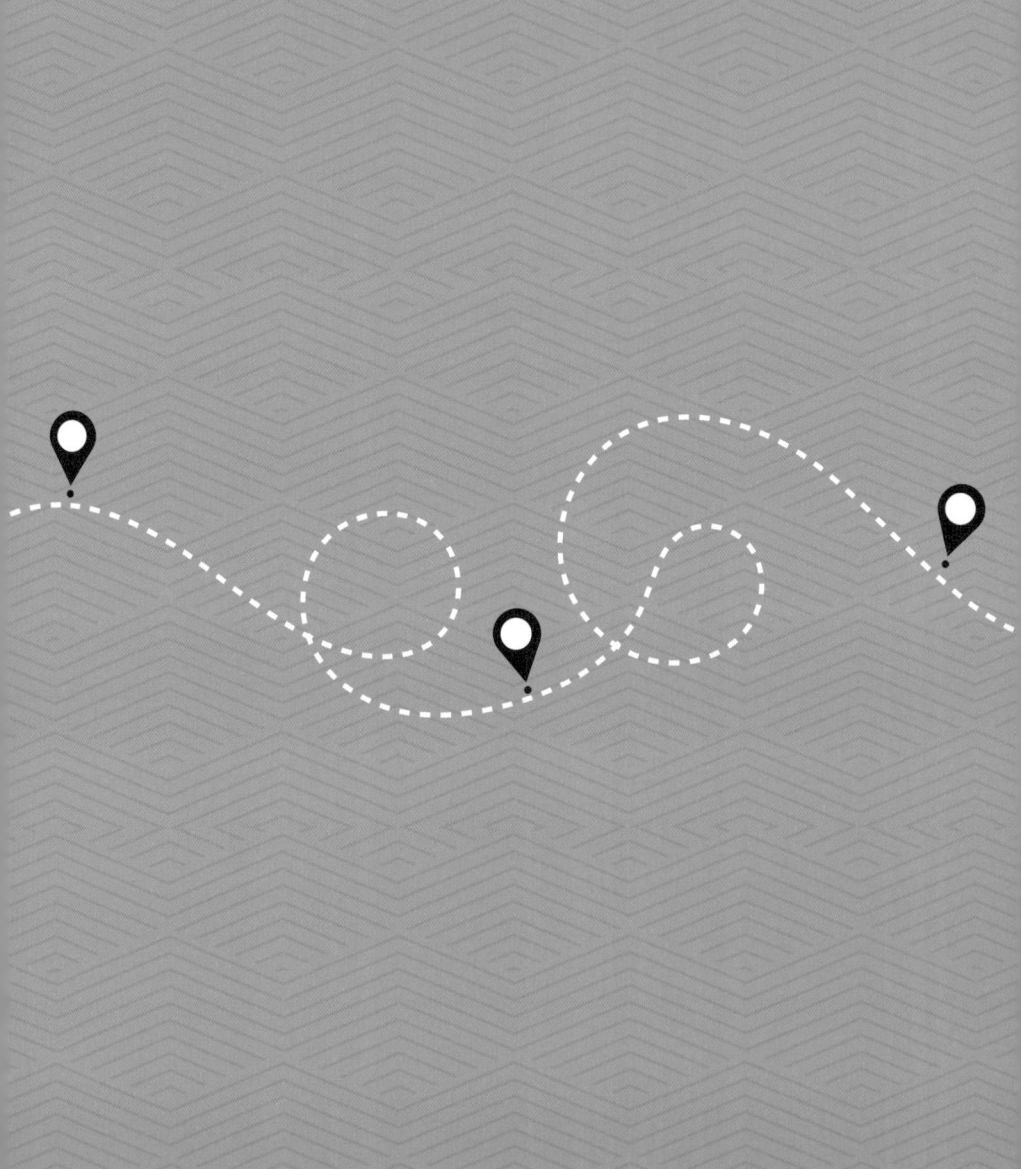

지역 분쟁의 불씨,
영토와 민족

발트해의 발트 3국이
반러시아로 돌아선 이유

발트해에 면하고 있는 발트 3국, 즉 에스토니아, 라트비아, 리투아
니아는 동서 냉전 시대에는 구소련 연방의 일원이었다. 그러나 소
련 공화국 중에서도 발트 3국 연대가 가장 먼저 독립을 쟁취했다.
발트 3국은 언어와 문화가 모두 달랐지만, 협력을 이루며 독립운동
을 전개해 온 만큼 큰 공통점이 있다. 그것은 언제나 열강의 표적이
되어온 역사이다.

제1차 세계대전 이후 1917년부터 1918년까지 러시아 제국의 지배
아래 있었던 에스토니아, 내란 상태였던 라트비아, 대전 중 독일군
에게 점령당했던 리투아니아는 러시아 제국의 붕괴와 독일의 패전
을 틈타 1918년 각각 독립을 선언하였다.

그러나 이 독립은 20여 년밖에 지속되지 않았다. 1940년에 3국 모
두 소련에 다시 병합되고 만 것이다. 소련의 점령 정책은 매우 가혹

발트 3국(에스토니아, 라트비아, 리투아니아) 격동의 역사

핀란드

노르웨이

보트니아만

핀란드만

탈린

스웨덴

에스토니아

러시아

라트비아

리가

덴마크

발트해

리투아니아

러시아

빌뉴스

벨라루스

독일

폴란드

우크라이나

발트 3국(에스토니아, 라트비아, 리투아니아) 격동의 역사

에스토니아

제1차 세계대전 때 독립했으나 1940년에 소련에 강제 점령 병합된 에스토니아는 1991년에 에스토니아 공화국으로 완전히 독립했다. 유럽에서 가장 아름답다고 알려진 '크리스마스 마켓'이 열리는 나라로 아직도 중세의 모습을 그대로 간직하고 있다.

라트비아

발트해와 맞닿아 있는 발트 3국 중에서 가운데 있는 나라로 북쪽에 에스토니아가 있으며 남쪽에 리투아니아가 있다. 18세기부터 제정 러시아의 식민지였고, 제1차 세계대전 후 독립했다가 1940년 소련에 강제로 병합되었다. 1991년 소련의 붕괴 직전에 독립했다.

리투아니아

발트 3국 중에서 인구가 가장 많고 영토도 가장 넓다. 18세기 말 폴란드 분할 때 러시아에 합병되었다가 제1차 세계대전 때 독립했다. 그 후 독일의 지배를 받기도 했으며 1991년에 완전히 독립했다. 발트해 주변국들을 선도하며 구심적인 역할을 하고 있다.

해 많은 사람이 처형되거나 시베리아 유형에 처했다. 그 후 1941년에 독일과 소련이 전쟁을 벌이자 발트 3국은 나치 독일군에 의해 점령되었으나, 1944년부터 1945년에 걸쳐 소련군이 독일군을 격퇴하자 다시 소련에 병합되었다.

발트 3국이 열강, 특히 소련의 표적이 되어왔던 것은 발트해와 면하고 있는 지리적 조건 때문이다. 소련의 해안선은 대부분 북극해에 면하고 있는 까닭에 1년 내내 얼어붙어 있어 항구의 기능을 하지 못했다. 그 때문에 소련은 겨울에도 얼지 않는 부동항不凍港을 언제나 손에 넣고 싶어 했고, 그러기에 발트해에 면하여 얼어붙지 않는 항구를 지닌 발트 3국은 군침이 도는 대상이었던 것이다.

소련의 지배가 가혹했던 만큼 개혁과 독립을 원하는 발트 3국 사람들의 마음은 더욱 강렬했다. 따라서 1980년대 후반, 구소련에서 '페레스트로이카'의 움직임이 일어나자 발트 3국은 저마다 민주화와 자립을 추구하는 인민 전선을 결성하고, 3국이 연대하여 소련으로부터의 분리·독립 운동을 시작하게 되었다.

부동항을 잃고 싶지 않은 소련과 독립을 요구하는 발트 3국 간의 교섭은 난항을 거듭하면서 1991년 리투아니아의 수도 빌뉴스Vil'nuys에서 발생한 '피의 일요일 사건'을 비롯해 수많은 희생을 초래하게 되었다. 그리고 마침내 같은 해, 발트 3국의 독립이 승인되었으나 소련이 붕괴한 후인 1994년까지도 러시아군이 주둔했다.

발트 3국은 오랜 세월 소련과 독일 등 강대국의 지배를 받은 탓에 민족주의 성향이 매우 강하다. 그리고 소련 해체와 동시에 곧바로 반려 국가로 돌아섰으며, 2004년에는 3국이 함께 EU와 NATO에 가입하고 유로화까지 도입하는 등 외교 노선에서 친미, 친유럽 노선을 고수하고 있다.

발트 3국은 모두 러시아 푸틴 정권의 영토 확장 야욕에 대해 강한 경계심을 가지게 되었다. 2014년에 러시아가 크림반도 침공한 이후에는 군사력 확장과 함께 미국을 비롯한 서방측과 군사 협력을 강화하고 있다. 게다가 2022년 러시아의 우크라이나 침공을 계기로 핀란드와 스웨덴까지 NATO에 전격적으로 가입하면서 발트 3국의 지정학적 중요성은 더욱 커졌다.

우크라이나 전쟁 발발 이후로는 러시아의 다음 사정권이 발트 3국이라는 우려가 서방권에서 광범위하게 제기되고 있디. 우크라이나 침공으로 흑해 진출에 성공한 러시아가 발트 3국을 발트해 진출의 교두보로 삼기 위해 침공할 가능성이 커졌기 때문이다.

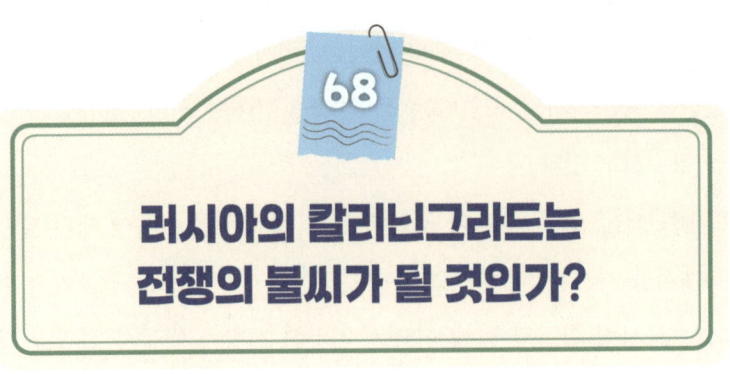

68

러시아의 칼리닌그라드는
전쟁의 불씨가 될 것인가?

발트해 연안, 리투아니아와 폴란드 사이에 본토와 분리된 러시아의
영토가 있다. 면적 약 1만 5,100km², 인구 약 97만 명인 '칼리닌그라
드주'이다.

칼리닌그라드주는 1255년에 이 땅에 진출한 튜턴 기사단이 프로
이센 공국의 수도 쾨니히스베르크시를 세운 이래 700년 가까이에 걸
쳐 독일의 지배 아래 있었으나, 제2차 세계대전 후에 발트 3국과 함
께 소련의 영토가 되었다. 그때 이 지역에 살던 독일인들은 독일로
송환되었고, 러시아 사람들이 대거 이주해 왔다. 그 이름도 1919년
부터 1946년까지 소련의 지도자였던 미하일 칼리닌의 이름을 따서
칼리닌그라드라고 바꾸었다.

그러나 1991년 발트 3국과 벨라루스가 독립하자 칼리닌그라드는
러시아 본토와의 연결 지점 없이 따로 격리되고 말았다. 즉, 비지飛

러시아의 비지 칼리닌그라드

칼리닌그라드
러시아 유일의 부동항으로 발트해에 면한 항구 도시이며, 월경지인 칼리닌
그라드주의 주도이다. 1256년부터 프로이센 공국의 수도였으며, 제2차 세
계대전 전까지는 독일의 영토였다. 하지만 제2차 세계대전 후 소비에트 연
방의 영토가 되었으며, 소련의 정치가 미하일 칼리닌의 이름을 따서 칼리
닌그라드가 되었다.

地가 된 것이다. 따라서 칼리닌그라드에서 러시아 본토로 가기 위해
서는 '남의 나라'가 된 리투아니아, 벨라루스, 라트비아 등을 거쳐야
만 했다. 하지만 주민들을 위하여 2004년까지는 비자 없이 통행할
수 있도록 러시아와 주변국 간에 협정을 맺었다.

결국 리투아니아와 폴란드가 2004년 EU 가입과 아울러 셴겐 협정
Schengen Agreement(유럽 각국이 국경 시스템을 최소화해 국가 간의 통행에 제한이 없게
한다는 협정으로 가맹국들 간에는 비자가 없어도 입국이 가능하다)에도 가입함에

칼리닌그라드 대성당. 유럽 안에 있는 러시아의 비지에 자리 잡고 있으며, 칸트가 묻혀 있다. 2007년, W—C

따라 양국을 방문하거나 지나가야 하는 러시아의 국민들은 비자가 필요하다는 결정이 내려졌다. 이에 따라 칼리닌그라드는 비자 없이는 경유할 수 없는 EU 가입국들 사이에 끼어 왕래하기 힘들게 되어 버렸다.

　게다가 이 문제 외에도 산더미처럼 많은 문제가 산적해 있다. 러시아에는 이 땅이 발트해에 나갈 수 있는 유일한 부동항이며, 상업적으로나 군사적으로나 중요한 거점임에는 변화가 없으나 칼리닌그라드주 자체가 경제적 정체 상태에 빠져 있는 것이다. 주요 산업인 조선과 수산업이 파탄 직전의 상태가 되었으며, 소련의 붕괴로 외국인 입국이 허용되면서 중앙아시아에서 난민들이 밀려 들어와 가난의 수렁에 빠진 것이다.

　2022년 러시아의 우크라이나 침공 사태 이후 폴란드, 리투아니아, 라트비아, 에스토니아 등 4개국은 러시아와 벨라루스로 통하는 모든 국경과 통신선을 차단했다. 그리고 폴란드와 리투아니아의 국경을 이루는 수바우키 회랑을 리투아니아가 봉쇄하자 러시아가 보복을 공언하면서 군사적 긴장도를 높이고 있다. 수바우키 회랑은 폴란드와 리투아니아 국경을 통과해 친러시아 국가 벨라루스와 칼리닌그라드를 연결하는 약 100km에 이르는 육상 통로이다.

69

200년 영세중립국 지킨 스위스의 지정학적 환경

전쟁과는 전혀 상관없을 것처럼 보이는 영세중립국 스위스. 그렇기 때문에 스위스에는 군대가 없다고 생각하기 쉽다.

그러나 사실 스위스에는 주변 여러 나라들보다 막강한 군대가 있다. 직업 군인도 있지만 강력한 징병제를 시행하고 있으며, 누구나 군대에 가야 간다. 또한 비상시에는 24시간 이내에 병사 동원령을 내릴 수 있게 되어 있다. 그뿐만 아니라 가정에서는 방공호 설치와 무기와 탄약의 비치를 의무화하고 있다. 그리고 민간 방위력의 규모도 탄탄하다고 알려져 있다.

물론 스위스를 둘러싼 다른 나라들도 전시에 대비하는 군인과 시스템을 가지고 있으며, 국가별로 징병제나 모병제를 시행하고 있다. 이탈리아는 34만 8,000명, 프랑스는 36만 5,300명, 독일 18만 4,000명, 오스트리아 5만 2,900명을 외부에 공표했으며, 국방에 전

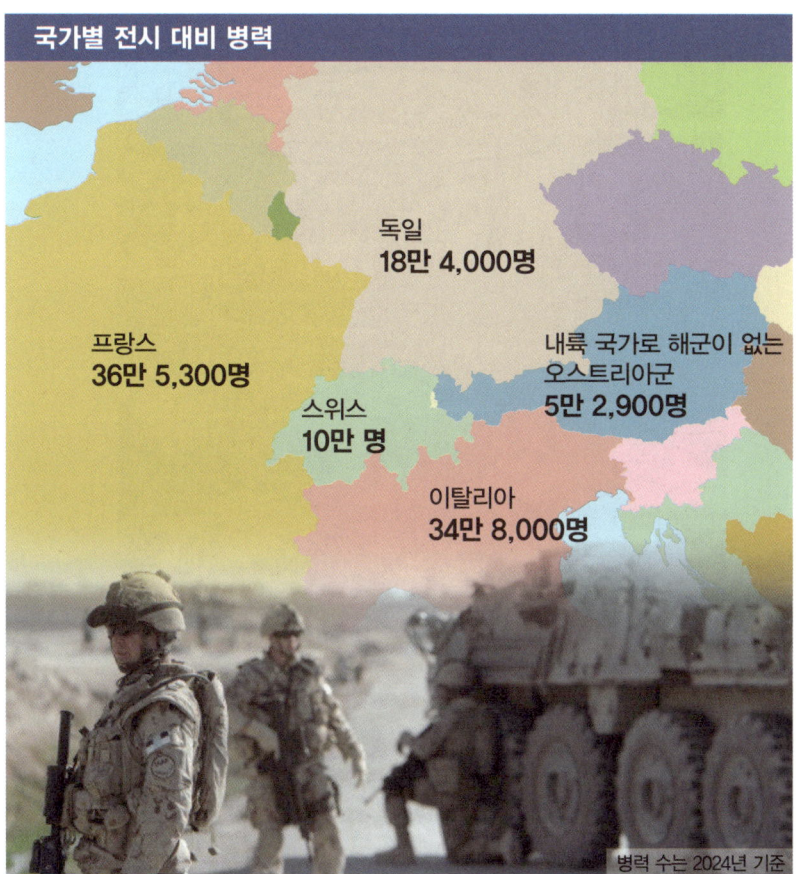

독일
18만 4,000명

프랑스
36만 5,300명

스위스
10만 명

내륙 국가로 해군이 없는
오스트리아군
5만 2,900명

이탈리아
34만 8,000명

병력 수는 2024년 기준

스위스의 중립주의

스위스는 1803~1815년 사이에 벌어진 나폴레옹 전쟁 당시 프랑스, 독일 등 주변 열강에 지배되지 않고 자기 나라의 독립을 지키기 위해 중립을 선택했다. 이 내용은 나폴레옹 전쟁이 끝난 후 열린 빈회의에서 승인되었으며, 그때부터 스위스는 영세중립국이 되었다.

그러나 영세중립국이면서도 스위스는 강력한 징병제를 실시하고 있으며, 세계에서 가장 큰 핵 대피소인 소넨베르크(Sonnenberg) 터널도 가지고 있다.

스위스군은 1798년에 창설되었고, 18세부터 자원 입대가 가능하며 모든 남자는 병역 의무가 있다. 의무 복무 기간은 8개월 20일이지만, 복무가 끝나면 10년 동안 3주일씩 7번 군사 훈련을 받아야 한다. 여자도 자원할 수 있으며, 군대를 어떤 이유로건 못 가는 남자는 급여의 4%를 특별세로 내야 한다.

30년 전쟁 중 폴란드의 포메라니아를 지키기 위한 슈트랄준트 포위전, 1628년, 프란스 호겐베르크.

력을 다하는 것은 어느 나라나 마찬가지이다.

다만 스위스가 다른 나라들보다 국방과 군사력에 이토록 힘쓰는 것은 바로 영세중립국이라는 이유로 어떤 나라와도 군사적 협력을 맺고 있지 않기 때문이다. 만약 다른 나라로부터 침략을 받을 경우, 스위스는 자신들의 힘만으로 방위해야만 한다. 스위스가 군사적 측면에서 이렇게 다른 나라와 차별적인 방법을 택하고 있는 것은 사실 건국 이후의 역사와 관계가 있다.

13세기, 원주민인 로만슈족을 비롯해 인근 여러 나라에서 이주해 온 사람들은 신성로마 제국의 압정에 시달리다 1291년에 독립을 외치며 봉기했다. 그때 각 주의 남자들 전원이 병사로 나서 전쟁에 나가 싸운 것을 계기로 국민 징병제의 전통이 탄생했다.

그 후, 스위스는 이 전통을 토대로 외국에 용병을 파견하여 얻은 보수를 경제적 기반의 일부로 삼았다. 그러나 각지에서 종교 전쟁이 발생하자 용병 파견을 포기하지 않을 수 없게 되었다. 왜냐하면 스위스의 용병들이 대립하는 두 나라에 따로 속하여 싸우게 되면 그 불씨가 국내로 날아들어 내전으로 번질 위험이 있었기 때문이다.

그 때문에 1618년에 발발하여 전 유럽을 끌어들인 '30년 전쟁' 때에도 스위스는 끝까지 중립을 지켰다. 그 공적을 인정받아, 전쟁 종결 후인 1648년에 체결한 베스트팔렌 조약에 따라 신성로마 제국으로부터 완전한 독립을 승인받았다. 그 이후 1815년 빈 회의를 통해 공식적으로 영세중립국이 되었으나 군대는 여전히 남아 있는 것이다.

이처럼 강력한 군사력과 독립적인 외교력, 그리고 세계 최고 수준의 경제력을 바탕으로 삼아 200년 넘게 중립국 지위를 지켜온 스위스도 러시아의 우크라이나 침공 이후 태도의 변화를 보이고 있다. 그동안 EU와 NATO에도 가입하지 않았던 스위스가 러시아 제재에 동참했으며, 제네바에 나토 연락사무소를 두기로 하는 등 유럽과의 군사적 접점을 늘려가고 있다.

70

건국 이래 이어지는
벨기에의 '언어 전쟁'

벨기에 사람들은 어떤 말을 사용할까? 이 질문에 '벨기에어'라고 답하기 쉬운데, 사실 그런 언어는 없다. 벨기에에서는 벨기에를 둘러싸고 있는 세 나라의 언어, 즉 네덜란드어와 프랑스어, 독일어 이세 가지 언어가 공용어로 지정되어 있다. 정식 국가명도 사용하는 언어에 따라 표기 방식이 다르다.

이 세 가지 공용어가 언제 어디서나 통하는 것은 아니다. 지역에 따라 언어권이 확실하게 분리되어 있기 때문이다. 북부 플랑드르 지방은 네덜란드어권이고, 왈롱 지방 이남은 프랑스어권, 동부의 아주 좁은 일부 지역은 독일어권이다.

학교에서도 세 가지 공용어를 모두 가르치는 것이 아니라 그 지역에서 사용하는 언어만 가르친다. 예외적으로 수도 브뤼셀에서만 네덜란드어와 프랑스어 둘 다 가르친다.

벨기에의 지역별 언어 분포

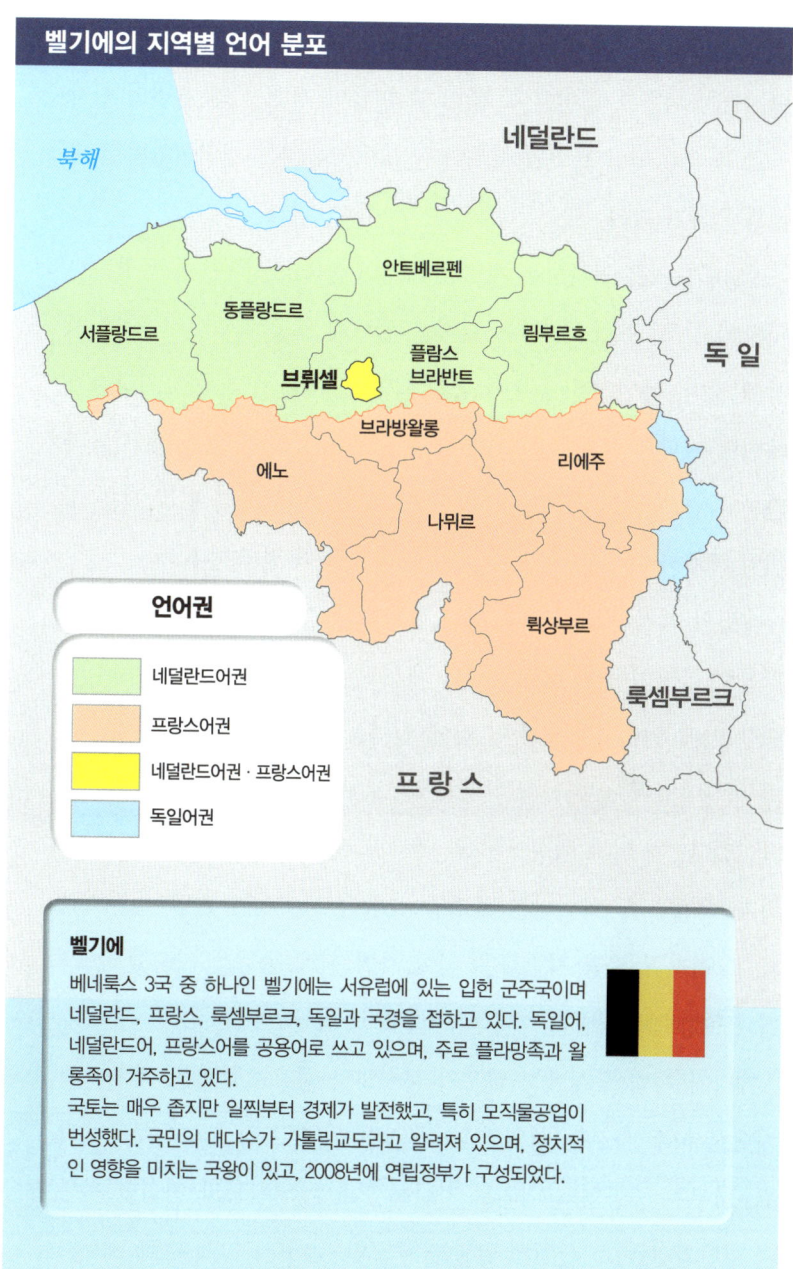

네덜란드

북해

안트베르펜

동플랑드르

서플랑드르

림부르흐

브뤼셀

플람스
브라반트

독 일

브라방왈롱

에노

리에주

나뮈르

뢱상부르

룩셈부르크

프 랑 스

언어권

네덜란드어권

프랑스어권

네덜란드어권 · 프랑스어권

독일어권

벨기에

베네룩스 3국 중 하나인 벨기에는 서유럽에 있는 입헌 군주국이며 네덜란드, 프랑스, 룩셈부르크, 독일과 국경을 접하고 있다. 독일어, 네덜란드어, 프랑스어를 공용어로 쓰고 있으며, 주로 플라망족과 왈롱족이 거주하고 있다.
국토는 매우 좁지만 일찍부터 경제가 발전했고, 특히 모직물공업이 번성했다. 국민의 대다수가 가톨릭교도라고 알려져 있으며, 정치적인 영향을 미치는 국왕이 있고, 2008년에 연립정부가 구성되었다.

지역에 따라 사용하는 언어가 전혀 다르면 불편할 터인데, 왜 이렇게 됐을까? 그 원인은 이 땅이 고대 로마 시대 이래 유럽의 십자로로 불리며 라틴 문화와 게르만 문화가 교류하는 지역이었다는 사실과 관계가 깊다.

네덜란드어를 구사하는 게르만 계열의 플라망 사람들은 플랑드르 지방에 살고, 프랑스어를 구사하는 켈트계 왈롱 사람들은 왈롱 지방에 살며, 독일인은 동부에 살게 되었다. 이런 상태를 유지하다가 독립했기 때문에 상황이 이렇게 복잡해진 것이다. 플라망 사람과 왈롱 사람은 단순히 사용하는 말만 다른 것이 아니라 뿌리 깊은 대립이 존재하며, 그것은 '언어 전쟁'이라고 불릴 정도이다.

대립의 시작은 1830년 독립의 날로 거슬러 올라간다. 두 지역은 가톨릭 국가인 벨기에가 1830년 개신교 국가인 네덜란드로부터 독립한 이래 언어·문화 차이 탓에 반목을 거듭하고 있다. 독립운동의 중심이었던 왈롱 사람들이 공용어로 프랑스어를 지정한 것이 발단이었다. 이 일로 왈롱 사람과 플라망 사람들 사이에는 다양한 격차가 발생했고, 차별받은 플라망 사람들 사이에는 불만이 쌓여갔다. 그러자 플라망 사람들은 언어 차별 철폐 운동을 지속했고, 그 결과 플랑드르 지방을 네덜란드어권으로 만들었다.

게다가 독립 당시에는 남부가 북부보다 풍요로웠지만, 제2차 세계대전 이후 북부는 상업과 지식 기반 산업의 성공으로 부유해지고, 남부는 중공업의 쇠퇴로 가난해졌다. 네덜란드와 인접한 북부가 항만과 서비스 산업의 발달을 주도한 것이다. 이에 따라 남부는

250명의 혁명 자원봉사자를 이끌고 있는 벨기에의 혁명 지도자 샤를 로지에, 1878년, 샤를 수브르, 프라이빗 컬렉션

북부로부터 교부금을 지원받아야 하는 처지로 전락했다. 이런 이유로 북부에서는 분리 독립을 바라는 여론이 높은 편이다.

　이렇듯 언어권으로 지역이 나뉘고 경제적 대립이 지속되자 큰 변화를 겪을 수밖에 없게 된 곳이 바로 중세 이래의 명문으로 손꼽히는 루벤 대학이다. 이 대학은 네덜란드어 계열의 대학으로 변신하는 대신 프랑스어권 지역에도 또 하나의 루벤 대학을 설립하여 문제를 해결했다. 또한 플라망 사람과 왈롱 사람은 선으로 그은 듯 갈라져 살고 있는 것은 아니며 특히 경계 지역에서는 뒤섞여 지내고 있다. 지자체마다 주민들이 사용하고 있는 언어를 조사하여 주민의 과반수가 사용하고 있는 언어를 그 지역의 공용어로 정하자고 결정되었으나, 조사 과정에 부정행위가 있었다는 이야기도 있어서 그것이 다시 논쟁거리가 되고 있다.

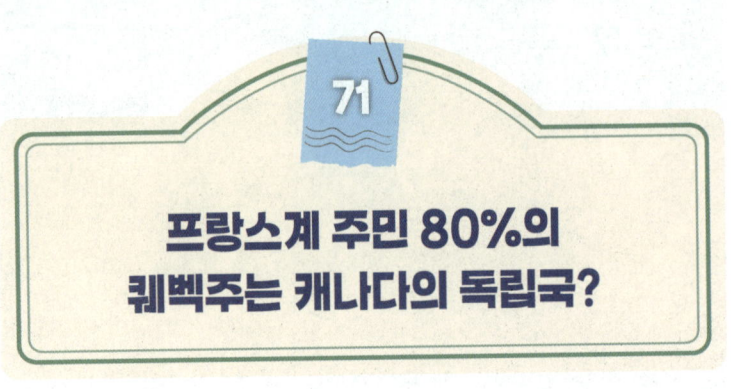

71

프랑스계 주민 80%의
퀘벡주는 캐나다의 독립국?

캐나다는 영어권 국가로 알려져 있다. 하지만 인구 구성원을 살펴
보면, 물론 영국계가 59%로 가장 많기는 하지만, 프랑스계 주민의
수도 23%나 된다. 언어도 영어 외에 프랑스어가 공용어로 쓰이고
있다.

이 프랑스계 주민들의 80%가 집중된 곳이 바로 캐나다 동부의 퀘
벡주이다. 이 주는 약 870만 명(2022년)의 주민들 가운데 약 80%가
프랑스계로, 다른 주에서는 다수파인 영국계 주민의 수는 약 5%에
불과하다.

퀘벡주에만 유독 프랑스계 주민들이 많은 이유는 프랑스 식민지
였던 시대의 잔영이다. 미국과 마찬가지로 캐나다 역시 동부에서부
터 유럽인들의 이민이 시작되어 점차 서쪽으로 확장된 나라로, 가
장 먼저 식민지를 만든 것이 프랑스인이었다.

독립 문제로 흔들리는 퀘벡주

그린란드

알래스카

유콘

노스웨스트

누나부트

브리티시
컬럼비아

앨버타

서스
캐처원

매니토바

온타리오

퀘벡

뉴펀들랜드
앤래브라도

뉴브런즈웍

몬트리올

오타와

노바스코샤

미 국

캐나다 인구 구성 비율

기타
18%

프랑스계
23%

영국계
59%

독일계
이탈리아계
우크라이나계

퀘벡의 인구 구성 비율

영국계
5%

기타
15%

프랑스계
80%

5장 지역 분쟁의 불씨, 영토와 민족

퀘벡의 스카이라인, 2019년. © Quinti9, W-C

    프랑스의 식민지는 17세기 초 퀘벡 요새에서 시작하여 현재의 퀘벡주를 중심으로 확장하여 '뉴프랑스'라고 불렸다. 그러나 뒤늦게 들어온 영국과 전쟁을 벌였고, 1763년 영국의 승리로 뉴프랑스 지역은 영국령이 되었다. 그럼에도 불구하고 프랑스 식민지의 중심이었던 퀘벡주에는 지금도 프랑스계 주민이 많다.

    그래서 퀘벡주에는 프랑스 문화의 흔적이 짙게 남아 있다. 이는 사용하는 언어를 보아도 알 수 있다. 주민 82%의 모국어는 프랑스어이며, 영어가 모국어인 사람은 10%에 불과하다.

    사정이 이러하니 퀘벡주는 프랑스 문화권이라는 자긍심이 높아 영국계가 많은 캐나다에서 독립하자는 기운이 강하다. 1960년대 후반에는 퀘벡주 분리 운동이 일어났고, 지금까지 두 차례나 퀘벡주 독립에 대한 주민 투표를 하기도 했다. 1995년에 실시한 두 번째 투표 결과 독립 찬성은 49.4%, 반대는 50.6%로 독립을 원치 않는 주민들이 약간 많아 가까스로 독립이 불발되었다.

독립운동을 더욱 복잡하게 만들고 있는 것이 퀘벡주 남단부에 있는 대도시 몬트리올이다. 몬트리올에는 영국계 주민들이 많은데, 이번에는 그들이 퀘벡주에서 독립하겠다고 운동을 시작한 것이다. 퀘벡의 경제 중심지인 몬트리올은 한 때 캐나다 최대의 도시였으나 최근에는 영어권의 토론토에 밀려 제2의 도시로 밀려났다.

그런가 하면 몬트리올에서 서쪽으로 50km 정도 떨어진 곳에 있는 오카라는 작은 마을에서는 프랑스계 이장이 리조트 개발을 위해 원주민인 모호크족의 묘지와 성지를 없애려 했다가 모호크족이 무장 봉기를 일으키기도 했다. 이렇듯 프랑스계 이외의 주민과 프랑스계 주민들의 대립도 종종 발생하고 있다.

퀘벡주의 독립을 주장하던 퀘벡당이 소수당으로 전락하고, 독립을 반대하는 자유당이 연이어 총리를 배출하는 등 정치적으로는 퀘벡 독립 문제가 일단락된 것처럼 보인다. 캐나다 정부 차원에서도 퀘벡의 프랑스어 사용 보장과 문화적 정체성 유지를 위한 재정 지원에 나서면서 퀘벡 내에서도 반대 여론이 다수인 상황이다.

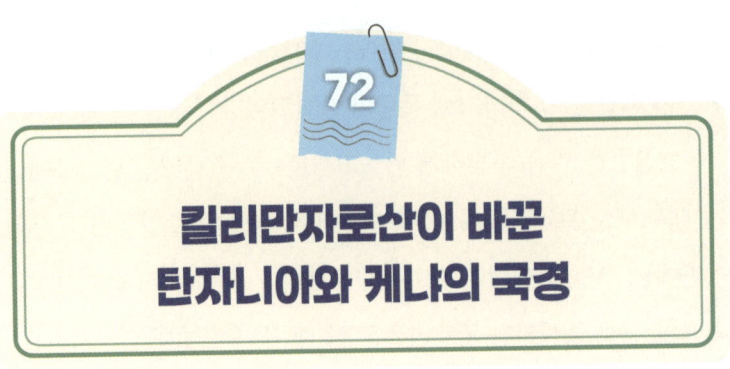

72

킬리만자로산이 바꾼
탄자니아와 케냐의 국경

유럽 열강들의 아프리카 분할 통치로 아프리카 국경은 여러 개의 직선으로 분할되어 있다. 탄자니아와 케냐 국경 또한 직선인데 지도를 들여다보면 딱 한 군데, 킬리만자로산 부분만 곡선 형태로 그려져 있는 것이 보인다. '킬리만자로'는 스와힐리어로 '빛나는 산', '하얀 산'이라는 뜻이다. 킬리만자로산의 정상인 우후루봉의 높이는 5,895m이며, 아프리카 대륙에서 가장 높다.

킬리만자로산을 탄자니아의 영토에 포함하는 곡선으로 그어진 국경선은 1885년에 열린 베를린 회의에서 아프리카 분할을 협의했을 때만 해도 없었다. 케냐는 영국령으로, 탄자니아는 독일령으로 정해지면서 운바강 하구에서 빅토리아 호수까지 정확하게 직선으로 나뉘어 있었다. 그 때문에 당시에는 아프리카에서 1, 2위를 자랑하는 높은 봉우리 킬리만자로산과 케냐산 모두 영국령이었다.

킬리만자로산이 바꾼 탄자니아 · 케냐의 국경선

우간다

빅토리아호

나이로비 ●

아프리카

케 냐

탄자니아

▲

인도양

킬리만자로산
탄자니아 북동부에 위치한
아프리카 최고봉으로
5,895m이다.

● 다르에스살람

―――― 현재의 국경선

---------- 이전의 국경선

탄자니아와 케냐의 국경은?

탄자니아와 케냐는 지금도 킬리만자로산을 두고 신경전을 펼치고 있다. 그 원인은 킬리만자로산 때문인데, 19세기에 영국의 빅토리아 여왕이 영국령이었던 케냐의 킬리만자로를 외손자였던 빌헬름 2세에게 주면서 독일령이 되어 탄자니아로 넘어갔다고 한다.

5장 지역 분쟁의 불씨, 영토와 민족

그런데 1889년 독일의 산악인 메이어가 킬리만자로산 등반에 처음으로 성공했을 때 당시 독일의 황제였던 빌헬름 2세가 "영국령에는 높은 산이 두 개나 있는데 독일에는 하나도 없습니다. 독일의 산악인이 등정에 성공했으니 킬리만자로산을 독일에 넘겨주면 좋겠습니다"라고 자기 외할머니인 영국의 빅토리아 여왕에게 청원한 것이다.

빌헬름 2세는 프로이센 왕에게 시집보낸 빅토리아 여왕의 맏딸이 낳은 손자이기 때문에 여왕은 이 청원을 흔쾌히 받아들였다고 한다. 생일 선물이었다는 설도 있다. 그런 후 킬리만자로산은 독일의 영토가 되었고, 직선이었던 국경선 일부가 곡선으로 바뀐 것이다.

그리고 영국령이었던 케냐와 독일령이었던 탄자니아도 독립했지

빅토리아 여왕 초상화, 1870년,
프란츠 빈터할터, 영국 로열콜렉션.

빌헬름 2세, 1902년.

만, 국경선은 탄자니아에 킬리만자로산을 포함하는 형태로 그려졌고, 이 문제로 두 나라는 지금도 신경전을 벌이고 있다.

이는 속설로 여겨버릴 수 있는 국경선 성립의 에피소드지만 그 진실이야 어찌 되었든, 당시 유럽 여러 나라가 제국주의를 내걸고 아프리카에 휘두른 횡포가 어떤 것이었는지 증명하고 있다. 두 나라의 갈등도 그런 일환인데, 서구 식민지 통치의 잔영인, 아프리카 대륙에서 직선으로 그어진 국경선은 지금까지도 많은 분쟁을 야기하고 있다.

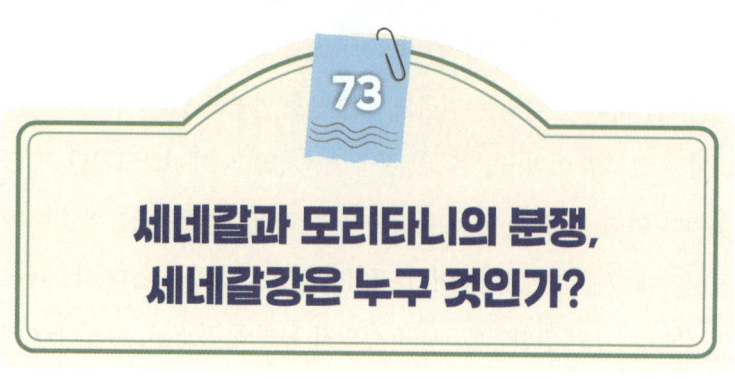

73

세네갈과 모리타니의 분쟁, 세네갈강은 누구 것인가?

아프리카 대륙 서쪽 끝에 있는 세네갈은 세계적으로 유명한 자동차 경주 '다카르 랠리'의 최종 목적지인 다카르가 수도이다. 세계 최대의 땅콩 출하 항구로 잘 알려진 나라이기도 하다.

세네갈은 이웃하는 나라 모리타니와 세네갈강을 사이에 두고 있으며, 이 국경선을 둘러싸고 오랫동안 대립해 왔다. 세네갈강은 서아프리카에 북부 지역을 흐르는 강이다. 세네갈강은 세네갈 북부에서 시작해 동쪽으로 말리, 북쪽으로는 모리타니와의 국경을 이루고 있다. 강이 종종 도시, 마을, 촌락 등의 경계선이 되는 경우가 있는데, 세네갈과 모리타니의 경우 나라와 나라를 나누는 국경이기 때문에 쟁점이 복잡하게 꼬여 있다.

세네갈 측이 내놓은 "만수萬水 때의 오른쪽 강변을 국경으로 삼는다"라는 주장은 세네갈의 영지가 최대한으로 넓어졌을 때를 기준으

국경선을 따라 흐르는 세네갈강

대서양

모 리 타 니

세네갈강

☐ 아프리카

세 네 갈

세네갈강

말 리

감비아

기니비사우

기 니

세네갈강은?

세네갈강은 아프리카 대륙 서부를 흐르는 긴 강으로, 동쪽으로 말리, 북쪽으로는 모리 타니와 국가 경계선을 가르고 있다. 사하라 사막 유역의 귀한 수자원으로 개발을 추 진하기도 했으며, 지금도 세네갈 농경지에 농업용수와 생활용수를 공급하고 있다.

로 하는 주장이다. 반면 모리타니는 "세네갈강은 국제적인 하천이 므로 어느 나라의 소속도 될 수 없다"라고 주장한다.

양국이 모여 여러 차례 회담했지만, 어느 쪽도 양보하지 않아 결 론을 내지 못한 채 몇 년이 흘렀다. 그리고 1989년 4월, 세네갈강 부 근에서 세네갈 농민 2명이 모리타니 유목민에게 살해되는 사건이 발생했다.

세네갈강을 건너는 보트, 2008년. © Jacques Taberlet, W−C

　이 사건이 불씨가 되어 양측 주민 간의 살상 사건이 잇달아 발생했고, 각국의 수도인 다카르와 누악쇼트에서는 수백 명의 희생자가 나오는 최악의 사태로 발전했다.

　이 소동을 계기로 모리타니 정부가 세네갈 대사에게 국외 추방을 명령하자 세네갈은 모리타니에 국교 단절을 통보해 국가 분쟁으로까지 치닫게 되었다. '무어인의 땅'이라는 뜻의 모리타니는 가나 왕국의 지배와 아랍인들의 이주, 유럽인들에 의한 식민지 역사를 간직하고 있다.

　1960년 프랑스로부터 독립했지만, 독재와 쿠데타가 연이어 발생해 국내 정정이 불안한 상태였다. 북부 지역의 무어인들은 모로코와 연합해 아랍 세계의 편입을 지향하고, 남부의 흑인들은 세네갈을 중심으로 하는 서아프리카 세력의 편입을 주장하는 등 갈등이 지속되었다. 게다가 아랍계 모리타니인이 수만 명의 흑인을 추방하는 등 북부의 무어인과 남부 흑인 사이의 대립과 갈등도 증폭되었다. 세네갈강 이남의 흑인 국가인 세네갈은 국경 문제와 함께 모리타니의 내부 문제에도 매우 예민해져 있었던 것이다.

세네갈도 심각한 경제난과 정치적 불안을 겪고 있는 상태에서 서아프리카의 가뭄과 사막화에 따른 농지 부족 사태까지 겹쳤다. 이런 상황에서 세네갈강 양쪽 땅은 어느 나라가 어디까지 소유하는지, 그리고 그 땅에 대한 방목 권리를 둘러싸고 1980년대 내내 분쟁이 이어졌다.

1991년에 개최한 양국의 외상 회담에서 다행히 두 나라는 국경의 상호 개방에 합의했고, 국교를 회복하여 국경선을 둘러싼 싸움은 일단 종결하였다. 하지만 여전히 세네갈강의 소유국은 결정되지 않은 상태이다.

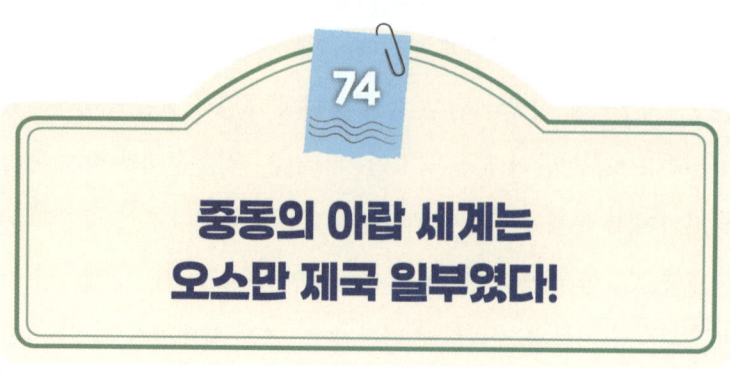

74

중동의 아랍 세계는
오스만 제국 일부였다!

미국의 이란 공격, 팔레스타인 문제 등으로 뉴스에 자주 등장하는 중동의 정세는 꼬인 실타래와 같다. 종교와 민족 문제가 복잡하게 뒤얽혀 있는 작은 나라가 많은 데다 국경도 복잡해서 쉽게 이해할 수도 없다.

그런데 100년 전까지만 해도 중동 지역은 단 하나의 나라였다. 1922년에 붕괴한 오스만 제국이 중동 지역의 여러 민족과 종교를 포괄하여 통치했던 대제국이었던 것이다.

오스만 제국은 13세기 말에 성립했다. 1452년, 콘스탄티노플(지금의 이스탄불)을 수도로 삼았던 동로마 제국(비잔틴 제국)을 멸망시켰다. 16세기에 최고의 전성기를 맞이했는데, 1529년에는 신성로마 제국의 빈을 포위한 채 기독교 세계를 떨게 하기도 했다.

당시의 동쪽 국경은 현재의 이라크와 이란 국경선과 거의 같다.

오스만 제국의 최전성기 영토

독일　폴란드　우크라이나　러시아

프랑스　헝가리　루마니아　몰도바

스페인　불가리아　튀르키예　조지아

그리스　시리아

알제리　지중해　이라크

모로코　리비아　이집트　사우디
아라비아

에티오피아　수단　홍해

오스만 제국

불멸의 제국으로 불리는 오스만 제국은 유럽, 서아시아, 북아프리카 등 세 개의 대륙에 걸쳐 영토를 넓혔던 국가이다. 이들은 오스만 가문을 중심으로 현재 튀르키예의 이스탄불을 수도로 정했으며, 17세기에 들어 가장 넓은 영토를 차지하게 되었다. 즉 오스트리아 빈 근처에서 이란의 일부까지, 또한 아라비아반도 일부와 모로코를 제외한 북아프리카 전체를 모두 정복했다.

하지만 오스만 제국은 18세기 이후로 쇠퇴하면서 영토를 차츰 잃게 되었고, 마지막 남은 영토 아나톨리아에 튀르키예 공화국을 세웠다.

이스탄불 대학교를 방문한 케말 아타튀르크, 1933년

북쪽은 현재의 헝가리와 슬로베니아, 루마니아, 나아가 지중해를 끼고 리비아, 알제리에서 모로코 연안까지 세 개의 대륙에 걸쳐 있었다. 오늘날 아랍 세계라고 불리고 있는 지역 대부분이 오스만 제국의 영토였던 것이다.

그러나 오스만 제국은 할렘(왕가 처첩들이 살던 후궁) 중심의 정치 체제가 근대화의 발목을 잡아 18세기부터 국력이 떨어지기 시작했다. 19세기에는 그리스와 이집트가 잇달아 독립했고, 20세기에 들어서면서 동맹국으로서 참전한 제1차 세계대전에서 패해 결국 대제국은 서구 열강들에 의하여 분할되었다.

그 후 오스만 제국은 비잔틴 제국의 부흥을 꾀하는 그리스군의 침공을 받았다. 그리고 이를 물리친 인민군 리더이자 근대 튀르키예의 아버지라 불리는 케말 아타튀르크가 1922년에 술탄 제도를 없애고 공화국을 건국함으로써 제국의 긴 역사는 막을 내렸다.

즉 중동 지역의 현재 국경선은 제1차 세계대전 후 서구 열강들이 그은 인위적인 경계이다. 그 때문에 아프리카의 국경선과 마찬가지로 직선이 많다. 그러나 중동 인구의 큰 비중을 차지하고 있는 유목민들에게 국경선은 사실 의미가 없다.

또한 종교적 유대감이 강한 이 지역 사람들은 국경을 뛰어넘어 연대하는 일도 많다. 예를 들어 이스라엘 북쪽에 있는 드루즈Druze교 성지에는 레바논, 시리아 등 이스라엘과 전쟁 상태에 있거나 갈등 관계에 있는 나라에서도 특별한 여권을 발급받아 순례를 오는 사람들도 있다.

지도에는 가늘게 그어져 있는 국경이 정작 그곳에서 생활하는 사람들에게는 아무런 의미도 없는 것은 드문 일이 아니다. 나라 사이에 국경이 결정되는 것과 그곳에서 살아가는 사람들의 삶 사이에는 큰 거리가 있다.

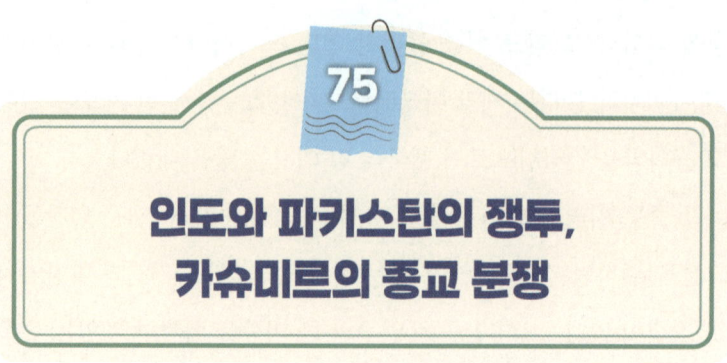

75

인도와 파키스탄의 쟁투, 카슈미르의 종교 분쟁

인도와 파키스탄의 북단에 있는 카슈미르 지방은 인도, 파키스탄, 중국의 국경선과 접해 있다. 특히 인도와 파키스탄은 반세기 넘게 카슈미르를 둘러싸고 국경 싸움을 벌여왔다. 이 전쟁은 힌두교도가 많은 인도와 이슬람 국가인 파키스탄의 종교 전쟁이기도 하다. 세 차례나 군사 충돌을 벌였고, 핵 실험과 게릴라를 이용한 테러 활동 등 그 형태를 바꾸어 가며 지금도 이어지고 있다.

분쟁의 발단은 1947년 힌두교도가 다수인 인도에서 이슬람교도들이 파키스탄으로 분리 독립한 일이었다. 당시 영국령이었던 인도에는 일정한 자치 체제를 갖추고 있던 크고 작은 번왕국藩王國이 560개가 넘게 있었으며, 분리하여 독립국이 되었을 때 저마다 귀속할 나라를 결정했다.

그런데 카슈미르 번왕국의 번왕은 힌두교도이고, 주민들은 약

인도, 파키스탄, 중국이 얽힌 카슈미르 분쟁 지역

카자흐스탄

알마티

비슈케크

키르기스스탄

우즈베키스탄

중국

파키스탄

인도

아라비아해

벵골만

타지키스탄

중국
신장웨이우얼자치구

아프가니스탄

중국이 파키스탄으로부터
1963년 얻은 영토,
인도는 중국에 반환 요청

인도 주장 국경

북부 카슈미르
(현 파키스탄령)

카슈미르
분쟁 지역

악사이친
(현 중국령)

정전선

통제선(LOC)
파키스탄과 인도 간
영토 분쟁 지역으로
1947년부터 오늘날
까지 수많은 사상자
발생

중국 주장 국경

이자드 카수미르
(파키스탄령)

잠무 카슈미르
(현 인도령)

중국 점령
인도-중국 간
분쟁 지역

파키스탄

인도

5장 지역 분쟁의 불씨, 영토와 민족

80%가 이슬람교도였기 때문에 어느 쪽으로 귀속할 것인지 결정을 내리지 못하고 있었다. 이윽고 번왕이 인도로 귀속하기로 결정하자, 이슬람교도인 주민들이 폭동을 일으켰다. 이를 저지하려 했던 인도군과 전쟁이 일어났는데, 그것이 제1차 인도-파키스탄 전쟁의 발발이다. 이 전쟁은 1949년 1월에 국제연합의 조정으로 종결하고 휴전선이 그어졌다. 귀속의 최종 결론은 가까운 미래에 치를 주민투표 결과에 따르기로 하고 말이다.

인도는 중국과도 국경 문제를 안고 있어서 1962년에 군사 충돌을 일으키기도 했다. 중국과 파키스탄은 우호 관계를 구축했으나, 인도와 중국 간의 국경 분쟁은 아직 해결되지 않았다.

그 후 1965년에 제2차 인도-파키스탄 전쟁이 일어났으나 2주 만에 끝났다. 그러나 1971년 동파키스탄에서 발발한 독립전쟁을 발단으로 일어난 제3차 인도-파키스탄 전쟁은 전면전으로 발전했다. 결국 1972년 카슈미르 정전에 합의하고 지금까지 왔으나, 여전히 긴장 상태가 이어지고 있다.

1980년대 후반 이후에는 인도령 잠무 카슈미르주에서 이슬람 과격파에 의한 분리 독립 운동과 파키스탄 병합을 이루고자 하는 운동이 활발하게 일어났다. 여기에 소련군 철수 후 아프가니스탄에서 전쟁을 치른 후 넘어온 이슬람 의용군이 가세해 인도 정부에 대항하는 테러 활동도 하게 되었다.

1998년에는 인도에서 정권을 잡은 힌두교 지상주의인 우파 정당이 24년 만에 지하 핵 실험을 재개하자, 파키스탄은 이슬람 국가 가운데 처음으로 지하 핵 실험으로 대항했다. 지금은 양국 모두 비공식적인 핵보유국으로 인정받고 있다. 1999년에는 긴장을 완화하기 위해 라호르 결의를 냈으나 그 직후에 파키스탄이 지원하는 게릴라가 잠무 카슈미르에 침입하고, 이에 인도가 공중 폭격으로 대항한 카르길 분쟁이 발발했다. 이후 테러 활동은 과격해지고 있다.

2019년에는 인도 정부가 잠무 카슈미르주의 자치권을 박탈해 유혈 사태가 재발했다. 잠무 카슈미르주를 인도가 직접 통치하게 되자, 그곳의 이슬람교도와 그들을 지원하는 파키스탄이 거칠게 반발하며 총격전을 벌였다. 2020년에도 총격전이 일어나 양국 통틀어 13명 이상의 희생자가 발생했다.

2025년 4월에는 인도령 카슈미르에서 무장 테러 공격이 발생해 힌두교도 26명이 사망하면서 인도와 파키스탄은 단거리 미사일을 발사하는 등 교전을 확대했으나 미국의 중재로 일시 휴전에 들어갔다. 그러나 인도는 테러의 배후로 파키스탄을 지목해 강도 높은 보복을 다짐하는 등 긴장을 늦추지 않고 있다.

'인도의 스위스'라 불리던 아름다운 카슈미르 지방이 지금은 인더스강의 수자원과 군사적 요충지라는 지정학적 환경 때문에 '아시아의 화약고'가 되고 말았다.

76

다민족 국가 인도에는 800여 개 언어가 있다!

면적 약 330만km²로 남한의 33배 가까이 되는 국토에 28개 주, 인구 14억 명이 넘는 인도에는 다양한 민족들이 살고 있다. 그만큼 종교도 다양해서 다수파인 힌두교 외에도 기독교, 시크교, 불교, 조로아스터교 등 실로 다채롭다.

그뿐만 아니라 2,000종이 넘는 독특한 카스트(세습하는 계급 제도)가 있고, 식사 등 생활 문화 역시 지역에 따라 매우 다르다. 이렇게 다양하고 복잡한 사회 구조는 수많은 민족 문제를 잉태하고 있다. 그중에서도 가장 큰 문제는 언어 문제이다. 인도에는 북인도 지방에서 사용하는 공용어 힌두어, 준공용어인 영어 외에 벵골어, 타밀어 등 다양한 언어가 있다. 그중에서도 10만 명이 넘는 사람들이 사용하는 언어는 59개, 헌법에서 규정한 '주요 언어'는 16개, 그 밖에 더 자잘하게 나누면 모두 800종 정도 된다고 한다.

인도의 주별 언어 분포

주 이름	주로 쓰이는 언어		
1. 잠무 카슈미르	잠무 카슈미르, 우르두어, 도그리어, 펀자브어, 라다크어, 카슈미르어, 발티어 등	15. 아루나찰프라데시	먼바어, 미지어, 나시어, 세르둑펜어, 아키어, 아파타이어 등
2. 펀자브	펀자브어	16. 아삼	아삼어
3. 히마찰프라데시	힌두어, 파하리어	17. 메갈라야	카시어, 가로어, 영어
4. 라자스탄	힌두어, 라자스탄어	18. 나갈랜드	안가미어, 아오어, 코냐크어, 로타어 등
5. 하리아나	힌두어	19. 마니푸르	마니푸르어
6. 우타란찰	힌두어, 가르왈리어, 쿠마오니어	20. 트리푸라	벵골어
7. 우타르프라데시	힌두어, 우르두어	21. 미조람	미조람어, 영어
8. 구자라트	구자라트어	22. 마하라슈트라	마라티어
9. 마디아프라데시	힌두어	23. 오리사	오리야어
10. 차티스가르	힌두어	24. 고아	콘카니어, 마라티어
11. 비하르	힌두어	25. 카르나타카	칸나다어
12. 자르칸드	힌두어	26. 안드라프라데시	텔루구어, 우르두어
13. 시킴	렙차어, 부티어, 림부어, 네팔어	27. 케랄라	말라얌람어
14. 웨스트벵골	벵골어	28. 타밀나두	타밀어

5장 지역 분쟁의 불씨, 영토와 민족

어느 나라라도 방언은 있지만, 표준어가 널리 퍼져 있어서 같은 민족끼리 언어 때문에 소통이 안 되는 경우는 거의 없다. 그러나 인도는 국내에서조차 공용어인 힌두어가 쓰이지 않는 곳이 있기 때문에, 공용어를 구사할 수 있는 사람은 전 국민의 절반에도 못 미친다.

인도의 언어가 이렇게 복잡하게 된 원인은 역사적인 배경에 있다. 인도에는 기원전 1500년 무렵부터 오랜 기간에 걸쳐 다양한 민족들이 잇달아 침입했고, 그들은 자신들의 언어를 그대로 사용해 왔다. 그러니 언어 사정이 복잡하지 않은 게 더 이상한지도 모르겠다.

게다가 인더스 문명을 계승한 원주민이 사용하는 드라비다 계열의 언어와, 침입하여 지배 계급이 된 아리아인이 사용하는 인도 · 유럽어 계열의 언어는 단어와 문형 등에 전혀 공통점이 없는 탓에 더더욱 소통하지 못하는 결과를 낳고 말았다. 다민족 국가는 그 사회에 언어뿐만 아니라 역사와 문화 등에 다양한 영향을 준다.

예를 들어 결혼이 그렇다. 힌두교도인 가르왈족은 공공연하게 집단으로 선을 보는 활동이 활발하게 이루어지고 있는데, 이는 결혼 상대 찾기가 어렵기 때문이다. 인구가 많은 나라이기 때문에 상대방을 선택할 기회가 많을 것 같지만, 가르왈족은 동족끼리 결혼하는 풍습 때문에 적당한 상대를 찾기가 어려운 것이다. 카스트가 상층부를 이루는 계층 역시 결혼이 어려운 사정은 마찬가지이다. 자신과 같은 계층의 사람을 만나야 하므로 적당한 결혼 상대를 찾기가 어려운 것이다.

특히 원주민들의 비율이 높은 북동부에 있는 주에서는 원주민과

나갈랜드에 사는 나가족, 2014년, 인도 국무총리실 소장, W-C

인도 정부의 대립이 끊이지 않고 있다. 그중에서도 나갈랜드주에 사는 나가족은 건국 당시부터 독립을 요구하며 게릴라 활동을 전개했고, 그 활동은 30년 넘게 지속되고 있다. 이렇듯 인도의 민족 문제는 다양한 분야에서 심각해지고 있고, 800개가 넘는 언어 문제는 그중 하나에 불과하다.

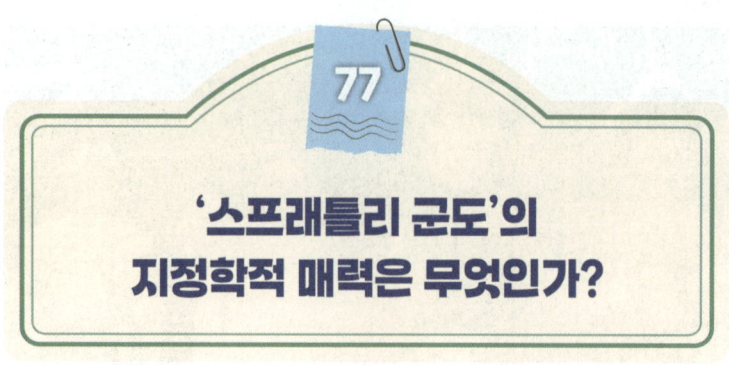

77

'스프래틀리 군도'의
지정학적 매력은 무엇인가?

스프래틀리Spratly 군도(중국명 난사군도)라고 불리는 이곳은 남중국해 한가운데에 점점이 떠 있는 100여 개의 작은 섬들과 암초로 이루어 져 있다. 가장 큰 섬인 타이핑太平섬의 면적이 0.4km²에 불과하고, 만조가 되면 그나마도 바닷물 속에 잠기는 곳이 태반이다.

그런데 이 작은 섬들은 '동남아시아 최대의 화약고'로 불리고 있다. 베트남, 중국, 타이완, 말레이시아, 필리핀, 브루나이 등 여섯 개 나라가 섬 전체 또는 일부 영토의 영유권을 둘러싸고 각축을 벌이고 있기 때문이다. 현재 브루나이를 제외한 나머지 나라들이 수시로 병력이 출동하는 등 팽팽한 긴장감이 감돌고 있는 지역이다.

영토 분쟁이 일어난 가장 큰 이유는 섬들 지하에 어마어마한 규모의 천연가스와 석유 자원이 매장되어 있다는 점이다. 그리고 주변국들이 매료된 또 하나의 아주 큰 이유는 바로 스프래틀리 군도

스프래틀리 군도 영유권을 주장하는 주변 6개국

❶ 중국

❻ 타이완

남중국해

하이난섬

❷ 필리핀

라오스

항행 위험 지역

캄보디아

❸ 베트남

스프래틀리 군도

팔라완섬

말레이시아 해양 경계선

❺ 브루나이

❹ 말레이시아

보르네오섬

인 도 네 시 아

가 지닌 지리적 이점이다. 스프래틀리 군도의 주변 해역은 인도양과 태평양으로 이어지고, 동아시아와 동남아시아, 중동, 나아가 유럽까지 잇는 중요한 항로이다. 이곳을 지배하는 것은 곧 군사적, 경제적 측면에서 매우 큰 의미를 갖게 되는 것이다.

제2차 세계대전 때 일본이 스프래틀리 군도의 영유권을 선언했었다. 그러나 패전 후 샌프란시스코 조약에 따라 일본이 영유권을 방치하자 베트남과 중국이 그 영유권을 주장하고 나섰다. 그 후, 1968년 UN 극동경제위원회에서 실시한 해저 조사 결과, 그 바다에 아시아 최대 규모의 해저 유전과 천연가스가 매장되어 있을 수 있다는 가능성이 제기되자, 주변국들 사이에 영토 분쟁의 조짐이 일기 시작했다. 마침내 1974년, 중국이 스프래틀리 군도를 점령하며 베트남과 군사적 충돌을 빚었다.

그리고 1982년, 연안 200해리 수역 내 광물 자원에 대한 배타적 권리를 인정하는 UN 해양법조약(1994년 발효)이 채택되자 주변 각국은 별의별 근거를 들이대며 서로 그 영유권을 주장하기 시작했다.

결국 1988년 중국군과 베트남군의 교전, 1995년 이후 중국과 필리핀 간의 스프래틀리 군도 동부 산호초섬을 둘러싼 분쟁, 베트남군이 필리핀 공군기를 겨냥한 총격 등 일촉즉발의 상태가 이어지고 있다.

1999년에는 아슬아슬한 긴장이 고조되던 가운데 대화를 통한 해결 방안을 모색하기 위해 ASEAN(동남아시아국가연합) 지역 포럼을 개최하기도 했다. 또 한편에서는 유럽 선진국의 자본 참가를 독려하여 개발에 필요한 막대한 자금을 동원하는 안이 고려되기도 하였다.

그러나 중국이 스프래틀리 군도 문제에서의 우위를 점하기 위해 ASEAN을 상대로 외교전을 펼치면서 필리핀과는 해상에서 무력 충돌도 불사해 남중국해의 긴장도를 높이고 있다. 게다가 중국은 센카쿠 열도를 둘러싸고 일본과 영토 분쟁을 일으키는 등 해양 영토 확장에 대한 야욕을 감추지 않고 있다. 여기에 미국도 항행의 자유를 내세워 일본과 필리핀을 지원하는 등 남중국해의 군사적 충돌의 파고가 점차 높아지고 있다.

78

히말라야의 이웃 나라, 네팔과 부탄의 이상한 갈등

히말라야산맥 남쪽 기슭에 인도와 국경선을 맞대고 나란히 있는 두 나라인 네팔과 부탄. 면적과 인구는 네팔이 위이지만, 두 나라 모두 산악 국가이며 최근까지도 왕이 실질적 권한을 행사하는 왕정국가였다는 공통점이 있다. 그러나 그 외에는 무엇 하나 공통으로 일치하는 것이 없는 나라들이다.

우선 종교를 보자. 네팔의 국교는 힌두교인데, 부탄은 불교와 라마교이다. 네팔과 인도 북부 주변은 18세기까지만 해도 작은 독립국들이 여럿 있었고, 1769년에 샤 왕조가 첫 통일국가를 세웠다. 그런데 19세기 후반부터 호족의 하나인 라나 가문이 세습제 지도자가 되어 압정을 펼치더니 결국 네팔을 쇄국 상태로 만들고 말았다.

그 후 1951년, 대중이 혁명을 일으키자 이웃의 힌두교 국가인 인도가 지원에 나섰다. 그 결과 트리부반 왕이 라나 가문을 쓰러뜨리

비슷하면서도 다른 히말라야의 네팔과 부탄

카슈미르

티베트고원

중국

히말라야산맥

네팔

●카트만두

부탄

팀부

방글라데시

인 도

미얀마

네팔

히말라야산맥에 있는 네팔은 중국과 인도에 둘러싸여 있는데 왕정을 끝내고 2008년에 민주공화국을 세웠다. 에베레스트산을 포함, 세계에서 가장 큰 10개의 산 중 8개가 이 나라의 북부 산악 지대에 있으며, 힌두교도이자 아리안족이 전체 국민의 80%를 차지한다.

부탄

네팔의 동쪽이자 티베트고원의 최남단에 위치한 부탄은 2008년 공화제를 채택한 왕정국가이다. 옛날 티베트의 세력권이었는데, 평균 해발 2,000m를 넘고, 네팔보다 더 원시적인 비경(秘境)을 가지고 있다. 경작이 가능한 중부와 히말라야 언덕에 인구가 밀집해 있다.

인도양

5장 지역 분쟁의 불씨, 영토와 민족

고 왕정을 부활시켰다. 그리고 1990년에 비로소 민주화를 실현하였고, 새로운 헌법에 따라 주권재민을 토대로 한 입헌군주제 국가로 탈바꿈했다.

그러나 1996년 공화제 확립을 지향하는 공산당 '마오이스트' 등의 인민 투쟁으로 내전이 시작되어 무수한 피해를 남기고 2006년에야 종결되었다. 2007년 국민투표에 의해 군주제를 폐지하기로 결정했으며, 2008년 드디어 제헌의회가 공화정을 채택함으로써 국민 주권에 의한 통치를 시작했다.

한편 부탄은 오랫동안 티베트의 세력 아래 있었다. 9세기 무렵에 티베트인들의 침입이 시작되었고, 17세기 중반에 티베트의 승려가 종교적, 세속적으로 지배하기 시작하면서 국가의 틀을 잡게 되었다.

20세기 초 지방의 호족이 지배권을 잡고 국왕이 되어 군주제가 되었다. 최근까지도 헌법을 가지지 않은 절대군주제를 유지하고 있었으나, 2008년 총선이 실시되어 절대군주제를 폐지하고 입헌군주제로 전환하였다.

이전의 부탄 국왕이었던 지그메 싱기에 왕추크 국왕은 1972년 16세에 즉위하여, 전 국왕의 근대화, 민주화 노선을 이어받아 계속하여 추진했다. 그리고 의욕적으로 국가 개발 계획을 진행하여 국민의 신망이 두터우며 정치는 전체적으로 안정적이었다. 또한 돈보다는 국민의 행복을 우선하겠다며 국민총행복지수Gross National Happiness, GNH를 만들기도 했다.

그뿐만 아니라 부탄은 근래 들어 종카어를 보급하고 민족의상 착

부탄의 파로종(드종), 국왕의 집무실과 불교 종단이 함께 사용하는데, 못을 사용하지 않고 지었다.
© Bgag, W-C

용을 의무화하는 등 국가 정체성 강화 정책을 취하여 주변국과 차별화하는 독자적인 문화를 지키려 노력하고 있다. 그리고 문화가 다른 네팔계 주민의 수가 증가하는 것에 위기감을 느껴 1989년부터 소수민족을 배척하는 정책을 추진했다.

그러나 부탄에 사는 네팔계 주민들은 이 정체성 강화 정책에 반발해 반정부 시위를 벌였다. 이에 부탄 정부는 이들을 강경하게 탄압하고 불법 이민자로 몰아 추방하는 바람에 1991년 무렵부터 네팔 동부로 유입해 들어갔다. 그들 가운데 약 10만 명의 난민들이 캠프에 수용되었고, 이는 두 나라 간의 심각한 외교 문제로 발전했다.

79

섬나라 뉴칼레도니아는
왜 프랑스 영토로 남았나?

뉴칼레도니아가 한국에 잘 알려지게 된 것은 드라마 〈꽃보다 남자〉에서 주인공들의 휴가지로 멋진 자연경관들이 소개된 덕분이라고 해도 과언이 아니다. 이곳에 많은 관광객이 몰리는 것은 온화한 기후와 아름다운 자연이라는 천혜의 조건 이외에도 프랑스라는 문명 선진국의 영향을 받으며 150년 동안 쌓아온 역사가 지닌 이 섬만의 독특한 분위기 때문일 것이다.

　뉴칼레도니아는 오스트레일리아에서 동쪽으로 1,200km 떨어진 곳에 있으며, 멜라네시아에 속하는 섬이다. 1853년 이래 계속 프랑스령이며, 프랑스 본국에서 온 이민자들도 많다(프랑스어로는 이 섬을 누벨칼레도니섬이라고 한다). 원주민인 카나카인이 인구의 반을 차지한다.

　프랑스는 뉴칼레도니아 근방의 여러 섬에서 아열대 기후를 이용한 코코넛, 카카오, 커피 등의 플랜테이션 농업을 통해 수익을 얻었

뉴칼레도니아의 쿡 소나무, 2009년, © my LifeShow(paris), W-C

는데, 니켈 광맥까지 발견되어 더더욱 귀중한 식민지가 되었다. 이 광물 자원은 지금도 관광 산업과 더불어 이 섬의 경제를 지탱하는 기둥이다.

이 밖에도 프랑스는 이 섬을 과거에는 본국의 유배지로 활용하기도 하고, 해군 기지를 두는 등 군사, 경제적으로 많은 혜택을 누려 왔다. 그 거점지가 현재 총독부가 있는 누메아이다.

프랑스의 식민지였던 아프리카 국가들이 잇달아 독립한 제2차 세계대전 후에도 프랑스는 이 섬을 놓아주지 않으려 했다. 결국 1957년에 정식으로 프랑스 해외 통치령으로 삼았는데, 이에 반발하여 일부 카나카인 그룹이 독립운동을 일으켰다. 이 독립운동은 점

남태평양의 프랑스 식민지령 뉴칼레도니아

솔로몬

파푸아뉴기니

바누아투

남회귀선

오스트레일리아

누벨칼레도니섬

시드니 ●

뉴칼레도니아
(프랑스령) 누메아

뉴질랜드

뉴칼레도니아
뉴칼레도니아는 멜라네시아에 있는 프랑스의 해외 영토로 누벨칼레도니라고 부르는 세계적인 관광지이다. 이곳은 영국이 오스트레일리아와 뉴질랜드에 식민지를 건설하자, 프랑스가 영국을 경계하기 위해 식민지로 접수했다. 1853년 나폴레옹 3세에 의해 프랑스의 영토가 된 이곳에, 프랑스는 유형지를 만들었고 나중에는 유럽의 이주민들과 강제노역자들을 유치했다.
곤드와나 대륙의 일부로 독특한 야생 동식물의 보고로 알려져 있으며, 생물학적으로 중요한 지역이 많아 오세아니아에서 자연환경의 보존이 가장 잘 이루어지고 있다.

차 영향을 키워갔고 규모가 커졌다.

그리고 마침내 1988년, 10년 후인 1998년에 독립 문제를 확정하기 위한 국민투표를 시행하기로 결정했다. 1998년이 되었을 때, 장차 있을 독립 이후의 문제에 대한 누메아 협정이 체결되었으나 정작 국민투표는 다시 15~20년 후에 실시하자며 뒤로 미루었다.

1999년에는 누메아 협정에 따라 선거를 시행했고, 의회가 설치되었다. 신정부가 탄생하고 자치권이 확대되었다고는 하지만 완전한 독립의 날은 먼 이야기였다. 하지만 2018년 10월에 뉴칼레도니아의 독립을 묻는 투표를 시행했다. 그 결과 유권자 57%가 독립을 반대하여 뉴칼레도니아는 프랑스의 영토로 남았다.

만약 독립한다면 굳이 뉴칼레도니아에 계속 살 의미가 없다고 하는 프랑스 본국 출신 이민자들이 많아, 다수의 국민이 거리가 가까운 오스트레일리아로 이주할 가능성을 비쳐온 영향이 크다고 한다. 또한 미크로네시아 계열 주민의 부유층 가운데는 이대로 프랑스의 원조를 계속 받는 것이 뉴칼레도니아에 더 이득이라고 보고 계속 독립을 반대해 온 것도 사실이다.

그러다가 2025년 7월에는 프랑스 정부가 뉴칼레도니아측과 자치권 확대와 국제 문제에서도 자치권을 부여하는 것으로 합의해 세계의 이목을 모으고 있다. 이번 조치로 뉴칼레도니아의 완전한 독립을 의미하지는 않지만, 프랑스와 관계는 유지하되 독립성을 강화해 장차 국가의 지위를 부여하는 방향으로 나아갈 것으로 보인다.

남태평양의 피지에 인도인이 많은 이유는?

남태평양의 아름다운 나라 피지. 1648년 네덜란드 사람이 발견한 후 영국 영토가 되었으며, 끊임없이 쿠데타가 일어난 나라이다.

멜라네시아 중에서도 특히 관광지로 인기가 많은 이 나라의 인구는 약 95만 명인데, 원주민이라고 할 수 있는 피지인은 인구의 반이 조금 넘는 51%에 불과한 반면, 지리적으로 멀리 떨어져 있는 인도인의 수가 44%로 의외로 많다.

이는 피지가 영국령이었던 시절의 잔재이다. 영국령이었다면 영국인 이주민이 많을 것도 같은데 정작 이주해 온 것은 인도인들이었다. 영국은 1874년에 피지를 보호령으로 지정했고, 이 땅을 통치하기 위해 유럽인들이 들어왔다.

그러나 그들은 선진 문명과 함께 그때까지만 해도 이 섬에 없던 질병까지 들여왔다. 그뿐만 아니라 플랜테이션 농장과 광산에서 고

피지의 마마누카 아일랜드, 개인 소유로 섬 전체가 리조트이며, 부근의 무인도(몬드리키섬)에서 톰 행크
스가 출연한 〈캐스트 어웨이〉를 찍었다. 2010년, ⓒ Isderion, W—C

된 노동으로 시달렸던 숱한 피지 사람들이 목숨을 잃었다. 희생자
수는 어마어마했는데, 영국 보호령이 되기 전에는 14~15만 명이었
던 피지의 인구가 1919년에는 8만 3,000여 명으로 급감한 것이다.

그러자 영국이 생각해 낸 것이 영국령인 인도에서 노동력을 데려
오는 것이었다. 5년 계약으로 피지에 이주하여 일할 노동자를 모집
하자 엄격한 카스트 제도의 고통과 빈곤으로 허덕이던 수많은 인도
인들이 피지로 몰려들었다.

1879년 481명으로 시작하여 1916년까지 87회에 걸쳐 모두 6만
537명의 인도인이 피지에 발을 내디뎠다. 그들은 계약 기간이 끝난

수많은 작은 섬들로 이루어진 나라 피지

바누아레부섬

야사와 제도

라우 제도

피지

로마이티비 제도

나디 ● **비티레부섬**

수바

카다부섬

남 태 평 양

피지

호 주

뉴질랜드

피지의 코코넛 나무

피지

피지는 멜라네시아의 남동부에 있는 332개의 섬으로 이루어진 국가이다. 남태평양 한가운데 위치하고 있는 화산섬이 대부분이며, 전체 섬 중 3분의 1은 무인도이다. 1643년 네덜란드의 탐험가 타스만이 발견했는데, 사람을 잡아먹는 식인 풍습이 있었고, 권력 세습과 일부다처제로 통치되었던 나라이다. 1874년 영국의 식민지가 되었고, 1970년에 영국연방의 일원으로 독립했다. 1987년에 공화국을 수립하고 영국연방을 탈퇴했다.

뒤에도 인도보다 높은 급여와 온화한 기후에 매료되어 섬에 남아 그대로 정착했다. 현재 피지에 거주하고 있는 인도인들은 대개 그러한 사람들의 후손이다.

일반적으로 이민자가 늘면 현지인과의 결혼에서 출생한 혼혈아가 많아져 본래의 혈통을 유지하는 일이 어려운 데 반해, 피지 원주민과 인도인 이주민은 서로 다른 종교적 색채를 띠고 있는 탓에 혼혈은 거의 없고, 인종이 확실하게 구별되는 결과를 초래했다. 종교도 대부분의 피지인은 기독교도이고, 이민자인 인도인들은 힌두교도나 이슬람교도인 탓에 교류도 많지 않았다.

인도인들은 같은 종교를 가진 사람들끼리 커뮤니티를 만들고, 그 안에서 각자의 학교를 설립해 그곳에서 종교를 기반으로 한 교육을 하고 있다. 이를 통해 현지인과 이주민이 저마다 독자성을 유지하고 이 땅에 뿌리를 내려온 것이다.

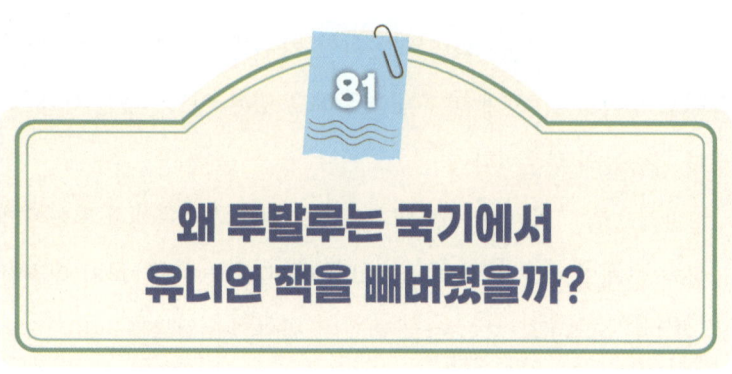

왜 투발루는 국기에서
유니언 잭을 빼버렸을까?

1978년에 독립하여 홀로서기 한 지 40년이 넘는 신생국 투발루, 이 들은 영국의 찰스 3세를 투발루 국왕으로 하는 입헌군주제 국가이 기도 하다.

폴리네시아 서단에 위치하는 투발루는 영국령이었던 길버트 엘리 스 제도에서 미크로네시아 계열 주민 중심의 길버트섬을 잘라내고, 폴리네시아 계열 주민들이 사는 엘리스 제도 지역이 분리하여 독립 한 저지대 섬나라이다. 참고로 길버트 제도는 1979년 키리바시로 독립했다.

영국연방 국가 가운데 하나로 독립한 것이니 독립 당시 제정한 국 기에는 유니언 잭이 당당하게 사용되었다. 다른 영국연방의 국가들 과 마찬가지로 옆으로 긴 깃발 왼쪽 위에 유니언 잭을 두고, 나라를 구성하는 섬들을 상징하는 별 9개로 구성하였다. 그랬던 국기의 모

유니언 잭과 투발루의 국기

태평양

마셜 제도

미크로네시아

적도

파푸아뉴기니   나우루

솔로몬 제도   투발루

푸나푸티

피지

바누아투   사모아

오스트레일리아

뉴칼레도니아   통가

태즈먼 해

뉴질랜드

1978년부터 1995년까지, 그리고
1997년부터 현재까지 사용하고 있는 국기

1995년부터 1997년까지 사용했던 국기

양이 1995년에 갑자기 변경되었다. 의회가 국기의 디자인 변경을 결정하고 공모한 결과 9개의 별은 그대로 남았지만 유니언 잭은 국기에서 자취를 감추었다.

이것은 영국과의 결별 선언이라고 할 수 있는 것이었다. 과거에 캐나다가 영국연방 가입국의 지위는 유지하면서도 독자성이 필요하다는 이유로 유니언 잭을 내리고 단풍나무로 꾸민 새로운 국기를 제정한 적은 있었지만, 투발루의 경우는 상황이 조금 다르다.

근래 들어 지구 온난화의 영향을 받아 태평양의 수위가 상승하고, 투발루를 구성하는 표고 5m가량의 산호초 섬들이 수몰 위기에 직면하고 있다. 국토 넓이가 $30km^2$도 안 되는(25.14km²) 이 나라에 섬 하나의 소멸은 국가 존망의 기로이다. 그런데 과거의 종주국 영국은 영국연방 가입국인 자신들에게 아무런 지원을 해주지 않는 것이다. 그 불만이 정권 교체를 부르고, 1995년에 국기에서 유니언 잭을 제거하자는 의견이 의회 결의로 채택되었다.

공모로 결정된 디자인은 태평양의 섬나라답게 파도와 소라를 문장 속에 넣었다. 공모된 여러 안들 중에는 구명보트를 타고 있는 사람 그림이 좋다느니, 거액의 정부 개발 원조를 한 국가의 국기를 유니언 잭 대신 집어넣자는 등 다양한 의견들이 있었다고 한다. 그 후, 1997년에 정권이 교체되면서 유니언 잭이 다시 삽입되어 원래의 국기로 돌아왔다.

투발루는 근래 들어 수몰될 위험성이 더 높아져 환경청 담당관이 해외 여러 나라에 지원을 호소하고 있다. 이 상태가 그대로 지속되면 투발루 국민들은 다른 나라로 이주하지 않으면 안 된다. 2001년에 국토 포기를 선언했고, 수도인 푸나푸티는 침수된 상태이다.

그러나 오스트레일리아와 피지는 투발루의 이민 요청을 거부했으며, 뉴질랜드는 40세 이하의 뉴질랜드에 직장을 가진 사람들만 이민 대상으로 하고 있어서 사실상 투발루 주민들은 물에 잠겨가는 나라와 자신들의 운명을 지켜만 보고 있는 상태이다.

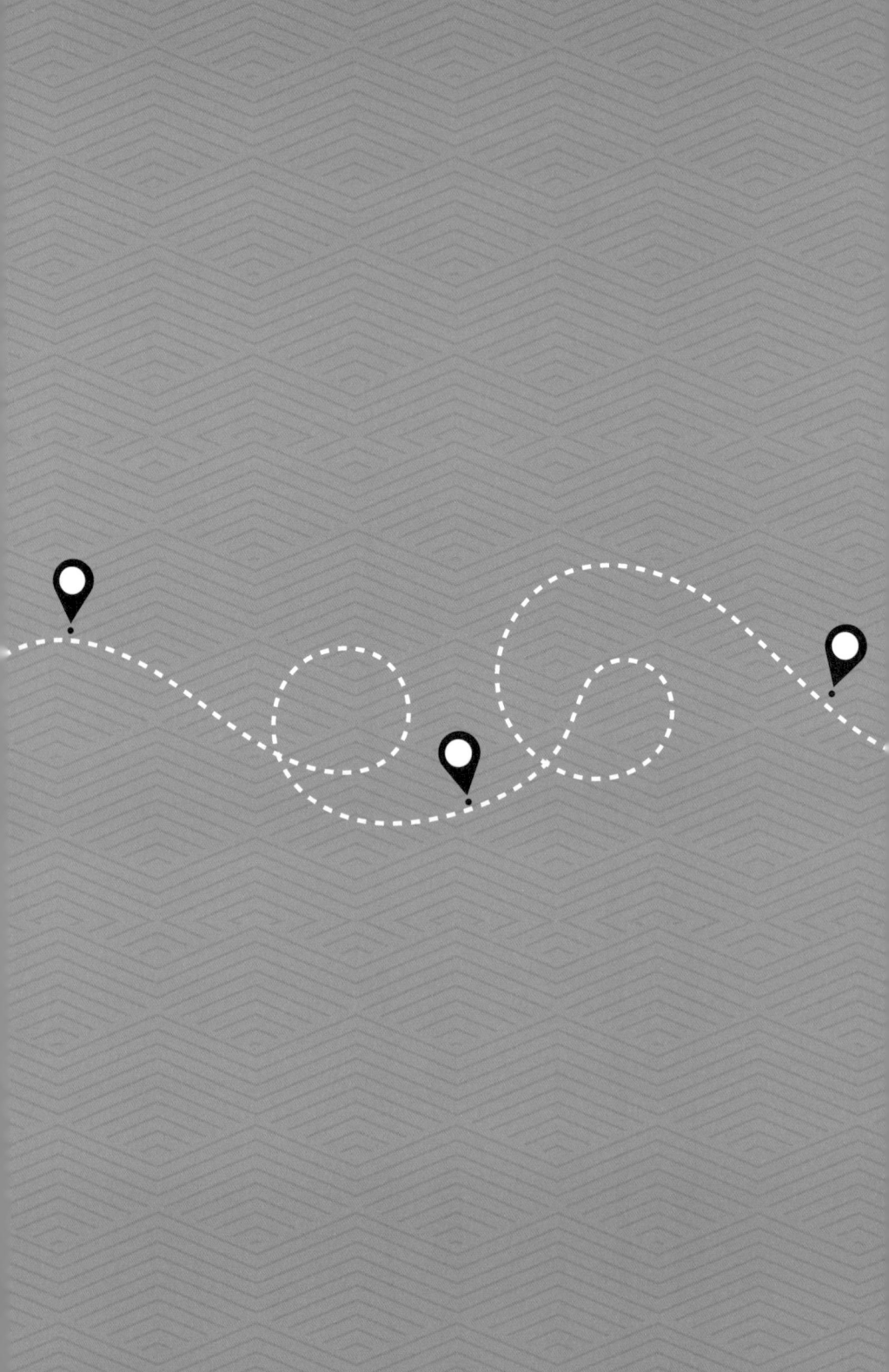

6장

상식을 뒤엎는
지리 이야기

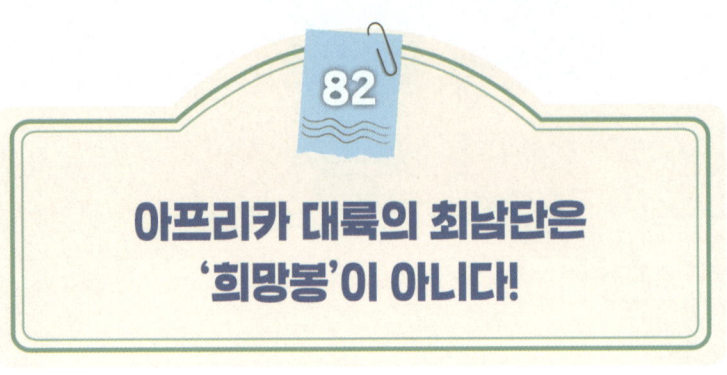

아프리카 대륙의 최남단은 '희망봉'이 아니다!

남아프리카 공화국 서쪽 끝에 있는 케이프타운. 이 마을은 요하네스버그의 뒤를 이어 두 번째로 큰 대도시이다. 여기에서 남으로 약 60km 떨어진, 대서양과 인도양이 합류하는 지점에 작은 곶이 있다. 바로 '희망봉'이다.

영어로는 'Cape of Good Hope'라고 하며, 아프리카 대륙 최남단으로 알려져 있다. 하지만 실제 최남단은 이곳에서 동남쪽으로 160km 더 내려간 지점에 있는 '아굴라스곶'이다.

원래 케이프타운은 돌출된 부분에 '희망봉'을 품고 있는 항구 도시로, 과거 유럽에서 인도나 중국으로 항해하던 배는 대서양을 남하하여 이곳에서 쉬었다가 다시 바다로 나갔다.

항해에 필요한 물과 식량 등의 보급항 역할을 했는데, 배가 아프리카 서안을 남하해 가면 희망봉을 기점으로 인도양을 향해 북상하

남아프리카공화국의 희망봉(디아스 비치), 2018년. © Diego Delso, delso(photo), License CC BY—SA, W—C

게 된다. 때문에 '희망봉'이 아프리카 대륙의 최남단이라고 오해한
것이다.

아프리카 지도로 보면 대서양과 인도양 사이에서 툭 튀어나온 곳
이 있는데, 바로 그곳이 아프리카의 진짜 최남단 '아굴라스곶'이다.
이 아굴라스라는 이름은 포르투갈어로 '바늘'이라는 뜻이다. 암초가
날카롭게 튀어나왔다고 해서 이런 이름이 붙게 되었다고 한다.

아굴라스곶은 케이프타운에서 차로 편도 3시간 정도의 거리에 있
는 곳으로, 보이는 것은 등대와 표식뿐이다. 그래도 꽂혀 있는 명판

보츠와나

나미비아

프리토리아

요하네스버그

에스와티니
(스와질란드)

남아프리카 공화국

레소토

케이프타운

희망봉

아굴라스곶
Agulhas C.

인도양

대서양

아굴라스곶

아프리카 최남단으로 알려진 희망봉의 남동쪽에 있는 아굴라스곶은 포르투갈어로 '바늘'이라는 뜻을 가지고 있는데, 말 그대로 끝이 뾰족한 암초로 되어 있다. 인도양과 대서양을 가르는 지점이며, 트롤(저인망으로 물고기를 잡는 것) 어업으로 유명하다.

기상천외 세계지도 지식도감

에는 영어와 현지어로 '아프리카 대륙 최남단의 땅'이라고 표기되어 있다. 이 현판을 등지고 바다를 향해 서면 오른쪽이 대서양, 왼쪽이 인도양인데 이것은 지도상의 얘기이다.

인도양의 난류가 희망봉 부근까지 흐르고 있기 때문에 해양학적 견지에서 보면 희망봉이 있는 케이프타운반도를 인도양과 대서양을 나누는 경계로 삼는 경우도 있다.

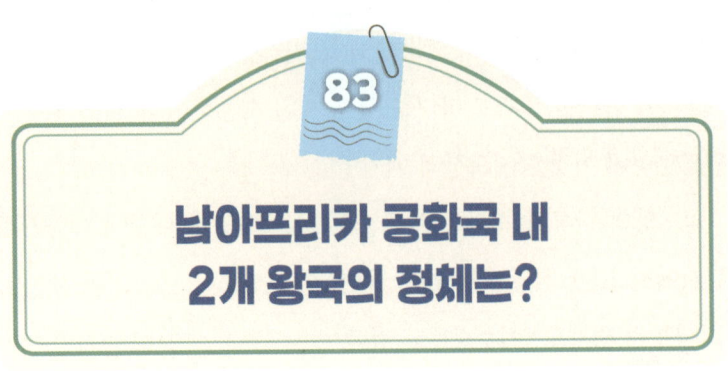

남아프리카 공화국 내
2개 왕국의 정체는?

아프리카 대륙의 지도를 자세히 살펴보면 남아프리카 공화국 안에 있는 두 개의 작은 왕국을 찾을 수 있을 것이다. 이는 아파르트헤이트로 악명이 자자했던 남아프리카 공화국 백인들의 지배로부터 독립을 쟁취해 낸 소수민족들의 자랑이라고 할 만한 나라들이다.

그 가운데 한 곳은 동쪽이 모잠비크와 접하고 있고, 삼면이 남아프리카 공화국에 둘러싸인 에스와티니 왕국(예전 이름은 스와질란드 왕국)이다. 면적은 17,364km²로 작은 나라이며, 인구는 약 125만 명(2025년)이다.

19세기 초 스와지족이 왕국을 세웠으나 인근의 줄루 왕국과의 분쟁과 영국 영지 케이프 식민지와 합병을 강요하는 보아인의 압력에서 벗어나기 위해 1906년에 영국의 보호령이 되었다가 1968년에 독립했다.

남아프리카 공화국 안에 있는 2개의 왕국

앙골라

잠비아

짐바브웨

나미비아

보츠와나

모잠비크

에스와티니
(스와질란드)

레소토

남아프리카 공화국

인도양

레소토

한국의 경상남북도를 합친 것만 한 크기의 작은 나라로, 에스와
티니와 함께 남아프리카 공화국 안에 있다. 입헌군주 국가로 내
전이 없어서 평화롭지만 AIDS 환자가 많고 치안이 허술해서, 한
국은 여행 자제를 권하고 있다.

에스와티니

스와질란드에서 2018년 에스와티니로 이름을 바꾼 이 나라는
남아프리카 공화국과 모잠비크 사이에 있다. 에스와티니는 '스
와티족의 땅'이라는 뜻을 가지고 있으며, 빈부 차가 극심한 왕국
이다. 특히 AIDS 환자가 매우 많다고 알려져 있다.

에스와티니 왕국은 세계 유수의 석면을 비롯하여 광물 자원과 삼림 자원을 수출하는 등 수출이 수입을 웃도는, 아프리카에서 몇 안 되는 경제 국가이다. 그러나 대개는 백인이 경영하거나 외국 자본으로 운영되고 있는 것이 현실이다.

또 하나의 왕국은 사방이 남아프리카 공화국으로 빙 둘러싸인 레소토 왕국이다. 면적은 30,355km²로 역시나 작은 나라이며, 인구는 약 236만 명(2025년)이다. 국토 대부분이 표고 1,600m 이상인 드라켄즈버그산맥에 위치한다. 천혜의 지리 조건으로 '아프리카의 스위스'라고 불리며, 부유한 백인들에게는 피서지로 각광받고 있다.

주민 대부분이 소토족이며, 1820년대에 줄루족의 샤카왕이 이끄는 군대에 쫓겨 이 땅으로 도망쳐 온 것이다. 당시 이 일대를 지배하고 있던 소토족 지도자 모셰셰는 그들을 비호했다.

모셰셰는 그들 외에도 줄루족에게 쫓겨 도망쳐 온 여러 부족을 통합하여 영국에 보호해 달라고 요청했고, 1868년에는 영국의 보호령 바수톨란드가 되었다. 이것이 바로 현재의 레소토 왕국의 토대이다.

한때 케이프 식민지에 병합되었던 적도 있으나 소토족의 전통을 지키기 위해 다시 자진하여 영국의 보호령이 되었고, 마침내 1966년 독립을 이루어 냈다. 이 민족은 남아프리카 공화국 백인들의 지배를 받지 않았다는 사실에 지금도 자긍심을 가지고 있다.

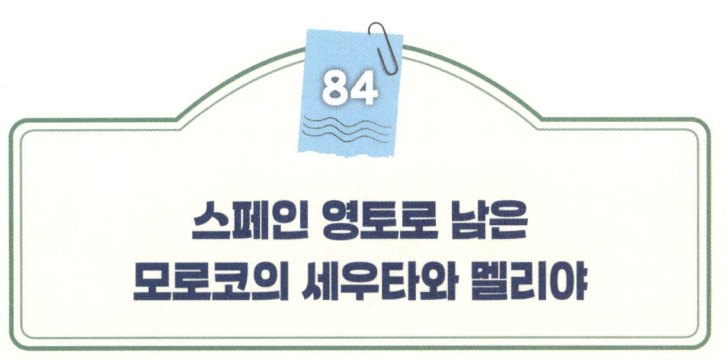

스페인 영토로 남은
모로코의 세우타와 멜리야

제2차 세계대전 후 식민지였던 아프리카의 여러 나라들은 잇달아 독립을 쟁취했다. 따라서 더 이상 유럽의 지배 아래 있는 나라는 없다고 생각하기가 쉽다. 그런데 아프리카 대륙 북서쪽 끝에 위치하는 모로코에는 지금도 유럽이 지배하는 땅이 두 곳이나 있다.

그곳은 바로 지브롤터 해협을 사이에 두고 스페인에서 14km밖에 안 되는 곳에 있는 '세우타'와, 모로코 북동부의 지중해로 툭 튀어나온 트루아푸르셰곶의 동쪽 끝에 있는 '멜리야'이다. 이 두 도시는 지금도 여전히 스페인의 영토이다. 즉, 모로코 안에 있는 스페인의 비지인 것이다.

세우타는 대서양과 지중해를 연결하는 출입구라는 지리적 조건 덕에 예부터 상업 항구로 번영했다. 그런 까닭에 포르투갈의 표적이 되었고, 결국 포르투갈의 치밀한 공략에 넘어가 1415년 점령되

모로코 안의 스페인 비지인 멜리야 항구, 2009년, © Miguel, W-C

었다. 포르투갈은 사탕수수와 사하라 사막의 금맥을 손에 넣기 위해 모로코로 침공할 계획을 짜고 있었다. 말하자면 세우타는 그 발판이었던 것이다. 하지만 16세기 중반, 유럽 여러 나라의 관심이 신대륙으로 옮겨지면서 포르투갈은 세우타를 자국의 통치 아래 남긴 채 모로코를 방치했다.

그 후 포르투갈은 스페인과 패권 싸움을 벌였는데, 최종적으로는 스페인 국왕 펠리페 2세가 포르투갈 왕가의 혈통을 잇는다는 명분을 내밀어 포르투갈을 병합하고 말았다. 그렇게 되자 세우타는 모로코 침략에 가장 적절한 거점이라는 지리적 이점 때문에 스페인의

프랑스

스 페 인

마드리드 ●

포르투갈

리스본 ●

멜리야
Melilla

스페인 말라가의 관할
모로코 북부에 지중해를 끼고 자리를 잡은 스페인령의 자치 항구 도시이다. 고대 페니키아인들이 건설했으며, 카르타고와 로마의 지배를 받다가 스페인의 영토가 되었다. '멜리야'는 고대 페니키아어로 '백인의 거리'라는 뜻이다.

카디스 ●   말라가 ●

지 중 해

대 서 양

세우타

멜리야

알 제 리

세우타
Ceuta

스페인 카디스의 관할
헤라클레스가 유럽과 아프리카를 정복할 때 세웠다고 알려진 항구 도시로 스페인 카디스의 비지(飛地)이다. 스페인과는 지브롤터 해협을 사이에 두고 있으며, 페니키아인의 식민지였다가 포르투갈을 거쳐 스페인의 식민지가 되었다.

카사블랑카 ●

모 로 코

6장 상식을 뒤엎는 지리 이야기

통치 아래 놓이게 되었다.

17세기 중반, 포르투갈이 스페인에서 독립할 때도 세우타만은 그대로 스페인령으로 남겨졌다. 열강들이 다시 아프리카 대륙으로 시선을 돌리기 시작했기 때문이다. 20세기에 들어서자, 모로코 대부분을 식민지로 점령하고 있던 프랑스와 스페인은 분할 협정을 진행했지만, 끝내 스페인은 세우타의 영유권을 쥐고 놓지 않았다.

멜리야는 세우타보다 동쪽에 있는, 역시나 지중해 연안에 고대 페니키아인들이 만들었다고 하는 중요한 항구 마을로, 그라나다 왕국이 멸망한 후에도 계속 스페인의 영토였던 곳이다. 제2차 세계대전후, 모로코가 스페인에서 독립할 때 영유권을 주장했으나 스페인은 역사적으로 고유의 영토라고 주장하며 이를 거부하고 있다.

그러나 근래 들어 세우타와 멜리야의 존재가 스페인의 머리를 아프게 하는 것도 사실이다. 유럽이 EU로 통합되자 아프리카 사람들에게 세우타와 멜리야는 돈을 벌기 위해 유럽으로 밀입국하기에 좋은 발판 역할을 하는 땅이기 때문이다.

1990년대부터 이곳으로 불법 이민자와 난민이 모여들자, 2000년에는 모로코와의 국경 사이에 장벽을 세워 밀입국자들의 침입을 막았지만, 바다를 통해 세우타와 멜리야로 들어오는 밀입국자들의 수는 끝이 없다.

2022년 6월에는 수단 공화국 등 아프리카 난민 2,000여 명이 철조망 장벽을 넘으려다 37명이 사망하고 수백 명이 부상하는 참사가 발생해 스페인과 모로코 사이에 외교 분쟁으로 비화하기도 했다.

아프리카 대륙에 다이아몬드가 매장된 이유는?

여성이라면 대부분 가지고 싶어 하는 보석은 아름다움과 귀함의 상징이다. 그중에서도 다이아몬드는 약혼반지나 결혼반지를 주고받을 때 빼놓을 수 없는 '영원한 사랑의 서약'에 가장 어울리는 보석으로 인기를 끌고 있다.

그 다이아몬드를 낳는 광석은 '킴벌라이트Kimberlite'라고 하는 화성암이다. 이 킴벌라이트 암석이 대량 매장되어 있는 곳이 바로 아프리카 대륙이다. 전 세계에서 한 해에 채굴하는 다이아몬드는 대략 1억 캐럿(1캐럿=0.2g)인데, 그 가운데 80%를 아프리카 대륙과 오스트레일리아 대륙에서 산출한다.

아프리카 대륙에 다이아몬드 광산이 많은 이유를 알기 위해서는 지구에 대륙이 생성되던 먼 옛날까지 거슬러 올라가야 한다. 약 1억 8,000만 년 전, 남반구에 있었다고 하는 곤드와나 대륙이 분열하면

아프리카의 다이아몬드 분포도

알제리

콩고 강괴
아프리카 대륙의 중앙부를
대부분 다 차지하고 있다.

모리타니 　말리

수단

남수단

라이베리아

콩고
민주공화국

탄자니아

서아프리카 강괴
시에라리온, 라이베리아,
코트디부아르, 가나,
모리타니까지 뻗어 있다.

앙골라

칼라하리 강괴
아프리카 대륙의
남부를 대부분
다 차지하고 있다.

남아공

강괴

서 이 거대한 대륙은 아프리카, 오스트레일리아, 남극, 남아메리카, 인도로 분열되기 시작했다. 그 분열 활동이 극에 달했던 1억 년 전에는 지금의 아프리카 대륙 지하 약 200km 지점까지 깊게 쪼개졌다. 그 쪼개진 선을 따라 다이아몬드를 품고 있는 킴벌라이트 암석이 지표로 분출했을 것으로 추정된다.

킴벌라이트 암석이라는 것은 지하 깊은 곳에서부터 지층을 뚫고 파고 들어가 있는 파이프 상태의 검푸른 화성암이다. 아프리카 대

다이아몬드를 맨손으로 채취하는 아프리카의 소년들, 시에라리온

륙 깊은 곳에 발생한 커다란 균열로 인하여 내부의 압력이 급격히 감소하자 킴벌라이트 암석이 맹렬한 속도로 지표로 상승한 것이다.

이 킴벌라이트 암석의 파이프는 원생누대(약 25억 년 전부터 5억 4,200만 년 전까지 지속된 지질 시대)에 형성된 지 오래된 암석으로 이루어진 '강괴剛塊, Craton 지대'라고 불리는 부분 근처에 집중해 있다. 이것은 강괴 지대가 다른 지대에 비하여 차갑고 단단하게 굳어 있기 때문에 균열이 땅속 깊은 곳에 도달하는 경우가 많기 때문이다. 이런 이유로 이 킴벌라이트 암석에는 지구 깊숙한 곳에서 형성된 다이아몬드가 함유되어 있는 것이다.

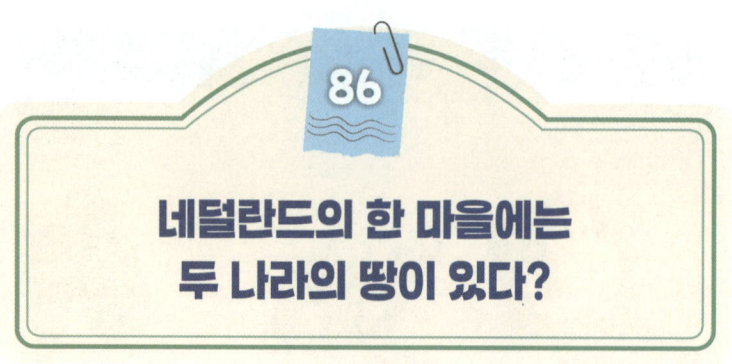

네덜란드의 한 마을에는
두 나라의 땅이 있다?

한 마을에 두 나라의 영토가 있다. 그런 재미난 마을이 네덜란드에 실제로 있다. 벨기에 국경 근처에 있는 '바를러 나사우 헤르토흐'이다. 이 마을은 네덜란드에 있지만 벨기에의 영토가 20곳이 넘는다. 게다가 벨기에 영토 안에 또 네덜란드의 영토가 있다. 집 한 채만 주변과는 다른 나라 땅이기도 하고, 한 채의 집 가운데 국경이 지나는 곳도 있다. 어느 집이 네덜란드이고, 어느 집이 벨기에인지 분간하기 어려워 아예 현관 옆에 국기나 마크를 붙여 구별하고 있다. 한 집 안에 국경이 지나는 집은 정면 현관에 표시한 마크가 그 집이 속한 국가라고 정해져 있다.

네덜란드령과 벨기에령에서는 같은 마을을 부를 때도 호칭이 다르다. 네덜란드에서는 '바를러 나사우Baarle-Nassau'라고 부르고, 벨기에는 '바를러 헤르토흐Baarle-Hertog'라고 부른다. 이 때문에 두 개를

기상천외 세계지도 지식도감

바를러 나사우 헤르토흐

네덜란드 안에 벨기에가, 벨기에 안에 네덜란드가 공존하고 있다. 네덜란드는 이 지역을 바를러 나사우, 벨기에는 바를러 헤르토흐라고 부른다. 바를러의 네덜란드 영토인 바를러 나사우는 22개의 벨기에 월경지를 둘러싸고 있다. 또한 벨기에 영토에 해당하는 바를러 헤르토흐 안에도 7개의 네덜란드 월경지가 있다.

바를러 나사우 헤르토흐의 카페. 카페 의자 아래 도로 바닥에 네덜란드(NL)와 벨기에(B)가 표시되어 있다. 2001년. © Jérôme, W–C

합한 것이 이 마을의 정식 명칭이 되었다. 공공기관도 우체국도 경찰서도 은행도 학교도 모두 벨기에의 것과 네덜란드의 것이 하나씩 있다. 마을 대표도 각각 한 명씩 있다. 화폐가 유로화로 통일되기 전에는 네덜란드의 길더와 벨기에의 프랑 둘 다 사용할 수 있었다.

뭐 이리 복잡한 마을이 다 있나 싶을 정도인데, 이렇게 된 것은 중세 시대 때 귀족들 사이에서 오고 간 토지 거래, 그리고 벨기에와 네덜란드 독립 당시의 복잡한 사정 때문이다.

벨기에와 네덜란드는 스페인의 지배를 받은 역사를 가진 공통점이 있다. 1648년 북쪽의 절반 정도 되는 지역이 독립하여 네덜란드가 되었는데, 이때 이 마을 곳곳에는 헤르토흐라는 스페인 귀족 가문의 영지가 있었다. 이 가문이 이 마을 곳곳에 영지를 갖게 된 것은 12세기 말 무렵으로 거슬러 올라간다. 당시 이 마을을 지배하고 있던 영주와 헤르토흐 가문은 토지 거래를 했고, 그 결과 마을 곳곳에 헤르토흐 가문의 영지가 산재하게 된 것이다.

네덜란드가 독립하게 되자, 이 마을에서 헤르토흐가를 영주로 삼는 구역은 정치적 이유로 스페인령으로 남겨졌다. 그리고 그 후 벨기에가 독립했을 때, 헤르토흐 가문은 영지를 벨기에령에 귀속하기로 한 것이다.

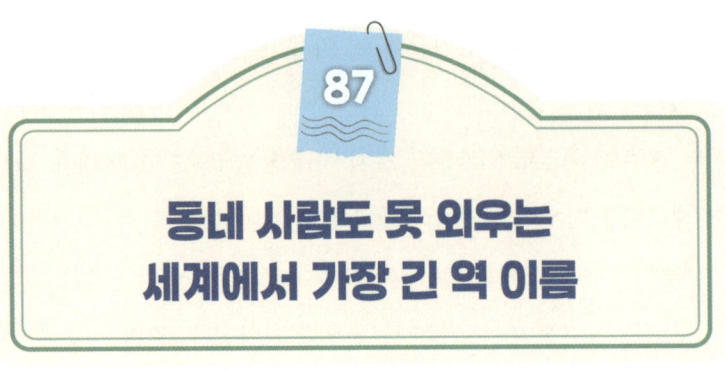

동네 사람도 못 외우는
세계에서 가장 긴 역 이름

세계에서 가장 긴 이름의 역은 영국 웨일스 지방에 있다. 'Llanfairp
wllgwyngyllgogerychwyrndrobwllllandysiliogogogoch'역이며, 무려 알
파벳 58자로 이루어진 긴 이름이다. 이 역명이 영어로 보이지 않는
것 같다며 고개를 갸우뚱하는 사람이 틀림없이 많을 것이다.

사실 이것은 영어가 아니라 켈트어파에 속하는 웨일스어이다. 웨
일스어는 알파벳으로 쓰이기는 하지만 읽는 방식이 영어와는 상당
히 다르고 매우 어렵다. 웨일스어로 읽으면 '흘란바이르푸흘귄기흘
고게러훠른드로부흘흘란더실리오고고고흐'라고 한다. 괴상한 이
름이 아닐 수 없다.

그 뜻은 '성 티시리오의 붉은 동굴 곁을 흐르는 속도가 빠른 소용
돌이에 가까운 하얀 개암나무 곁 움푹하게 팬 땅에 있는 성 마리아
교회'이다. 역시 길다. 사실 이 역의 이름은 역이 자리 잡고 있는 마

을 이름을 그대로 사용한 것이다.

즉, 마을 또한 이 역 이름과 마찬가지로 긴 이름을 가지고 있다. 이름이 이렇게 길면 이 역으로 가는 기차표를 살 때 상당히 난처할 것 같은데, "Llanfairpwllgwyngyllgogerychwyrndrobwllllandysiliogogogoch역 어른 1장이오"라고 말하며 표를 사야 하나 했더니, 역시 그렇게까지는 안 해도 되는 모양이다. 역 이름도 마을 이름도 'Llanfair P.G.'라는 약칭으로 부른다. 지도 표기와 도로 표지판 등에도 이 약칭을 쓴다.

참고로 가장 짧은 역 이름은 알파벳으로 2글자이며 한 음절로 된 이탈리아의 역이다. 역 이름은 바로 이탈리아와 스위스 국경에 인접한 '레Re' 역이다. 알파벳 2글자이면서 두 음절로 된 역 이름도 있

세계에서 가장 긴 역 이름을 가진 렌바이어 P.G., 2011년, ⓒ G1MFG, W−C

는데, 스위스와 독일, 오스트레일리아에 있다. 모두 '아우$_{Au}$'라는 같
은 이름이다. 남부 독일의 오래된 언어로, 강가의 비옥한 땅을 'Au'
라고 불렀고, 그것이 지명이 되었다가 다시 역 이름으로 쓰이게 된
것이라고 한다.

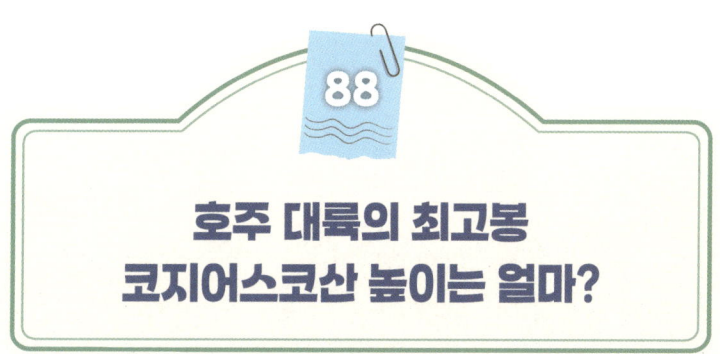

호주 대륙의 최고봉
코지어스코산 높이는 얼마?

6대륙이란 유라시아, 남북 아메리카, 아프리카, 오스트레일리아와 남극인데 그중에서도 오스트레일리아 대륙의 최고봉 코지어스코산이라면 일반 관광객도 충분히 오를 수 있는 높이이다. 의외로 높이가 2,228m밖에 안 되기 때문이다.

이 산은 오스트레일리아 동부를 남북으로 가로지르는 그레이트디바이딩산맥에 있는데, 이 산맥은 오스트레일리아 알프스 혹은 오스트레일리아의 지붕이라고도 불리는 상당히 유연한 산맥이다. 산맥의 이름은 '대분수'라는 뜻이며, 오스트레일리아 연방의 수도 캔버라도 이 산맥의 고원 지대에 있다.

이 산맥에서 2,000m급인 산은 코지어스코산을 포함해 10개 정도이다. 그러나 주변에 마을도 여럿 있어서 그다지 산이라는 느낌이 들지 않는다.

오스트레일리아에서 가장 높은 코지어스코산, 1866년, 외젠 폰 게라르트, 빅토리아 국립미술관

　게다가 최고봉 주변에는 1,900m 전후의 구릉 지대가 펼쳐져 있어 실제로 등산해야 하는 높이는 200m 정도에 불과하다. 아니, 사실은 등산이라고 부담스럽게 생각할 필요조차 없다. 정상까지 자동차도로가 깔려 있어서 국립공원 레인저 부대의 지프차로 올라갈 수도 있다. 관광객들은 스키장용으로 설치된 리프트를 타고 20분 정도 올라간 다음 등산길을 걸으면 되지만, 겨울 산행은 날씨가 변덕스러우니 유의해야 한다.

　오스트레일리아 대륙의 최고봉은 그다지 높지 않지만, 범위를 태평양까지 넓히면 사정은 달라진다. 오세아니아의 뉴기니섬에는 표고 5,030m의 자야봉이 있다. 이 산 정도면 전문 산악인 수준에서 정

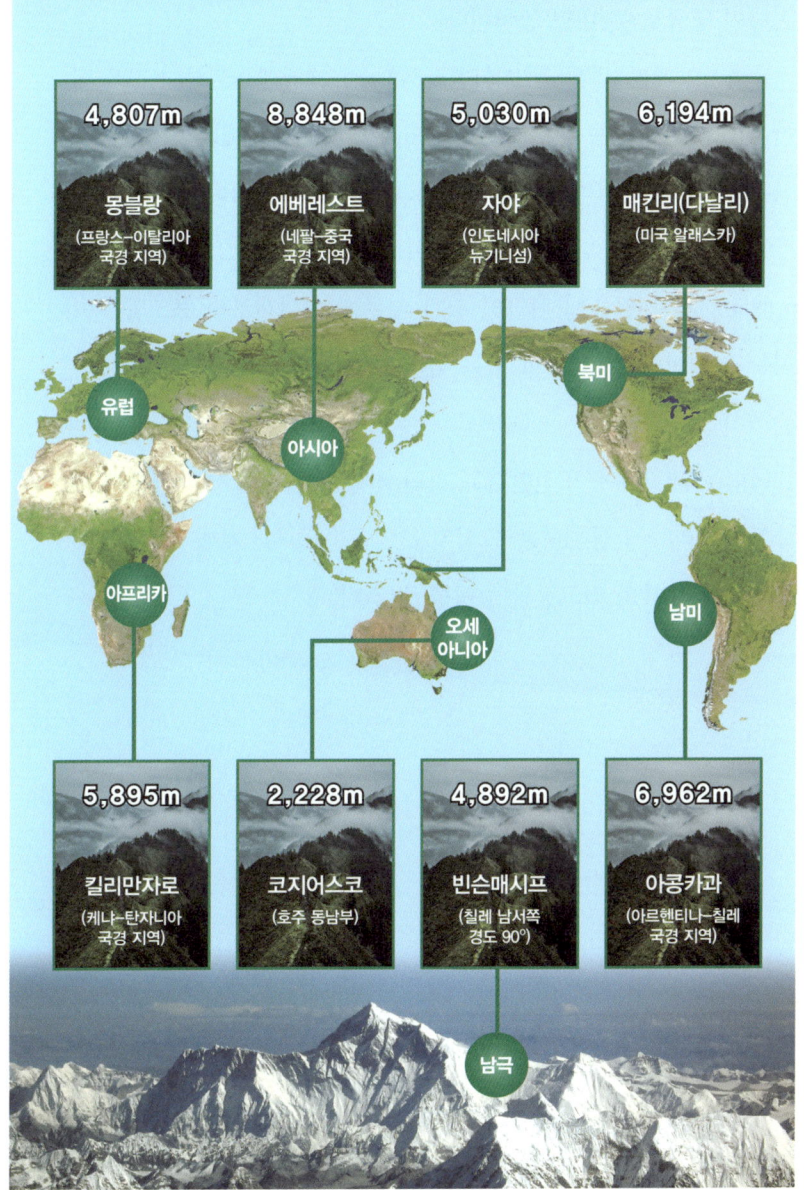

대륙별로 알아본 최고봉의 산

4,807m
몽블랑
(프랑스–이탈리아
국경 지역)

8,848m
에베레스트
(네팔–중국
국경 지역)

5,030m
자야
(인도네시아
뉴기니섬)

6,194m
매킨리(다날리)
(미국 알래스카)

유럽

아시아

북미

아프리카

오세
아니아

남미

5,895m
킬리만자로
(케냐–탄자니아
국경 지역)

2,228m
코지어스코
(호주 동남부)

4,892m
빈슨매시프
(칠레 남서쪽
경도 90°)

6,962m
아콩카과
(아르헨티나–칠레
국경 지역)

남극

복이라는 말을 써도 되겠다. 하지만 역시나 다른 대륙의 최고봉에 비하면 명함도 못 내밀 높이이다.

유라시아에는 세계 최고봉인 8,848m의 에베레스트산이 우뚝 솟아 있고, 유럽의 몽블랑산도 4,807m는 된다. 북아메리카의 매킨리산은 6,194m, 남아메리카의 아콩카과산은 6,962m이다.

열대 아프리카 대륙인데도 눈이 쌓여 있다는 킬리만자로산은 5,895m. 눈과 얼음에 뒤덮여 있기 때문에 어디서부터 표고를 재야 하는지 일반인은 알 길이 없는 남극에도 표고 4,892m의 최고봉 빈슨매시프가 있다.

이렇듯 최고봉에 도전한다고 하면 거창한 일처럼 여겨지지만, 오스트레일리아에 한해서는 그렇지도 않은 듯하다. 가볍게 산책하는 마음으로 대륙의 최고봉을 등정할 수 있다.

육지가 없는 북극권,
어디서부터 어디까지일까?

'남극 대륙'이라는 말에서 보듯이 남극은 대륙 위에 얼음이 깔려 있어 흰 대륙을 형성한다. 남극과는 달리, 북극은 대륙이 아니다. 북극은 대륙 지각地殼(지구의 바깥쪽)이 없고 오직 매우 거대한 양의 빙하가 떠다닐 뿐이다. 따라서 세계지도에는 흰색의 북극해로 표시될 뿐이다. 그래서 흰 육지가 이어져 있듯 보이는 북쪽의 극지, 즉 북극은 '북극권'이라는 애매한 이름으로 불린다.

북극권을 표시한 일반적인 지도는 메르카토르 도법을 따르기 때문에 알래스카를 제외하면 서로 멀리 떨어진 곳으로 보인다. 그러나 실제로는 러시아 시베리아 북부 지역 전체와 알래스카와 캐나다 북부는 북극점을 중심으로 꽤 가까운 거리에서 마주하고 있다.

북극권을 정의하자면, '북위 66° 33′ 이북이며, 1년 중 낮 시간대가 가장 긴 하지에는 태양이 지지 않고, 밤이 가장 긴 동지에는 태양이

남극 대륙 얼음 위의 아델리 펭귄, 2008년. © Jason Auch, W–C

지평선 위로 드러나지 않는 지역'을 지칭한다. 참고로 북극해는 북아메리카 및 유라시아 대륙, 그린란드, 스칸디나비아반도 북쪽으로 둘러싸인 해양을 지칭한다. 세계 5대 대양의 하나로 전 세계 바다 면적의 약 3%를 차지한다. 겨울철에는 대부분이 얼음으로 덮이나, 여름철에는 30% 수준으로 결빙 해역이 줄어들기 때문에 어느 정도 항해가 가능하다.

천문학적으로는 북극권과 북극 지방을 같은 지대로 생각하기도 하지만, 더 나아가 '여름의 평균 기온이 섭씨 10℃ 이하인 지역'을 북극 지방의 조건에 더해야 한다는 의견도 있다. 그런가 하면 지리

북극권은 어디인가?

북극권

66°33′

적도

0°

북위 66도 33분 이북이며, 1년 중 낮 시간이 가장 긴 하지에는 태양이 지지 않고, 밤이 가장 긴 동지에는 태양이 지평선 위로 드러나지 않는 지역.

학자 중에서는 '삼림 한계선에서 북쪽 지방'을 북극 지역으로 보는 입장을 취하는 사람들이 많다. 삼림 한계선이란, 추운 곳에서 자라는 침엽수림조차 보이지 않고, 이끼와 풀만이 남아 있는 지대와의 경계선을 가리킨다.

남극 대륙은 온통 하얀색이라는 이미지가 강하다. 그 때문에 북극권도 그럴 것으로 생각하기 쉬운데, 앞의 정의에 따르면 드문드문 녹색이 보여도 북극권이라고 부를 수 있으며, 그 면적은 전 유럽의

2.5배나 되는 매우 넓은 지역이다.

게다가 극지방 지하에는 금, 은, 동, 철, 니켈, 코발트 등 광물 자원이 풍부하며, 툰드라 지역의 암반에는 석탄, 석유, 천연가스 등의 풍부한 연료 자원이 매장되어 있는 것으로 알려져 있다.

그 때문에 세계 각국은 남극 대륙에 조사단을 파견하여 자원 조사를 진행하고 있다. 이에 반하여 북극에 관한 연구는 미뤄지고 있다. 기껏해야 알래스카 앞바다를 비롯해 일부 지역에서 유전 개발이 진행되고 있는데, 야생동물 보호 운동 등의 활동도 함께 펼쳐지고 있다.

우리나라도 북극해의 공해상 불법 조업을 방지하고, 해양생물자원 공동연구를 수행하기 위해 북극해 연안 5개국(미국, 러시아, 캐나다, 덴마크, 노르웨이)과 비연안 5개국(한국, 중국, 일본, 아이슬란드, EU 등 잠재 조업국)의 일원으로 참가해 활동하고 있다. 북극 공해 수산자원 관리를 위한 '중앙 북극해 비규제 어업 방지협정'은 2021년 6월부터 발효됐다.

왜 트럼프 대통령이
그린란드에 눈독을 들일까?

도널드 트럼프 미국 대통령이 북극에서 영향력을 행사하려는 목적을 가지고 매입 의사를 밝힌 동토의 섬 그린란드에 세계의 이목이 집중하고 있다. 트럼프 대통령이 미국 안보를 강조하려는 차원에서 매입을 주장하기는 했지만, 일각에서는 경제적인 차원에서 희토류 등 천연자원에 주목하고 더 욕심을 내고 있다는 해석도 있다.

그린란드 동부 해안의 촌락, 2007년, © Hgrobe, W–C

그린란드 Greenland

캐나다, 아이슬란드와 국경을 접하고 있는, 세계에서 가장 큰 섬으로 지리적으로 북아메리카 북쪽이지만 덴마크령이었다. 매우 춥고 척박한 환경으로 기원전 2500년 무렵부터 에스키모인으로 불리는 이누이트가 정착해 살았으나 지금은 유럽인과의 혼혈인 그린란드인이 대부분이다. 섬의 동서 길이는 1,200킬로미터에 달하는데, 섬 전체 면적의 85%가 얼음에 덮여 있으며 2009년에 덴마크로부터 독립했다. 다만 아직도 국방, 외교 문제는 덴마크가 최종 결정권을 가지고 있다.

미국은 현재 그린란드 북서쪽에 피투피크 우주기지Pituffik Space Base 라고 불리는 공군기지를 운용하고 있다. 우주기지라고는 하지만 북미 전역을 겨냥한 대륙간 탄도미사일을 탐지하는 첨단시스템을 갖춘 최북단 전초기지이기도 하다.

북극해의 빙하가 녹으면서 미국, 러시아, 중국 등 강대국이 북극항로에 관심을 보이는 한편, 그린란드의 군사적, 경제적 잠재력을 높이 평가하고 있다. 그동안 쓸모없는 땅으로 취급받았던 그린란드의 지정학적 가치에 주변 강대국들이 눈독을 들이고 있다.

트럼프 대통령이 '매입이 아니면 군사력 동원'까지 언급하는 그린란드는 어떤 곳인가? 우선 최북단은 북극권에 포함되어 있고, 토지의 85%가 얼음에 덮여 있는 섬이다. 면적 217만 5,000km²의 드넓은 대지에 초목이 자라는 남서부 지역을 중심으로 주민들이 생활하고 있다.

그린란드는 1933년 이래 덴마크령에 속해 있다. 본국 덴마크의 면적은 4만 3,000km² 남짓이라고 하니 그린란드만 해도 덴마크 면적의 50배는 된다고 한다. 이 그린란드는 982년 '붉은 머리 에릭'이라고 불린 아이슬란드 사람이 발견했다.

그는 이 섬에서 새롭게 삶을 시작할 사람들을 모집했다. 그때 극한의 얼음에 뒤덮인 허허벌판인 대지는 아무리 생각해도 매력이 없었기에, 초목이 무성한 대지라는 느낌이 드는 '그린란드'라는 이름을 붙였다고 한다.

그러나 이주해 온 사람들은 주로 아일랜드를 경유하여 건너온 바이킹들이었다. 그 후 5세기 동안 바이킹들이 지배했고, 그 후 덴마크 사람들이 이주하여 식민지로 다스린 다음 훗날 정식 국토로 삼게 되었다.

그린란드는 1979년에 대폭적인 자치권을 인정받았으며, 2008년에는 자치권 확대를 위한 투표를, 2009년에는 자치권 확대 발효 기념식을 열어 사실상의 독립을 선언하였다. 이 조치로 본국인 덴마크에서 받던 보조금은 중단되었으나 지하자원에 대한 권리나 사법권과 경찰권 및 제한적 외교권을 갖게 되었다.

역설적이지만 지구 온난화로 인해 개발 가능성이 열리게 된 그린란드. 녹지가 없는 대지에서 생활의 지혜를 몸에 익힌 이누이트족은 앞으로 변화하게 될 그린란드를 어떻게 끌어나갈까. 트럼프 대통령의 협박성 경고는 차지하고라도 급변하는 북극권 환경에다 강대국 틈바구니에서 그린란드가 어떻게 대처해 나갈지에 대한 관심과 우려가 커지고 있다.

남미의 볼리비아는
바다도 없는데 해군은 있다?

남미에 있는 볼리비아는 페루, 브라질, 파라과이, 아르헨티나, 칠레 5개국에 둘러싸인 내륙의 나라이며, 국토 중에 바다와 면한 곳이 없다. 그런데도 이 나라에는 3,500명으로 구성된 해군이 있고, 페루와의 국경에 있는 티티카카 호수에서 군사 훈련을 하고 있다. 바다가 없는데도 해군이 있는 이유는 볼리비아에도 바다가 있었던 시절과 관계가 있다.

과거 잉카 제국의 영토였던 볼리비아는 1533년 스페인에 정복당했고, 1825년에는 인근의 여러 나라와 함께 진행한 독립전쟁에서 시몬 볼리바르가 이끄는 해방군의 도움으로 독립을 이루었다. 국명인 볼리비아는 남미의 독립 영웅 시몬 볼리바르의 업적을 기리기 위해 그의 이름을 따서 정했다.

독립 당시의 영토는 약 250만km²나 되었고, 바다도 있었다. 지금

세계에서 가장 큰 천연 초석 생산지인 움베르스톤, 2007년. © rewbs.soal, 2005년에 유네스코 문화유산으로 등재되었다.

의 칠레 북부 안토파가스타주는 독립 당시에는 볼리비아의 영지였기 때문이다. 이 일대에 있는 아타카마 사막은 지하자원의 보고로, 1866년에 칠레와 볼리비아가 체결한 국경 협정에 따라 이 지역 자원을 절반씩 나누어 갖기로 결정했다.

그러나 1867년, 이 땅에서 새로운 자원 '초석(질산나트륨, 나트륨 이온과 질산 이온의 이온 결합으로 형성된 흰색 결정으로 비누의 원료, 소포제, 열처리제, 발색제로 쓰임)'이 발견되면서 평화는 깨졌다. 칠레의 많은 기업이 하얀 금으로 불리던 초석에 눈독을 들이고 볼리비아령과 페루령에 진출하자, 자원의 독점을 두려워한 볼리비아와 페루는 칠레에 대응하

브라질

페루

티티카카호

볼리비아

아리카

칠레

파라과이

아르헨티나

● 안토파가스타

고자 비밀 조약을 체결한 것이다.

볼리비아·페루와 칠레의 관계는 점차 악화하였고, 마침내 1879년에는 전쟁이 발발했다. 결과는 볼리비아·페루군의 패배로 끝났고, 양국은 칠레와 강화조약을 체결했다. 그 결과 볼리비아는 칠레에 안토파가스타주를 넘겨주고, 무역에서는 칠레에 35%의 수출세를 지불해야만 했다.

그 후 볼리비아는 북부 아쿠레 지구의 천연고무 업자들이 일으킨 반란이 원인이 되어, 1903년에는 아쿠레 지구가 브라질에 할양되었다. 나아가 1932~35년에 국경이 있는 차코 지방을 둘러싸고 파라과이와 전쟁을 벌여 차코 지방을 대부분 잃었다.

이러한 과정을 거쳐 독립 당시의 국토의 약 60%를 잃은 볼리비아는 바다와 면한 땅을 손에 넣는 그날이 올 때까지 해군을 형식적이나마 유지하고 있는 것이다.

《종의 기원》의 찰스 다윈이
갈라파고스에 간 이유는?

찰스 다윈의 명저《종의 기원》의 원류가 된 것으로 알려진 갈라파고
스 제도는 남미 대륙의 에콰도르에서 서쪽으로 약 900~1,200km 떨
어진, 적도 부근의 태평양 위에 점처럼 보이는 여러 섬과 암초로 이
루어져 있다. 정식 명칭은 '콜론 제도주'이며, 에콰도르의 주 가운데
하나이다.

이 군도는 진귀한 동물들의 보고로, 이 섬에서만 서식하는 고유
한 종의 수도 많다. 그럼 어째서 갈라파고스 제도에 진귀한 동물들
이 그렇게 많을까? 그 이유는 바깥 세계로부터 격리된 고도孤島라는
점, 그리고 험난한 자연환경과 관계가 깊다. 실제로 다윈은 1835년
에 영국 해군의 비글호를 타고 제도를 방문하여 진화론에 대한 기
초 조사를 했다.

갈라파고스 제도는 300만 년 전에 해저 화산의 폭발로 탄생한 군

에콰도르 앞바다의 갈라파고스 제도

태평양

콜롬비아

갈라파고스 제도

●카토

에콰도르

산티아고섬

산타크루스섬

이사벨라섬

산크리스토발섬

페루

갈라파고스 제도

에콰도르의 영토인 갈라파고스 제도는 동태평양에 있는데, 20여 개의 크고 작은 섬과 100여 개의 암초로 이루어져 있다. 섬의 전체 육지 면적은 한국의 섬 제주도의 4배를 조금 넘는다. 주로 화산 활동으로 이루어진 섬을 중심으로 지금도 활동 중인 화산이 있으며, 가장 큰 섬인 이사벨라섬으로 적도가 지나간다.
태평양은 물론 대륙과 멀리 떨어져 있어서 독특한 동식물의 보고 노릇을 하고 있다. 특히 찰스 다윈이 이곳에서 진화론의 기초를 조사했다고 알려져 있으며, 목이 긴 코끼리거북이 유명하다.

도로, 화산섬이기 때문에 식물이 별로 없다. 게다가 비도 적게 내리고, 평소 내륙 지대는 건조하며, 때때로 발생하는 엘니뇨의 영향으로 바닷물의 온도와 조류가 변동하여 기후가 불안정하다. 그런 험난한 환경에 적응하기 위해 동물들은 스스로 몸을 변화시켜 온 것이다.

그중에서도 대표적인 동물이 코끼리거북이다. 갈라파고스라는 이름도 옛 스페인어로 안장 모양으로 생긴 거북의 등딱지를 뜻하는데, 발견 당시 갈라파고스 제도에는 큰 거북이 많이 살고 있었다고 한다.

갈라파고스 제도에 사는 코끼리거북은 육지거북의 일종이지만 일

갈라파고스의 바다 이구아나, 2009년. © RAF-YYC(캐나다). W-C

반 육지거북보다 목이 길다. 먹이가 별로 없는 척박한 환경에서 높은 곳에 있는 잎을 먹기 위해 필사적으로 목을 늘여야 했고, 목을 늘일 수 있는 거북만이 살아남은 결과 목이 긴 거북으로 변한 것이다.

코끼리거북은 멸종한 종까지 포함하여 페르난디나섬, 이사벨라섬, 산타크루스섬, 산크리스토발섬, 산티아고섬, 플로레아나섬, 에스파뇰라섬, 라비다섬, 핀슨섬, 핀타섬 등 10개의 섬에 14종의 아종亞種이 확인되었는데 등딱지가 저마다 다르다. 갈라파고스 제도에 사는 사람들은 거북의 등딱지만 보아도 어느 섬의 거북인지 맞힐 수 있다고 한다.

코끼리거북의 등딱지는 크게 둘로 나누어 일반 거북에 가까운 돔형과, 목을 길게 뺄 수 있는 안장형이 있다. 높은 곳에 있는 선인장 잎이 주식인 아종은 목을 길게 빼야 하기 때문에 안장형 등딱지로 발달했고, 목을 많이 빼지 않아도 먹이가 있는 곳에 사는 거북은 돔형으로 발달하는 등 서식하는 섬에 따라 다른 형태로 진화했다.

다윈은 바로 이 점을 깨달아 '환경에 맞추어 동물이 진화한다'라는 발상을 하게 된 것이다. 핀타섬 최후의 바다거북으로 유명한 '론섬 조지Lonesome George'는 안장형 등딱지를 지닌 아종이었다.

갈라파고스 제도에는 코끼리거북 이외에도 이구아나, 갈라파고스 펭귄, 다윈핀치 등의 동물을 비롯한 각종 고유 동식물이 가득하여 자연사 박물관이라고 불리기도 한다. 갈라파고스 제도의 이런 특이한 자연을 즐기기 위하여 이곳을 찾는 사람들도 많다.

93

사막에서 빙하까지,
칠레는 지구촌 기후 전시장

남미에 있는 칠레는 남북으로 홀쭉하게 긴 나라이다. 동서의 폭은 평균 190km에 불과한데, 남북의 길이는 약 4,260km로 서울에서 부산까지 10번 정도 갈 수 있는 거리이다. 이렇듯 남북으로 길다 보니 칠레는 북부에서 남부까지 지역에 따라 기후가 천차만별이다.

우선 북부는 1년 내내 거의 비가 오지 않으며, 세계에서 가장 건조한 아타카마 사막도 있다. 동서 30km, 남북 1,000km의 기다란 사막이다. 이 지역의 기후는 사람이 살기에는 혹독하지만, 곳곳에 오아시스가 있어서 마을과 촌락을 이루고 있다. 국토 중앙을 안데스 산맥이 가로막고 있고, 길고 특이하게 생긴 국토 지형 때문에 사람들의 주거 공간이 태평양 연안 저지대 일대에 제한되어 있다.

중부 지역은 온대 지중해성 기후로 여름에는 건조하고 겨울에는 비가 온다. 칠레에서 가장 살기 좋고 가장 중요한 농업 지대이기도

태평양

콜롬비아

에콰도르

페루

안데스산맥

브라질

볼리비아

사막 기후　　　　**칠레**

파라과이

지중해성 기후　　산티아고 ●

우루과이

서안 해양성 기후

아르헨티나

대서양

스텝 기후

한대(툰드라) 기후

파타고니아의 바위산 토레스 델 파이네의 페오에호, 영국의 탐험가 에릭 시프턴(Eric Shipton)이 '폭풍우의 대지'라고 불렀으며, 칠레 콜로라도강 이남 지역이다. 2004년. © Miguel.v, W–C

하다. 수도 산티아고도 이 지역에 있다.

남부는 서늘하고 강수량이 많은 유럽형 서안 해양성 기후이다. 침엽수림 지대와 곡물 생산 지대가 펼쳐져 있으며, 눈 덮인 활화산과 란코 호수, 얀키우에 호수 등 많은 호수와 늪이 분포되어 있다.

그 남쪽은 스텝 기후로, 살벌하게 추운 초원과 기복이 심한 피오르가 이어져 있으며, 남쪽으로 더 나아가면 툰드라 기후가 된다. 대륙 최남단부는 '파타고니아'라고 불리며, 아르헨티나와 공유하는 지역이다. 여름에는 강풍이 불고 겨울에는 거의 비가 내리거나 구름이 끼는 등 연중 날씨가 좋지 않다. 기후가 혹독한 탓에 사람이 거의 살지 않아 야생동물의 보고라고 할 수 있다. 험한 기후와 자연 덕분에 인간 거주에 나쁘고 도시 등 문명권을 벗어난 상태에서 자연환경이 잘 보존되어 있어 친환경 관광지로도 세계적 명성을 얻었다.

전 국토가 환태평양 지진대에 걸쳐 있는 칠레는 일본, 필리핀, 인도네시아 등과 함께 지진 및 화산 폭발이 세계에서 가장 잦은 나라 중 하나이다. 1900년 이후 관측 기록 사상 최대 규모 9.5의 지진인 1960년 발디비아 대지진(규모 9.5) 또한 칠레에서 일어났다. 그런 역사적 경험 때문에 칠레는 아메리카에서 지진 대비가 가장 잘 되어 있는 편이다.

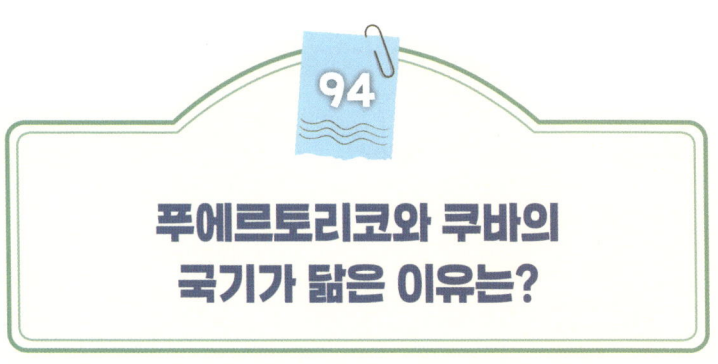

푸에르토리코와 쿠바의
국기가 닮은 이유는?

카리브해 서인도 제도의 동쪽 끝, 대서양과 경계를 이루는 지점에
본섬과 주변 작은 섬들을 합해도 경기도보다 약간 큰 크기의 푸에
르토리코라는 섬이 있다. 흔히들 이 푸에르토리코를 독립국이라고
생각하기 쉬운데 실제는 미국 자치령이다.

16세기 초에 스페인 사람들의 이주가 시작되었고, 마침내 스페인
령이 되었지만, 1898년에 발발한 미국-스페인 전쟁의 결과 미국 영
토가 되었다. 나아가 1917년에는 미국의 준주準州가 되어 섬 주민들
은 미국 시민권을 얻었다. 그러나 자치 또는 독립을 요구하는 목소
리는 점차 높아져서 1946년에는 일부 지역의 자치권을 획득하였고,
나아가 1952년에는 자치헌법을 제정하여 미국 자치령(자유연합주)이
되었다.

내정 문제에 대해서는 자치권을 갖지만, 외교나 방위에 관해서는

카리브해의 미국령 푸에르토리코

미국
플로리다주

바하마

대서양

쿠바

도미니카 공화국

아이티

푸에르토리코

카리브해

산후안

푸에르토리코

미국령

베네수엘라

여전히 미국의 관리 아래 있다. 미국 연방의회 하원에 상주하는 대
표를 파견하고 있으나, 발언권은 있어도 투표권은 없는 것이 푸에
르토리코의 현실이다.

　미국령이라고는 해도 푸에르토리코에는 국기(주기)가 있다. 이웃
나라인 쿠바와 디자인이 똑같은데 붉은색과 파란색이 반대로 들어
가 있다. 미국 자치령인데도 미국과 적대적 관계인 쿠바와 같은 디
자인이라니 조금 이상하다는 생각이 들 수도 있는데, 이것은 스페

카스티요 산 펠리페 모로, 푸에르토리코의 전략적인 항구였던 산후안을 지키기 위해 16세기에 만들어진 요새로 세계 문화유산이다. 2010년. © Jaro Nemčok, W–C

인 식민지 시대에 쿠바와 함께 독립운동을 전개했던 날들의 잔재이다. 그 독립운동의 결과 푸에르토리코는 스페인으로부터 자치권을 인정받았고, 그때 자치 정부도 꾸렸었다. 그러나 불과 2개월 만에 스페인과의 전쟁에서 승리한 미국의 영토가 되어버리는 어처구니 없는 역사를 가진 지역인 것이다.

원래 푸에르토리코의 첫 국기는 지금의 파란색 부분이 하늘색이었다. 그러나 미국령이 되면서 성조기를 따라 파란색으로 변경해야만 하는 굴욕을 당하였다.

그러나 푸에르토리코 주민들은 미국에 크게 반감을 가지고 있지는 않은 편이다. 최근 여론조사 결과 주민 과반수가 미국의 주로 편입되기를 원하고 있다고 한다. 이에 따라 조만간 미국의 51번째 주가 탄생할 가능성을 점치기도 하지만, 자치주로 만족하는 주민도 많은 데다 미국 내에서 편입에 대한 반대 여론도 만만치가 않다.

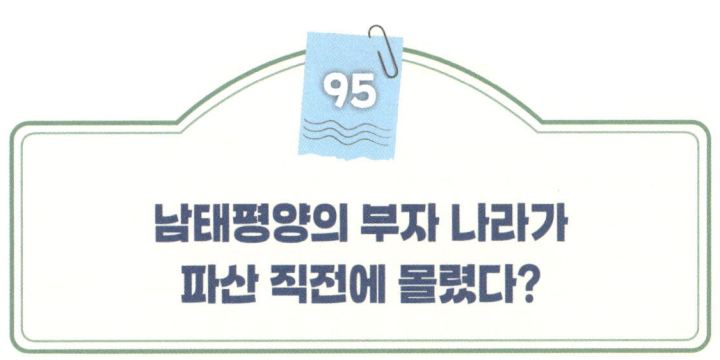

남태평양의 부자 나라가
파산 직전에 몰렸다?

남태평양의 적도 바로 아래 있는 나우루 공화국은 주위 둘레가 19km 에 불과한 작은 섬이 국토의 전부인 초미니 국가이다. 면적도 $21km^2$ 로 매우 좁으며, 인구는 13,000명 정도이다. 주민은 원주민 외에 1842년에 이 섬에 상륙한 영국인이 현지 여성과 결혼하여 낳은 자 손들인 백인계 혼혈인들도 많다.

상식적으로 이렇게 작은 국토와 인구만으로 국가 경영이 성립될 리가 없다. 태평양에 있는 대개 국가들에게 독립국이라는 건 이름 에 불과하고, 과거 종주국이었던 선진국의 자치령 성격의 존재라는 게 실상이다. 그러나 이 나라는 차원이 달랐다.

소득세가 없고, 교육비, 의료비, 전기세가 무료인 복지 국가로 유 명했다. 게다가 국영 항공회사와 해운회사도 있어서 2003년까지만 해도 국민들은 풍요롭게 살았다. 국민들이 누리는 혜택이 가능하게

나우루와 오세아니아 제도

날짜변경선

마셜

태평양

미크로네시아

적도

파푸아뉴기니

나우루

나우루

단 하나의 섬에 세운 나라로 1990년 들어 인광석이 고갈되면서 극빈국으로 전락했다.

솔로몬

투발루

바누아투

피지

사모아

오스트레일리아

뉴칼레도니아

통가

한 것은 바로 인광석이었다. 수천 년 동안 쌓인 갈매기 등 바닷새들의 배설물과 산호충이 결합하여 화학 비료의 재료인 인광석으로 변했고, 나우루 공화국 전체가 인광석 천지가 되었다.

20세기 초에 영국인에 의해 채굴이 시작되었고, 독립 후에도 이 인광석 수출로 윤택한 생활을 할 수 있었다. 1970년에는 호주, 뉴질랜드, 영국이 갖고 있던 인광석 채굴권까지 넘겨받았다. 여기서부터 나우루의 본격적인 황금기가 시작된다. 노천에 널린 것이 인광석이니 기술도 필요 없이 땅만 파면 현금이 쏟아져 나왔다. 그 덕분에 나우루 국민들은 더 이상 힘들게 일하지 않게 되었다. 람보르기니 같은 최고급 스포츠카가 수입되는가 하면 국민의 90%가 비만이라는 이야기까지 들리게 되었다.

그러나 매장되어 있는 자원은 한계가 있다. 계속 캐내다 보면 언젠가는 캐낼 것이 없이 바닥을 드러낼 것이고, 그것은 이 나라의 수입원이 하나도 없어진다는 뜻이다. 공식적으로 2003년에 인광석이 고갈되었고, 그동안 풍요로웠던 나라의 정세는 패닉 상태에 빠져들

공중에서 내려다 본 나우루, 1999년 미국 공군 촬영, W-C

었다.

　지구 온난화에 따른 해수면 상승으로 국토 면적은 점점 줄어들어 관광산업의 개발은 힘들어졌고, 스위스식 비밀은행이나 오스트레일리아의 난민수용소를 유치하여 현금 지원을 받는 등의 방법으로 근근이 버텼다. 그러나 오스트레일리아와 괌, 사이판 등에 임대 건물과 호텔을 계획 없이 세우는 등, 해외에서 벌인 자금 운용의 실수가 겹쳐 재정 상태는 더욱 악화하였다.

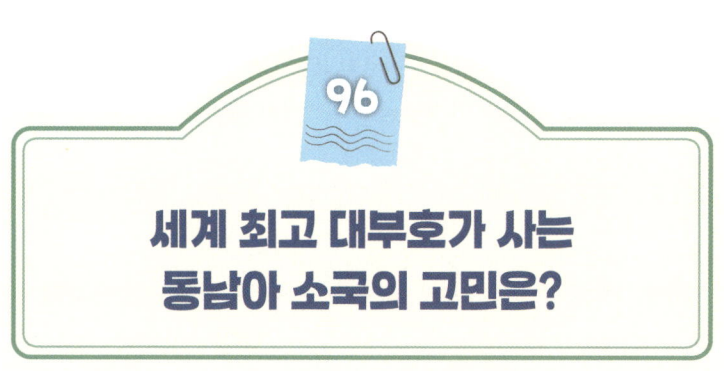

세계 최고 대부호가 사는
동남아 소국의 고민은?

브루나이는 인도네시아와 말레이시아가 나란히 붙어 있는 보르네오섬의 말레이시아와 국경을 이루는 국토가 있는 아주 작은 나라이다. 면적은 약 5,765km²로 경기도의 절반 정도로 인구는 약 46만 명(2025년)이 살고 있다.

그렇게 작은 나라에 세계 제일의 부자 중 한 사람으로 불리는 사람이 산다. 바로 브루나이의 하사날 볼키아Hassanal Bolkiah 국왕이다. 1967년 영국군사학교를 졸업한 후 귀국하자마자 아버지 오마르의 술탄직을 물려받았다. 현존하는 세계 최장 재임 군주로 58년째 술탄직을 지키고 있다. 철저한 이슬람 원리주의를 바탕으로 절대왕정을 구축해 국왕이면서 외교, 안보, 경제 분야를 총괄하는 최고 실력자이다.

볼키아 국왕이 이토록 부유한 것은 20세기 초에 유전을 발견했기

동남아시아의 부유한 국가 브루나이

중국

남중국해

태국

베트남

반다르스리브가완

브루나이

말레이시아

브루나이

말레이시아

보르네오섬
(칼리만탄섬)

인 도 네 시 아

브루나이

브루나이는 보르네오섬 북부에 있는 이슬람권 국가로 왕권이 매우 강하다.
석유와 천연가스로 많은 부를 쌓았으며, 브루나이의 상징인 오마 알린 사이푸딘 모스크(이슬람 사원)를 비롯해 여러 개의 모스크가 있다. 국민 1인당 GDP가 3만 5,813달러로 세계 23위이다. (2024년 기준)

때문이다. 석유와 천연가스 수출이 국가 수입의 90%나 된다. 국왕의 공식 재산만 300억 달러(한화 약 40조 원)에 달하는 것으로 알려졌지만, 국왕 신분이라 실제 자산은 아예 추정이 불가하다.

국왕의 재산과 관련된 에피소드는 끊이질 않는다. 일단 수도 반다르스리브가완에 있는 이스타나 누룰 이만Istana Nurul Iman 왕궁은 1,788개의 방으로 기네스에 올라 있다. 그뿐만 아니라 국왕의 방에는 무게가 2t이나 되는 세계에서 가장 큰 샹들리에가 12개나 걸려 있다느니, 욕실이 딸린 전용 비행기가 4대이고, 그 욕실은 대리석과 금으로 되어 있다는 둥 눈이 휘둥그레질 만한 이야기들이 넘쳐난다. 국왕의 슈퍼카 사랑도 전 세계적으로 유명하다. 롤스로이스, 벤틀리, 페라리, 부가티 등 초고가 차량만 1,000대 이상 보유하고 있다.

국왕이 이렇게 부자라면 분명 서민들은 착취당하고 있을 것으로 생각하게 되는데 그렇지는 않다. 국민의 약 70%가 공무원이며, 모두 경건한 이슬람교 신도들이다. 국민 복지가 세계 최고 복지를 자랑하는 스웨덴급으로 잘되어 있다고 알려져 있다. 또한 개인 소득세가 없고, 의료비와 교육비도 무료이다. 자동차는 한 집에 2대 이상이 보통이라고 하니 생활 수준이 상당히 높고, 치안도 좋아 국왕은 국민의 신뢰를 받고 있다.

이런 브루나이의 고민은 훗날 석유가 고갈되었을 때 경제를 어떻게 해야 하는가이다. 정부는 이미 제조업, 농업, 금융 등 다양한 측면에서 경제 활성화를 추진 중이다. 물론 국제 유가의 등락에 따라 경제 부침이 심해 국가 차원에서 탈석유화를 진행하고 있지만 아직 큰 성과를 거두지 못하고 있다. 게다가 절대왕정 체제와 이슬람 율법에 따르는 폐쇄적인 사회 시스템도 경제적 혁신의 걸림돌로 작용하고 있다.

하지만 2022년에 러시아의 우크라이나 침공과 코로나 엔데믹 이후로 유가가 다시 오르면서 여전히 석유로 돈을 많이 벌어들이고 있으며 복지도 탄탄하게 운영중이다.

지도로 읽는다
기상천외 세계지도 지식도감

개정판 1쇄 인쇄 | 2025년 9월 26일
개정판 1쇄 발행 | 2025년 9월 30일

지은이 | 롬인터내셔널
옮긴이 | 정미영
펴낸이 | 황보태수
기획 | 박금희
편집 | 오윤
디자인 | 김민정
지도 일러스트 | 박해리
교열 | 이동복
마케팅 | 유인철
인쇄·제본 | 한영문화사

펴낸곳 | 이다미디어
주소 | 경기도 고양시 일산동구 강석로145, 2층 3호
전화 | 02-3142-9612
팩스 | 070-7547-5181
이메일 | idamedia77@daum.net
블로그 | https://blog.naver.com/idamediaaa
페이스북 | http://www.facebook.com/idamedia
인스타그램 | http://www.instagram.com/ida_media

ISBN 979-11-6394-080-7 04900
    978-89-94597-65-2 (세트)